ACCESO GRATIS a la Lectura en la Nube

Para visualizar el libro electrónico en la nube de lectura envíe junto a su nombre y apellidos una fotografía del código de barras situado en la contraportada del libro y otra del ticket de compra a la dirección:

ebooktirant@tirant.com

En un máximo de 72 horas laborales le enviaremos el código de acceso con sus instrucciones.

SOLUCIONES ALTERNAS, FORMAS DE TERMINACIÓN ANTICIPADA Y COMUNICACIÓN PENAL

SOLUCIONES ALTERNAS, FORMAS DE TERMINACIÓN ANTICIPADA Y COMUNICACIÓN PENAL

VICTOR HUGO GONZÁLEZ RODRÍGUEZ

tirant lo blanch
Ciudad de México, 2024

En caso de erratas y actualizaciones, la Editorial Tirant lo Blanch México publicará la pertinente corrección en la página web www.tirant.com/mex/

Este libro será publicado y distribuido internacionalmente en todos los países donde la Editorial Tirant lo Blanch esté presente.

Director de la colección:
FRANCISCO JAVIER GORJÓN GÓMEZ

© EDITA: TIRANT LO BLANCH
DISTRIBUYE: TIRANT LO BLANCH MÉXICO
Av. Tamaulipas 150, Oficina 502
Hipódromo, Cuauhtémoc, 06100 Ciudad de México
Telf: +52 1 55 65502317
infomex@tirant.com
www.tirant.com/mex/
www.tirant.es
ISBN: 978-84-1197-020-4
MAQUETA: Tink Factoría de Color

Si tiene alguna queja o sugerencia, envíenos un mail a: atencioncliente@tirant.com. En caso de no ser atendida su sugerencia, por favor, lea en *www.tirant.net/index.php/empresa/politicas-de-empresa* nuestro procedimiento de quejas.

Responsabilidad Social Corporativa: http://www.tirant.net/Docs/RSCTirant.pdf

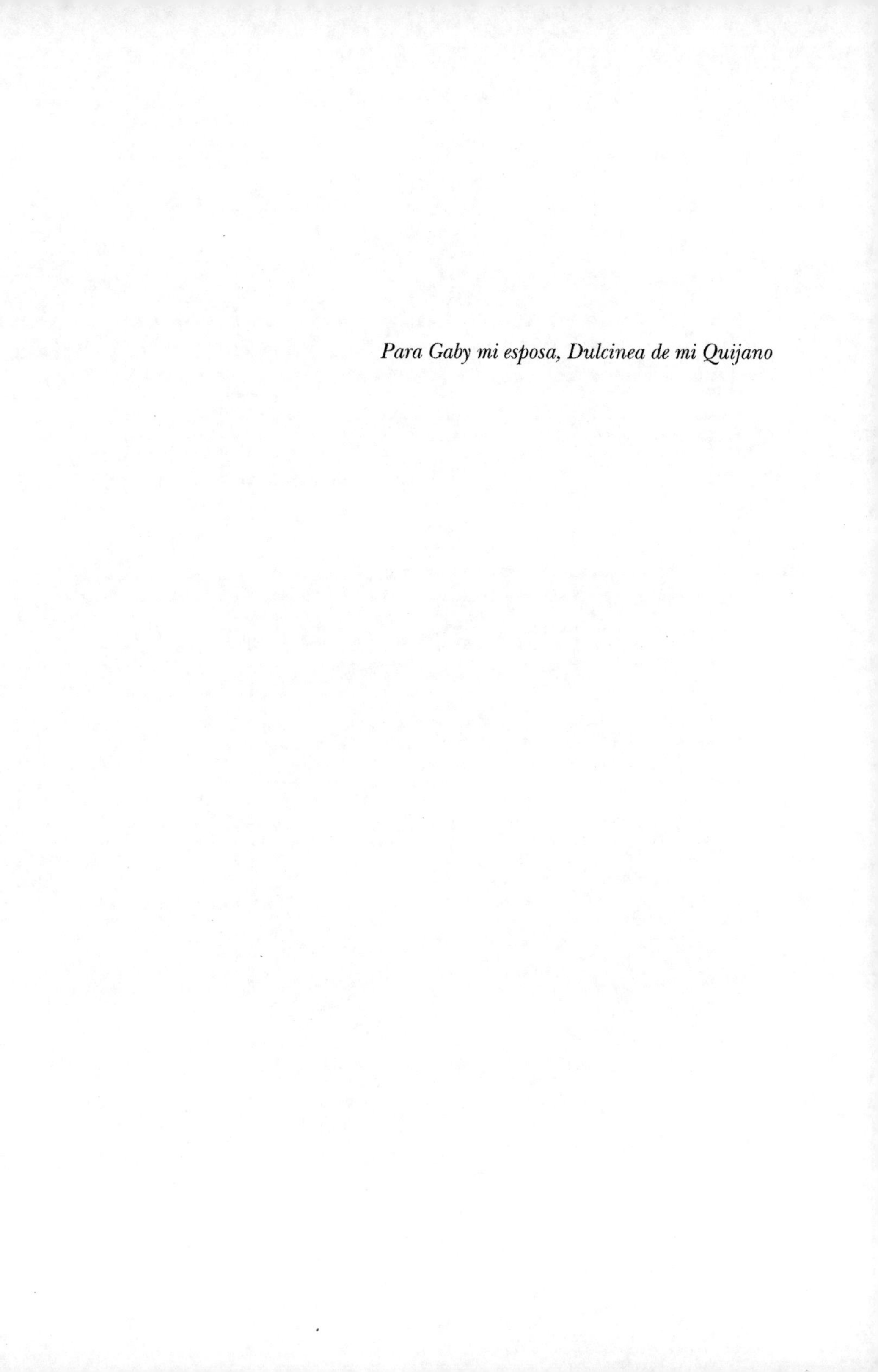

Para Gaby mi esposa, Dulcinea de mi Quijano

Índice

Prólogo

Una vez más la historia del pensamiento jurídico mexicano nos hace coincidir. Como si el reloj de arena dolosamente hubiera sido colocado al otro extremo desapareciendo los segundos y uniendo el tiempo, a menos de dos años, nos encontramos frente a la más reciente obra de nuestro autor Victor Hugo González Rodríguez.

Digo *nuestro*, porque forma parte del Poder Judicial de la Ciudad de México y como hemos sostenido, el servicio público se debe al soberano, al que rendimos cuentas y por el que trabajamos. Al oficio judicial donde «Moisés y David, aquellos hombres tan célebres en las santas Escrituras, miraron a los jueces como a otros tantos dioses, y les dieron este nombre».[1]

La convocatoria para elaborar el proemio de este tomó, se suma a los trabajos académicos y teóricos que con el autor hemos desarrollado en los últimos meses.

Por ello, expondré dos ideas. La primera enfocada al autor, como constructor del libro que nos ocupa y como constante creador del pensamiento jurídico contemporáneo del país, y desde luego, como persona a la que estimo y a la que respeto. La segunda, concretizada en el protagonista: el libro que tienen entre sus manos y que, desde luego, antes tuve frente a mis ojos.

Victor Hugo nació en el Distrito Federal, cuando así se le llamaba a la Ciudad de México y cuando el país dejaba atrás el estado de bienestar y no se detenía para ingresar una década después al neoliberalismo.

Toda su formación académica la llevó a cabo en escuelas públicas y pese a su origen humilde, el esfuerzo de su madre y su capacidad autodidacta (basada en el estudio y en la lectura) le permitieron cursar dos licenciaturas, la de Trabajo Social en la UNAM y la de Derecho en la UAM-Azcapotzalco; a partir de entonces, no se detuvo:

---

1 MURENA, Massimiliano, *Tratado sobre las obligaciones del juez*, Trotta, México, 2022, p. 5.

diplomados, especialidad, maestría y, sobre todo, horas completas frente a un grupo de alumnos y frente a los libros.

Desde estudiante destacó por su inteligencia, esfuerzo e ímpetu para el saber. Se enfrentó a la realidad del país en primera persona, lo que explica su preocupación con lo que le rodea y la sensibilidad con los demás, que se refleja en la forma en que resuelve en las audiencias.

Los primeros años de estudio en la licenciatura, los acompañó recorriendo la mitad del país. La elaboración, gestión e implementación de planes, programas y proyectos sociales coadyuvaron a atender los problemas reales y sentidos de comunidades rurales y principalmente indígenas. Las calles, surcos y caminos, alimentaron su memoria y principalmente, le reafirmaron los problemas e injusticias que sufren agudamente los más desprotegidos.

Con la vocación de servir, decidió estudiar simultáneamente la carrera de Derecho y durante dos años, por la mañana acudía a las aulas de la UAM y por la tarde, cruzaba la Ciudad para regresar a Ciudad Universitaria y tomar clases en la Escuela Nacional de Trabajo Social.

Temprano ingresó a un juzgado de paz penal como meritorio, donde también destacó y muy pronto comprendió la dinámica de un lugar donde se imparte y administra justicia. Fue mecanógrafo en el Juzgado Sexagésimo Noveno Penal en Santa Martha, secretario de acuerdos en el Juzgado Vigésimo Cuarto de Paz Penal, Actuario y Secretario de Acuerdos en el Juzgado Cuarto de Justicia para Adolescentes, Juez del Juzgado Trigésimo Tercero Penal en el Reclusorio Norte y actualmente Juez del sistema penal acusatorio y oral, todos de la Ciudad de México.

Su carrera profesional siempre la ha acompañado de la actividad académica, donde hemos incluso tenido el gusto de coincidir como docentes en instituciones como la UNAM.

Al mismo tiempo, la vocación de escritor empezó a desarrollarla pública o formalmente desde la preparatoria, donde dirigió una revista y comenzó a escribir su primera novela.

El ingreso a la universidad detonó su talento, nuevamente dirigió una revista con gran éxito durante los cuatro años y medio que duró su formación. Sin dejar de arrastras la pluma finalizó dos novelas más y para entonces ya había escrito una innumerable cantidad de cuentos, ensayos, reportajes, trabajos de investigación y artículos de temas sociales, políticos y desde luego, jurídicos.

En el año 2012 publicó su primera obra jurídica *Sistema de Justicia para Adolescentes en el Distrito Federal (Transición al sistema acusatorio)* (Cuedec) y para el 2020, se publicó el ya emblemático texto *Procedimiento Penal Acusatorio y Oral Mexicano* (Porrúa).

Ha sido prolifera la carrera del autor en la Judicatura, pero con la misma seriedad se ha tomado el oficio de escritor, que, en conjunto, han permitido acercarnos el procesal penal de alta envergadura y probada calidad, pues ha logrado fusionar lo empírico con lo teórico, principal mérito que lo distingue del resto de los estudiosos del derecho procesal penal contemporáneos.

Así, a dos años de la publicación de su libro anterior, ahora, el autor nos brinda una actual y sustentada postura de tres temas que necesitan de reflexión; pues la acción ocurre todos los días en las salas de audiencias, en las salas de apelación y en las de amparo.

La trilogía de temáticas en el texto se integra por las llamadas Soluciones Alternas, las Formas de Terminación Anticipada y lo que el autor designa Comunicación Penal.

Por cuanto hace a las Soluciones Alternas se recoge con maestría y lenguaje accesible, pero con sustento teórico, la naturaleza, origen, características y aplicación de los acuerdos reparatorios y de la suspensión condicional del proceso, principalmente, se reconoce que ambas forman parte del moderno derecho procesal penal que el legislador recoge tanto de la tradición procesal mexicana como del derecho comparado, concretamente del anglosajón.

Coincidimos con González Rodríguez cuando cita que las Soluciones Alternas responden a «la creciente dependencia del Estado en el sistema de justicia para lograr un equilibrio o ejercer un control social y para legitimar su actuar», porque sin ellas, no sería posible el éxito, o al menos, la impartición de Justicia en nuestro país.

Lo anterior lo decimos no sólo en nuestro carácter de estudiosos del derecho, además, desde nuestra honrosa y privilegiada posición de Presidente del Poder Judicial de la Ciudad de México y del Consejo de la Judicatura, podemos señalar que durante el año 2021 se concluyeron 22,305 asuntos que representan el doble de lo concluido en el año 2015, antes de que totalmente entrara en vigor el sistema penal acusatorio y oral, donde finalizaron 11,532. Además, en el año 2015 se resolvió el 23.8% de los asuntos en materia penal a través de formas de conclusión diversa a la sentencia y para el 2020, fue el 57.5%, es decir, más del doble de asuntos finalizados.

Las soluciones alternas y las formas de terminación anticipada representan, sin duda, las formas de conclusión anormal y normal que el legislador señaló en la Constitución y en el Código Nacional, y que, hacen posible la justicia pronta que ordena el artículo 17 de la Carta Magna.

Que los procesos penales finalicen de marea expedita, no sólo garantiza el acceso rápido de las víctimas u ofendidos a la justicia, además, coadyuva con celeridad al restablecimiento social que provoca el delito y, desde luego, implica la reducción en la utilización de recursos humanos y materiales en la procuración e impartición de justicia, que contribuye con un Estado austero que optimiza sus recursos para que puedan ser utilizados eficiente y eficazmente, en beneficio, principalmente, de los más necesitados.

También, con la lectura del texto que presentamos, queda claro que ni las soluciones alternas ni las formas de terminación anticipada constituyen figuras de impunidad, por el contrario, en cada una de ellas, se prioriza la resolución del conflicto penal a través de la disposición entre particulares, que traducen el derecho penal mínimo y que reconocen en las personas la posibilidad de acceder a la justicia sin necesidad de arribar a una sentencia que devenga de un largo y costoso proceso penal, siempre a partir de la reparación del daño integral y la prevención especial y general positiva.

Por cuanto hace al procedimiento abreviado, en él, se dicta sentencia, pero se lleva a cabo de forma pronta, respetando los derechos humanos de las partes, principalmente los de la víctima u ofendido y, desde luego, del acusado, quien recibe la pena adecuada a cada caso.

Es mérito de la obra su metodología, pues a partir de la conceptualización, fundamento, clasificación, autoridades, explicación y desarrollo de cada tema, se aporta la información suficiente para conocer completamente cada figura y, desde luego, para que las partes en un proceso penal conozcan y sepan cómo se lleva a cabo una audiencia de acuerdo reparatorio, suspensión condicional del proceso y de procedimiento abreviado.

Por si fuera poco, en el segundo de los capítulos, el autor derrocha su capacidad transdiciplinaria al abordar un tema poco explorado por los juristas, pero cuestionado precisamente por ellos. El tópico de la *comunicación penal* resulta original, y al mismo tiempo, nos permite reflexionar sobre la relevancia, la necesidad de vencer las resistencias y de conocer y adentrarnos a los aspectos que no son inherentes a nuestra formación jurídica y, sin embargo, forman parte de nuestra formación tanto personal como profesional, lo reconozcamos o no.

Una vez más me congratula formar parte de la historia del derecho procesal penal, y no tengo dudas, que nuevamente, estamos frente a otra obra que trascenderá la barrera del tiempo y resultará en imprescindible referencia cuando en adelante se hable del procedimiento penal acusatorio y oral, particularmente de las soluciones alternas y del procedimiento abreviado.

En alusión a lo enseñado por Vicente Quirarte, afirmo que el autor merece el libro por atreverse a escribirlo y ha triunfado en su intento de que lo impreso equivale a lo pensado (a lo descrito en la ley); también merece el libro el editor, pues venció el desafío de continente y contenido y logró generosamente armonizar ambos elementos; pero no olvidemos que la idea principal para merecer un título es del lector, principal responsable de la supervivencia del libro, por lo tanto, es él quien con mayor justicia lo merece.

Doctor Rafael Guerra Álvarez
Magistrado Presidente del Poder Judicial y del Consejo de la Judicatura, ambos de la Ciudad de México

Ciudad Judicial, febrero de 2023

Introducción

El procedimiento penal acusatorio y oral mexicano, diseñado en la Constitución Federal en el año 2018, se caracteriza, entre otras cosas, por flexibilizar el principio de legalidad y someter a debate y aprobación legislativa, las visiones del principio de oportunidad *versus* el principio de necesidad. Al mismo tiempo, se materializa la aspiración de una justicia pronta con el procedimiento abreviado. Todo enmarcado a través de la palabra, que, como acto natural de comunicación humana, el legislador la contempló como característica del procedimiento penal, que además de ser acusatorio, deberá ser oral.

Impulsados por cursar los institutos procesales de las soluciones alternas y las formas de terminación anticipada del proceso vencimos a la hoja en blanco y arrastramos la pluma para presentar el actual volumen. La generosidad de Pablo Hernández-Romo Valencia coadyuvó para anticipar la publicación, donde incorporamos aspectos teóricos, adminiculados con criterios federales derivados de tesis y jurisprudencias y desde luego, las reflexiones y experiencias empíricas resultantes del honroso quehacer como jueces del Poder Judicial de la Ciudad de México y como docentes.

La oralidad refleja la evolución en el leguaje humano y es natural a nuestras culturas, sin embargo, en el ámbito jurídico son muy pocos los tratados que se ocupan de ligar la tan renombrada oralidad penal, por ello, incorporamos un estudio cuidadoso de la oralidad penal pero desde un original enfoque denominado «comunicación penal», considerando herramientas, saberes, técnicas y experiencias de otras áreas como la comunicación, la psicología, la sociología, la lingüística, la semiótica, enfocadas desde luego al derecho y, principalmente, al procedimiento penal acusatorio.

La comunicación penal la abordamos no sólo desde la oralidad como característica del procedimiento penal, además, a partir de tópicos como el diálogo, la discusión, la persuasión y disciplinas como la paralingüística, la kinesia y la proxemica.

El tomo se divide en dos capítulos, el primero enfocado en las soluciones alternas y el procedimiento abreviado, y el segundo, en la comunicación penal. En realidad, la primera parte nos permitió desarrollar los criterios de oportunidad en todas sus expresiones, considerando el marco jurídico derivado de la Constitución, los tratados internacionales y el Código Nacional de Procedimientos Penales (en adelante CNPP). En ese espacio nos sentimos cómodos, pues el lenguaje y expresión jurídica ha formado parte de las últimas décadas de nuestra vida.

Lo más difícil fue, entonces, primero la decisión de incorporar o no en este trabajo la segunda parte, pues desde la implementación del procedimiento penal acusatorio y oral los juristas nos enfrentamos (y muchas veces nos resistimos) a reflexiones encontradas del tema de la oralidad penal como práctica forense, de su utilidad o no en el proceso de enseñanza-aprendizaje y, principalmente, en la práctica del quehacer profesional.

Sin embargo, en la medida en que se desarrolla el procedimiento penal en nuestro país y como juzgadores que lo «atestiguamos» y operamos, nos convencimos de la necesidad de conocer, comprender y utilizar los saberes de la comunicación oral (a la que denominamos *comunicación penal*), para la formación integral de los expertos en el procedimiento penal y, principalmente, para que personas juzgadoras, litigantes e interesados en el tema, coadyuven a una impartición de justicia de calidad, integral y transdisciplinar, que no sólo se centre en temas eminentemente jurídicos sino también en el respeto a la humanidad y a su forma natural de comunicarse.

Para un abogado litigante de primer orden —sostiene F. Lee—, la habilidad de hablar de una manera eficiente no es lo importante, es lo único importante. Hablar con elocuencia es una condición *sine qua non* para alcanzar la excelencia en la abogacía, y el camino hacia esa cumbre es empinado y exigente.

La buena noticia es que —continúa el mismo autor—, si usted se empeña en subir hasta allí, encontrará muy escasa compañía. Usted conocerá a muchos otros abogados que se especializan en el campo del litigio y que son buenos, e incluso excelentes, pero no serán capaces de alcanzar la cima porque no tienen la energía, la disciplina, el ímpetu, y la determinación de trabajar de manera constante, dando forma, puliendo, y reforzando sus aptitudes y técnicas discursivas.

Si de lo contrario, es usted un abogado litigante competente y además un orador brillante, se destacará fácilmente del «montón». Tendrá más negocios de los que pueda despachar. Le ofrecerán los mejores casos, con los más pingües honorarios. Los clientes lo buscarán y le pagarán más de lo que le pagarían a sus colegas menos afortunados, porque a los clientes les gusta que sus intereses se defiendan en el lenguaje más elocuente posible. Los jueces también lo apreciarán y, mientras escuchen sus palabras se dejarán convencer, sin darse cuenta de ello.[1]

Postulados como el que antecede, en segundo lugar, nos persuadieron desde hace aproximadamente quince años, para profundizar en el tema que hoy se publicita.

Así, el presente trabajo busca ser objetivo, descriptivo y hermenéutico. Sin aspiraciones de una postura positiva o negativa frente a las soluciones alternas, las formas de terminación anticipada y la comunicación penal, pues consideramos que la necesidad de atender dichos temas va más allá del bien o del mal, pues los esfuerzos teóricos carecen de inclinaciones o aspiraciones tendenciosas, al ser —desde nuestra óptica— lo más «puro» de la inteligencia humana.

No se pone en duda que, al mismo tiempo que los Estados modernos avanzan, también lo hacen los índices delictivos y la sofisticación de la violencia, principalmente en los grupos terroristas o de la delincuencia organizada, y que, frente a ello, acaece «una creciente dependencia del Estado en el sistema de justicia para lograr un equilibrio o ejercer un control social y para legitimar su actuar»,[2] lo que se agudiza con la creciente brecha entre los ricos y los pobres.

Lo anterior ha provocado, en países principalmente en desarrollo, el incremento en la demanda sobre los sistemas de justicia penal, que redundan en excesivas y muchas veces incontrolables cargas de trabajo, para la policía, las fiscalías y para los órganos jurisdiccionales, como ocurrió en Estados Unidos en 1920 con el llamado *plea*

---

1 LEE BAILEY, F., *Cómo se ganan los juicios, el abogado litigante*, Limusa, México, 2014, pp. 60-61.

2 PERLIN, Jan, «El proceso abreviado: política criminal, diseño procesal y la operación de los sistemas de justicia penal» en *El sistema de justicia penal en México: retos y perspectivas*, SCJN, México, 2015, p. 446.

bargaining,[3] que ha llevado a legisladores, procesalistas, penalistas y juristas a encontrar «atajos» para la resolución de los conflictos penales. En ese contexto es que surgen principalmente los procedimientos abreviados, pero, al mismo tiempo, resultan necesarias las formas anormales de terminación del proceso.

> la supervivencia del «*plea bargaining*» radica en su capacidad de responder a los intereses, dentro del sistema de justicia, de la acusación pública, los Jueces y la defesa a la vez, aun cuando reconoce que la práctica puede adquirir características coercitivas desmedidas cuando el imputado carece de una adecuada defensa u oportunidad para defenderse.[4]

Así, el actual trabajo no deja de formar parte de la necesidad de transmitir lo que los teóricos exponen, lo que los tribunales resuelven, lo que la práctica enseña, las horas en los salones de clase, las reflexiones con colegas y demás «leviatanes» que suelen acompañar a quienes pensamos el derecho procesal penal y lo aplicamos; principalmente, es la única forma que conozco para tener gratitud con la vida y con las personas que coadyuvaron a que me colocara en la profesión que amo y que me hace feliz. Principalmente con mi madre, quien atestiguó la mayor parte de las palabras de la obra y le faltó tiempo para verla culminada; a la mujer que se encargó de dejar en paz nuestra vida, con la llegada de nuestro hijo.

Sin mayor preámbulo, queda a su consideración el texto, cuya única pretensión —si se me concede dotarlo de una— es que, el pase de las hojas resulte un goce.

VICTOR HUGO GONZÁLEZ RODRÍGUEZ
Ciudad de México, noviembre de 2022

---

3 1920 fue la época en que desafió la prohibición al consumo del alcohol, que generó un incremento súbito en la carga de trabajo de los tribunales. «El descubrimiento por académicos y políticos de la práctica de "plea bargaining" a principios del siglo XX causó sorpresa y rechazo esencialmente por prescindir de una institución tan fundamental en la justicia de los Estados Unidos de América como el jurado». *Ibidem*, p. 462.

4 *Ibidem*, p. 463.

Capítulo I
Soluciones alternas y formas de terminación anticipada

Con la llegada del llamado derecho penal mínimo y las tendencias contemporáneas de reducir la intervención del Estado en la resolución de conflictos a través de la justicia restaurativa,[5] se han diseñado formas diferentes para dirimir los conflictos derivados de la comisión de un delito apartados de una sentencia. Las modernas teorías del derecho procesal penal gozan cada vez de mayor aceptación principalmente las conocidas soluciones alternas que ponen fin a la controversia sin necesidad del dictado de una sentencia, es decir, sin desgaste para el Estado y para las partes, de manera pronta y respetando los derechos humanos de los intervinientes, principalmente para la víctima u ofendido[6] y para el imputado.

---

5 La justicia restaurativa fue desarrollada internacionalmente después de mediados del siglo XX, principalmente por Naciones Unidas, que, a través de los Congresos, Instrumentos y resoluciones, modifican la forma de pensar del derecho penal, alejándose de la escuela clásica de Lombroso, que analizó al hombre del delincuente, para dedicar un periodo ahora dirigido a la víctima, a la comunidad y al delincuente. *Cf,* LIMA MALVIDO, María de la Luz, «Oralidad en el proceso y la justicia penal alternativa» en *Jornadas Iberoamericanas. Oralidad en el proceso y justicia penal alternativa,* INACIPE, México, 2008, p. 350-352. «Lo que se quiere lograr con este nuevo concepto del delito es recuperar la importancia de la igualdad entre las partes». *Ibidem,* p. 353.

6 Respecto de los derechos humanos de la víctima u ofendido, la Cámara de Origen en el proceso legislativo que resultó en la reforma penal de 2008, consideró lo siguiente: «En materia penal será necesario regular su aplicación por parte de los operadores de la ley, en atención a la naturaleza de los derechos tutelados y los que pueden ser renunciables; y en todos los casos, de forma ineludible, será necesario que se cubra previamente y en su totalidad la reparación del daño para que proceda, ya que como se dijo, éste es un reclamo social que debe ser atendido». *Análisis sobre la nomenclatura empleada en el nuevo sistema de justicia penal previsto en la Constitución Política de los Estados Unidos Mexicanos,* SCJN, México, 2015, pp. 94-95.

> La *ultima ratio penal* o principio de mínima intervención, es uno de los límites al *ius puniendi* del Estado y significa que el derecho penal conformará el último recurso que tenga el órgano estatal para sancionar unas determinadas conductas lesivas de bienes jurídicos. Está conformada por dos principios: a) subsidiariedad, por el cual sólo se castigarán aquellas acciones que lesionen los bienes jurídicos más importantes; y b) fragmentariedad, de todas las conductas que afectan a un bien jurídico importante sólo serán castigadas las conductas más intolerables.[7]

Las formas de conclusión anormal del proceso no son ajenas a nuestra tradición romana-germana pues la teoría general del proceso históricamente ha estudiado los llamados *modos excepcionales de poner término al proceso,* diversos a la sentencia. Y que —como se desarrollará en el presente epígrafe—, el modo excepcional conocido como *transacción o conciliación,*[8] con sus matices, podría ser considerado como sustento de nuestra tradición jurídica para las figuras de la suspensión condicional del proceso y, principalmente, de los acuerdos reparatorios.[9] Concretamente, en materia procesal penal, nuestro derecho también ha reconocido los medios de solución de los conflictos, como Alcalá Zamora lo propuso, para que la conflictiva pueda ser resuelta por los sujetos mismos o por un tercero extraño a la contienda. Silva Silva —siguiendo a Alcalá— destaca que en aquellos procesos en que se otorgue *mayor disposición al particular* ofendido se materializan las figuras *autocompositivas* y, viceversa, de negarse dicha disposición procesal, se restringe la solución del conflicto penal exclusivamente al dictado de la sentencia.[10]

---

7 MEZA FONSECA, Emma, *Las soluciones alternas y formas de terminación anticipada en el proceso penal acusatorio,* Bosch, 2da edición, México, 2017, p. 40.

8 «La transacción es un contrato por el cual las partes convienen en resolver un litigio de común acuerdo y en forma definitiva, antes o después de iniciado el proceso». DEVIS ECHANDÍA, Hernando, *Teoría general del proceso,* TEMIS/UBIJUS, Bogotá, 2018, p. 518.

9 Los medios excepcionales son: 1. El arbitramiento; 2. La transacción; 3. El desistimiento; 4. La caducidad o perención; 5. La excepción previa que produzca este efecto. *Cf, Ibidem,* pp. 517-531.

10 *Cf,* SILVA SILVA, Jorge Alberto, *Derecho procesal penal,* Oxford, segunda edición, México, 2003, pp. 711-715.

De tal forma, las figuras para finalizar el procedimiento penal sin una sentencia corresponden con nuestra tradición y en materia civil han sido muy recurridas y eficientes. De ahí que muchos doctrinarios han vencido a la hoja en blanco para desarrollar sendos tratados relacionados con la conocida *necesidad del proceso*, como único medio o no, para solucionar los conflictos civiles y ahora, penales, derivados del delito.

> La bondad del principio de necesidad radica en que todos somos iguales ante la ley y, en este mismo orden de ideas, todo sujeto que cometa algún delito debe ser investigado, enjuiciado y condenado, sin distingo alguno. De acuerdo con el principio de necesidad, en los casos en los que el Ministerio Público verifique, derivado de la obtención de fuentes de pruebas, que un sujeto determinado ha cometido un hecho delictivo, deberá ejercer una acción penal, por ello, en estos casos el ejercicio de la acción constituye una obligación. Dicho principio aplicado irrestrictamente acarrearía una saturación perniciosa para el sistema de enjuiciamiento criminal, pues no habrá salidas alternas para solucionar el conflicto y, en consecuencia, todo asunto por innecesario o mínimo que pareciera debería ser llevado hasta el final del proceso, agotado cada una de sus etapas.[11]

Para nosotros, la tradición jurídica romana-germana es la que explica la reforma constitucional de 2008 en que se estableció la transición al paradigma en que el principio de legalidad se flexibiliza (más no desaparece)[12] para que, en los casos reglados, se finalice el procedimiento de manera anormal o se dicte una sentencia rápida sin necesidad del contradictorio. Posición acorde a la tendencia internacional, pues en su parte II.5. (dentro de las disposiciones previas al

---

11 DAGDUG KALIFE, Alfredo, *Manual de derecho procesal penal. Teoría y práctica*, INACIPE/IBIJUS, México, 2016, p. 829.

12 Algunas posturas sostienen que los sistemas inquisitivos se basan en el principio de legalidad por cuanto hace a la persecución de los delitos y los acusatorios se inclinan por integrar el llamado principio de oportunidad, «mediante diversos mecanismos que por razones de utilidad práctica y política criminológica tiende a la eficientización del sistema penal basado en el reconocimiento de la imposibilidad o inconveniencia de la persecución absoluta, es decir, en todos los casos sin diferenciación alguna de carácter cuantitativo o cualitativo que deriven incluso en el aspecto impráctico del eventual ejercicio de la acción persecutoria». LUNA CASTRO, José Nieves, «Consideraciones sobre el principio de oportunidad y su proyección en el sistema penal mexicano» en *La implementación del sistema penal acusatorio*, Bosch, México, 2018, p. 163.

juicio) las Reglas Mínimas de las Naciones Unidas sobre las Medidas no Privativas de Libertad (Reglas de Tokio) señalan: «*5.1. Cuando así proceda y sea compatible con el ordenamiento jurídico, la policía, la fiscalía u otros organismos que se ocupen de casos penales deberán estar facultados para retirar los cargos contra el delincuente si consideran que la protección de la sociedad, la prevención del delito o la promoción del respeto.*

«*A efecto de decidir si corresponde el retiro de los cargos o la institución de actuaciones, en cada ordenamiento jurídico se formulará una serie de criterios bien definidos. En casos de poca importancia el fiscal podrá imponer las medidas adecuadas no privativas de libertad, según corresponda*».

En consecuencia, las soluciones alternas representan para la víctima u ofendido e incluso para el imputado, el reconocimiento legal de la disposición sobre el proceso, basado desde luego en la legalidad, pero ahora, flexibilizando la necesidad en aras de la oportunidad, donde a las personas juzgadoras se les «reduce» su rol intervencionista.

> [Principio de necesidad] Este principio supone la asunción de la idea rectora de que la facultad del Estado de castigar los delitos, el denominado *ius puniendi*, sólo puede actuarse por medio del proceso penal. En la formulación latina nos referíamos al principio *nulla poena sine indicio*, que supone por un lado que el Estado no impone penas sino mediante un proceso configurado legalmente, y que lo hace, por la propia definición del proceso, por medio de un juez o tribunal independiente de los otros poderes del Estado. para ello el Estado se dota de un órgano, el Ministerio Fiscal, a quien se encomienda el ejercicio de la acción penal.[13]

En el CNPP se incorporan como mecanismos de finalización anormal del proceso los llamados doctrinalmente *criterios de oportunidad* y las formas de terminación anticipada con la figura del *procedimiento abreviado*, que provoca el dictado de una sentencia rápida.

Así, el paradigma que actualmente impera en la norma procesal penal para la resolución del proceso penal es acorde con el objeto del proceso, contemplado en la fracción I del apartado A del artículo

---

13 DE LA ROSA CORTINA, José Miguel, «Oralidad, justicia alternativa y el ministerio fiscal español» en *Jornadas Iberoamericanas. Oralidad en el proceso y justicia penal alternativa*, INACIPE, México, 2008, p. 231.

20 constitucional, que deja atrás la búsqueda de la verdad y ahora se basa en el «esclarecimiento de los hechos».[14] En los modelos donde la finalidad del proceso no es ya la «verdad verdadera» o «histórica de los hechos» sino la «verdad legal o jurídica», las formas para llegar a ella también varían. El mecanismo para arribar a la verdad ya no es sólo a través del dictado de la sentencia, ahora, también por medio de diversas figuras regladas como las soluciones alternas y el procedimiento abreviado,[15] entre otras.

En consecuencia, resultado de la tendencia del llamado derecho penal mínimo y derecho procesal transaccional, que considera que los conflictos en el ámbito penal no deben únicamente finalizar con el dictado de una sentencia, el legislador incorporó en el Libro Segundo del CNPP las «Soluciones Alternas» y las «formas de terminación anticipada».[16]

El estudio de las primeras se enmarca en los llamados *criterios de oportunidad* desarrollados con mayor tradición en el derecho anglosajón (aunque, como se adelantó, con sus matices, no son ajenos a nuestra tradición).

Los criterios de oportunidad son, al menos de dos tipos: *reglados* y *no reglados*. Los criterios de oportunidad reglados son característicos del sistema legal de tradición romana-germana y los no reglados del

---

14 *Cf,* GONZÁLEZ RODRÍGUEZ, Victor Hugo, *Procedimiento penal acusatorio y oral mexicano*, Porrúa, México, 2022, pp. 21-26.

15 Respecto del procedimiento abreviado se dice que la verdad es incompleta. «Todo procedimiento abreviado que implique la suspensión del juicio, y más dentro de una estructura acusatoria, aumenta el riesgo de que la verdad consensual o la verdad a medias producto de una investigación terminada anticipadamente como producto de una confesión se distancie de la posibilidad de que mediante el proceso penal se llegue a establecer la verdad real y que, en consecuencia, la sentencia sea producto de esa determinación». *Análisis…, op. cit.*, pp. 227-228.

16 Sostenemos que es una tendencia debido a que «en Latinoamérica desde finales de los años noventa, en que paulatinamente se han ido introduciendo en la región sistemas de procesamiento penal de tipo acusatorio y oral, en detrimento del viejo sistema predominantemente inquisitorio y escrito, según lo demuestran los casos del algunas provincias de Argentina (Córdoba y Buenos Aires), Bolivia, Chile, Colombia, Costa Rica, Ecuador, El Salvador, Guatemala, Honduras, Nicaragua, Paraguay, República Dominicana y Venezuela». MEZA, *op. cit.*, p. 10.

derecho anglosajón, eso explica que durante la reforma constitucional del 2008 la Cámara de Origen considerara lo siguiente: «Y en atención a las dos características antes anotadas, las formas de justicia alternativa de índole penal necesitarán la revisión de la autoridad en su cumplimiento, en beneficio de las víctimas y los ofendidos, y por ello se considera prudente la creación de un supervisor judicial que desarrolle dichas funciones».[17] Se les nombra reglados debido a que atienden —como en general todo el sistema jurídico— al principio de legalidad pero ahora flexibilizado, lo que representa que para la procedencia de un criterio de oportunidad es necesario que el legislador lo contemple expresamente dentro de la ley. En contraste —como también se explica por la tradición del *common law*— en el sistema no reglado los criterios de oportunidad son la regla y por ello proceden en todos los casos, siempre que el órgano facultado (con frecuencia es el fiscal) lo proponga.

> El principio de oportunidad no se opone al principio de legalidad, pues los criterios de oportunidad, por el hecho de constituir excepciones que, discrecionalmente, podrán ser aplicadas por los fiscales, son tan legales como cualquier otra institución procesal vigente. Su oposición en todo caso, contra el principio de obligatoriedad del ejercicio de la acción penal y no contra el principio de legalidad.[18]

Para la comprensión del tema, insistimos que teóricamente los criterios de oportunidad son el género, pues a través de ellos el Ministerio Público cumple con la función señalada en el artículo 21 constitucional, dejando a los involucrados la posibilidad de resolver, bajo ciertas condiciones legales, el conflicto penal, pero manteniendo la facultad de la que es titular el ministerio púbico respecto de la posibilidad de que este tipo de instituciones operen eficazmente en

---

17 *Análisis...*, *op. cit.*, p. 95.

18 LUNA, *op. cit.*, p. 165. «El principio de oportunidad se fundamenta en razones de utilidad pública o interés social, pudiendo basarse teóricamente en alguna de las siguientes causas: *1)* escasa lesión social producida y correlativa falta de interés de la persecución social; *2)* estímulo a la pronta reparación a la víctima; *3)* evitar los efectos criminógenos de las penas cortas privativas de libertad; *4)* obtener la rehabilitación del delincuente mediante su sometimiento voluntario a un procedimiento de readaptación, y *5)* obtener la reinserción social de presuntos terroristas y una mejor información acerca de las bandas armadas». DE LA ROSA, *op. cit.*, p. 239.

las fases o etapas del procedimiento, y su especie se constituyen en el derecho mexicano (tomando en consideración los artículos 17 y 20 apartado A de la Constitución y el CNPP) por:

- Acuerdos reparatorios
- Suspensión condicional del proceso
- Criterios de oportunidad[19]

> En nuestra opinión y desde un punto de vista teleológico, los criterios de oportunidad entendidos en sentido amplio abracan en mayor o menor medida todas aquellas instituciones propias de un sistema procesal penal de tipo acusatorio en las que se involucran para su operatividad el otorgamiento de facultades en favor de la fiscalía o ministerio público para justificar su legal actualización durante toda la vida potencial de un procedimiento pena es decir, instituciones vinculadas con la finalidad de evitar la judicialización como los medios alternos de solución de conflictos propiamente dichos, tales como la mediación y conciliación, los mecanismos de terminación anticipada como el no ejercicio de la acción penal; la facultad de abstenerse de investigar, el archivo temporal, el principio de oportunidad en sentido estricto; así como los acuerdos preparatorios, la suspensión del proceso a prueba y, también, los llamados mecanismo de aceleración o sentencia preacordada como el procedimiento abreviado, pues en todos ellos la institución ministerial o fiscalía cumple con su función fundamental para la posibilidad de que se concretice cada una de esas instituciones, dependiendo el caso, de suerte que ninguna de ellas se constituye, en un procedimiento como el mexicano, en un derecho de los involucrados, y particularmente de los imputados, sino en una posibilidad de exclusión, suspensión o terminación anticipada del conflicto penal, pero manteniendo la facultad de la que es titular el ministerio púbico respecto de la posibilidad de que este tipo de instituciones operen eficazmente en las fases o etapas del procedimiento, según el caso.[20]

A pesar de que especialistas como José Nieves Luna sitúan el procedimiento abreviado también en los criterios de oportunidad, nosotros consideramos que únicamente deberán integrarse los acuerdos

---

19 En el presente texto no habremos de desarrollar el tópico de los criterios de oportunidad en estricto sentido, contenidos en los artículos 256 y 257 del CNPP. Tampoco abundaremos en la mediación y la conciliación, los mecanismos de terminación anticipada como el no ejercicio de la acción penal, la facultad de abstenerse de investigar y el archivo temporal.

20 LUNA, *op. cit.*, pp. 166-167.

reparatorios, la suspensión condicional del proceso y los criterios de oportunidad en sentido estricto (además de las otras figuras que cada teórico incorpore, verbigracia el perdón o el sobreseimiento), pues el procedimiento abreviado no constituye una forma anormal de finalización del procedimiento penal acusatorio y oral, sino una forma rápida de hacerlo, al finalizar, lo mismo que el procedimiento ordinario, con el dictado de una sentencia, que aunque preacordada respeta el diseño de división de atribuciones entre fiscalía y el órgano jurisdiccional, pues se fundamenta en consideraciones de política criminal que buscan racionalizar la utilización del sistema penal, mientras que las soluciones alternas se enfocan en los mecanismos de justicia restaurativa sin buscar la sanción.

> El proceso abreviado se diferencia de las salidas alternativas del proceso penal en tanto que éstas últimas se enfocan en lograr implementar mecanismos de justicia restaurativa, que son reflejados a su vez, en medidas especiales dirigidas al imputado o a la víctima u ofendido en los casos donde hay víctimas identificables. Las salidas alternativas parten de la idea de que el objetivo de la medida no es la sanción o antecedentes administrativos o penal, sino más bien la restauración de la paz y armonía social.[21]

ACUERDOS REPARATORIOS

Los acuerdos reparatorios y la suspensión condicional del proceso constituyen las soluciones alternas (que en el derecho comparado también se les nombra salidas alternativas)[22] y tienen como fundamento el derecho penal del conflicto, en contraposición al derecho penal de la infracción. Como menciona M. Binder: «debido a que en el derecho penal del conflicto, la intervención del Estado debe ser efectiva para solucionar los conflictos que puedan suscitarse entre las personas y no buscar la imposición de la pena como medio de asegu-

---

21 PERLIN, *op. cit.*, p. 450.

22 Respecto del derecho comparado nos hemos ocupado en otros espacios, ahora, basta agregar la postura que se adjudica al termino «trasplante», que indica la transferencia de un instituto, de una norma o un conjunto de normas de un ordenamiento jurídico a otro». TARUFFO, Michele, «Algunos trasplantes procesales» en *Derecho procesal del siglo XXI. Visión innovadora*, Universidad de Medellín, Colombia, 2018, p. 432.

rar el orden social, sino buscando ser un elemento equilibrador de los conflictos, así como evitar que se llegue a la aplicación del poder punitivo, de esta manera se logra un verdadero Derecho Penal de Última Ratio, donde lo que se busque sea aplicar de manera mínima el Derecho Penal, siendo más que ser *(sic)* un derecho sancionador un derecho reparador».[23]

Las soluciones alternas se basan entonces en lo que Roxin llama principio de oportunidad, al que ya nos hemos referido en el epígrafe que precede y que es «una excepción al carácter obligatorio de la acción penal, pues autoriza al Ministerio Público al Fiscal titular de la acción penal para decidir sobre la pertinencia de no dar inicio a la actividad jurisdiccional penal, o en su caso a solicitar el sobreseimiento cuando concurran los requisitos exigidos por la ley».[24]

La dogmática contempla dos criterios de oportunidad: discrecional o libre y reglado. El tratamiento que se da a los criterios de oportunidad depende de la tradición y de la estructura jurídica. En el derecho anglosajón principalmente los criterios son discrecionales o libres, es decir, se ejercen, en cualquier caso,[25] al ser mínimos los controles para el fiscal y, en la tradición romana-germana, prevalecen los criterios reglados, caracterizados por que las autoridades deberán acotarse a los casos de procedencia expresamente señalados en la ley,[26] es decir: aquello que no esté precisado en la norma está prohibido.[27]

---

23 MEZA, *op. cit.*, p. 14.

24 *Ibidem*, p. 17.

25 «el principio de oportunidad es discrecional en los Estados Unidos de América, ya que existe poco control para el fiscal, quien en el fondo puede crear una eximente de responsabilidad, con base en razones de política criminal y sin tener que cambiar una sola letra de la ley sustantiva». *Ibidem*, p. 21.

26 En Alemania, por ejemplo, son de aplicación reglada, pues en unos casos el fiscal puede archivar directamente y en otros, es necesaria la intervención del órgano jurisdiccional. En España la reforma de 1978 se basó en el principio de intervención mínima, por lo que el derecho penal sólo intervendrá en los casos más importantes.

27 Postura que retoma el legislador en el artículo 5 de la Ley Nacional de Mecanismos Alternativos de Solución de Controversias en Materia Penal, al señalar: «*El Mecanismo Alternativo será procedente en los casos previstos por la legislación procedimental penal aplicable*».

Conceptualización

Un acuerdo, en atención a una de las acepciones en el Diccionario de la Real Academia Española, es: «Resolución premeditada de una sola persona o de varias», y lo reparatorio significa: reformar, restaurar, remendar, recomponer, arreglar, rectificar, desagraviar, compensar, resarcir, subsanar, enmendar o que tiene la eficacia, virtud o eficiencia de reparar, componer o subsanar». Por lo que un *acuerdo reparatorio* jurídicamente constituye una forma anormal de finalizar legalmente un procedimiento penal acusatorio y oral, a través de la resolución premeditada de la víctima u ofendido y el imputado (debidamente asesorados) para desagraviar a los primeros y reparar el daño causado con el delito, como se desprende de la tesis con registro digital 2011967, emitida por los Tribunales Colegiados de Circuito (en adelante TCC), en la décima época, con rubro y texto:

> **ACUERDOS REPARATORIOS. SI EL ACTO RECLAMADO ES EL AUTO DE VINCULACIÓN A PROCESO Y AQUÉLLOS SE APRUEBAN CON POSTERIORIDAD A LA EMISIÓN DE ÉSTE, ESA CIRCUNSTANCIA ACTUALIZA LA CAUSAL DE IMPROCEDENCIA PREVISTA EN EL ARTÍCULO 61, FRACCIÓN XIII, DE LA LEY DE AMPARO, AUN CUANDO DICHOS ACUERDOS SEAN DE CUMPLIMIENTO DIFERIDO.** *Conforme al artículo 186 del Código Nacional de Procedimientos Penales, los acuerdos reparatorios son el resultado del uso de un mecanismo alternativo de solución de controversias, celebrados entre la víctima u ofendido y el imputado, los cuales, una vez aprobados por el Ministerio Público o el Juez de control —según corresponda— y cumplidos en sus términos, tienen como efecto la extinción de la acción penal. De ahí que su celebración constituye una manifestación de voluntades de los intervinientes de optar por esa salida alterna.* Ahora bien, si el acto reclamado es el auto de vinculación a proceso y dichos acuerdos se aprueban con posterioridad a la emisión de éste, esa circunstancia conlleva el consentimiento del imputado respecto de ese auto, cuando sea precisamente el acto reclamado en el juicio de amparo, lo que actualiza la causal de improcedencia prevista en la fracción XIII del artículo 61 de la ley de la materia. Sin que obste a lo anterior, que los referidos acuerdos reparatorios sean de cumplimiento diferido, pues ello no implica que no haya habido un consentimiento al resolver el juicio de amparo en primera instancia o en revisión; aunado a que iría contra la naturaleza de la solución alterna por la que optaron voluntariamente las partes, el permitir que por virtud del juicio de derechos fundamentales, el imputado incumpliera con las obligaciones adquiridas en el acuerdo correspondiente.

Los acuerdos dejan en manos de los particulares la posibilidad de dialogar para decidir la evitación del juicio a través de la conformidad, por ello, los celebran la víctima u ofendido y el imputado, pero requieren de un requisito de legalidad caracterizado con la aprobación del ministerio público o del juez de control (según el momento procedimental en que ocurran) y cumplidos en sus términos, tienen como efecto la extinción de la acción penal, como expresamente lo señala el artículo 186 del CNPP.

Aunque el legislador no señala en el numeral antes citado a qué se refiere con la expresión: «...*cumplidos en sus términos*...», del contenido al menos de los arábigos 189 y 190 del CNPP es claro que se trata de que el imputado cumpla con las *obligaciones pactadas*.

Una *obligación* es el vínculo que sujeta al imputado a hacer o abstenerse de hacer algo, por voluntario otorgamiento, atendiendo a las pretensiones de la víctima u ofendido,[28] es decir, las obligaciones constituyen las acciones para reformar, restaurar, remendar, recomponer, arreglar, rectificar, desagraviar, compensar, resarcir, subsanar, enmendar o que tiene la eficacia, virtud o eficiencia de reparar, componer o subsanar, en cada caso en particular.

Así, lo que se pacta en el acuerdo reparatorio entre la víctima u ofendido y el imputado son las *obligaciones* que respondan a las pretensiones de la víctima u ofendido, enfocadas, principalmente, al pago integral de la reparación del daño, siempre que no sean notoriamente desproporcionadas y que los intervinientes se encuentren en condiciones de igualdad para negociar y que no hayan actuado bajo intimidación, amenaza o coacción, como expresamente lo señala el último párrafo del artículo 190 del CNPP.

El acuerdo reparatorio es entre más de una persona, es decir, el conjunto de las partes legalmente facultadas que determinan o resuelven en común la posibilidad de finalizar el procedimiento pe-

---

[28] El párrafo primero del artículo 190 del CNPP señala: «*Si el juez de control determina como válidas las pretensiones de las partes*...»; no obstante —a criterio de quien escribe—, la redacción es desafortunada, pues en el acuerdo reparatorio el imputado no tiene más pretensión que la extinción de la acción pena, que no sólo es válida sino legal; en cambio, es la víctima u ofendido quien sí tiene variadas pretensiones, principalmente alineadas a la reparación del daño integral.

nal acusatorio y oral a través del dialogo privado o arbitrado (en términos de la Ley Nacional de Mecanismos Alternativos de Solución de Controversias en Materia Penal), atendiendo a la reparación del daño integral de la víctima o sus intereses y derechos, que elevado a un auto emitido por el órgano jurisdiccional provocará la extinción de la acción penal y el sobreseimiento.

El acuerdo reparatorio expresamos se celebra entre más de una persona, debido a que no basta que la víctima u ofendido/asesor jurídico o el imputado/defensa, unilateralmente lo quieran, es necesario que ambos coincidan, por eso expresamente la Ley Nacional de Mecanismos Alternativos de Solución de Controversias en Materia Penal establece en el párrafo segundo del artículo 1 que los mecanismos alternativos de solución de controversias en material penal: «*tienen como finalidad propiciar, a través del diálogo, la solución de las controversias que surjan entre miembros de la sociedad con motivo de la denuncia o querelle referidos a un hecho delictivo, mediante procedimiento basados en la oralidad, la economía procesal y la confidencialidad*».[29] Recordemos que atendiendo al párrafo segundo del artículo 105 del CNPP la víctima u ofendido/asesor jurídico y el imputado/defensa son parte en el procedimiento.[30] Siendo dichas partes las legalmente facultadas para celebrar el acuerdo reparatorio, sin más limitaciones que la observancia de la ley, y desde luego, la ausencia de desigualdad y coacción en el mismo, pues se requiere del consentimiento expreso y libre de vicios.

Fundamento

El artículo 17 párrafo cuarto de la Constitución, el punto 5.1 de la Reglas de Tokio y los artículos 183, 184, 186 a 190 de CNPP contemplan los acuerdos reparatorios, relacionados con la Ley Nacional de Mecanismos Alternativos de Solución de Controversias en Materia Penal.

---

29 Los principios rectores de los mecanismos alternativos de solución de controversias en materia penal son: voluntariedad, información, confidencialidad, flexibilidad y simplicidad, imparcialidad, equidad y honestidad, como lo contempla el artículo 4 de la ley de la materia.

30 El párrafo segundo del artículo 105 del CNPP señala que los sujetos del procedimiento que tendrán calidad de parte son el imputado y su defensor, el Ministerio Público, la víctima u ofendido y su asesor jurídico.

Tipos de acuerdos reparatorios

Atendiendo a la temporalidad de su cumplimiento, los acuerdos reparatorios son de dos tipos:

a) Cumplimiento inmediato; y,

b) Cumplimiento diferido.

El acuerdo reparatorio de cumplimiento *inmediato* implica que las obligaciones pactadas son observadas en el acto de la aprobación, es decir: el cumplimiento no se extiende en el tiempo.

El acuerdo reparatorio de cumplimiento *diferido*, por el contrario, representa que el cumplimiento de las obligaciones pactadas requiere de un tiempo mayor o posterior al de la aprobación del ministerio público o del juez.

Expresamente el legislador no contempla parámetros de plazos a los que debará ceñirse el acuerdo reparatorio de cumplimiento diferido, únicamente incorpora en el párrafo segundo del numeral 189 del CNPP, el supuesto de que al celebrarse el acuerdo no se señale plazo específico, en cuyo caso se entenderá que el plazo será por un año.

En esa tesitura, el plazo del acuerdo reparatorio de cumplimiento diferido podrá ser de un día (horas o minutos) y hasta un máximo que no rebase el quantum de la posible pena que merezca el delito correspondiente, para así garantizar la legalidad y desde luego la proporcionalidad en la intervención del Estado frente a los gobernados.

En términos del párrafo segundo del artículo 189 y la fracción IV del numeral 331 del CNPP, el plazo para el cumplimiento de las obligaciones contenidas en el acuerdo reparatorio suspenderá el trámite del proceso y la prescripción de la acción penal.

Desde luego que el imputado que acepte celebrar un acuerdo reparatorio con la víctima u ofendido asume el cumplimiento de las obligaciones pactadas, lo contrario, provocará la continuación de la investigación o del proceso, según corresponda, siempre y cuando el incumplimiento sea sin justa causa. Una causa justa, por ejemplo, para el incumplimiento sería que el imputado enfermara de forma grave, que sufriera un accidente, que perdiera el trabajo, etcétera.

De actualizarse el incumplimiento del imputado con el acuerdo reparatorio, en términos del penúltimo párrafo del artículo 189 del CNPP, la información generada como producto de los acuerdos no podrá ser utilizada en perjuicio de las partes dentro del proceso penal.

La decisión de incumplimiento dependerá de la autoridad que lo aprobó. Si lo llevó a cabo el ministerio público, la decisión se materializará en un acuerdo. Si quien lo aprobó fue el juez de control, entonces, se requerirá celebrar una audiencia donde las partes sean escuchadas, incluyendo al imputado/defensa, para que se resuelva el incumplimiento sin justa causa y la continuación del proceso como si no se hubiera celebrado acuerdo alguno.

En términos del último párrafo del artículo 189 del CNPP una vez aprobado y cumplidas las obligaciones pactadas en un acuerdo reparatorio (sea de cumplimiento inmediato o de cumplimiento diferido), el juez decretará la extinción de la acción,[31] haciendo las veces de sentencia ejecutoriada.

La extinción de la acción penal provocará el sobreseimiento, en términos de la fracción VI del numera 327 del CNPP.[32]

Autoridades facultadas para aprobar los acuerdos reparatorios

El dialogo privado o arbitrado que constituye el acuerdo entre las partes, para que tenga validez, sea vinculante y surta los efectos legales ya asentados, requiere ser aprobado por el juez de control o por el ministerio público.

---

31 El legislador alude a la extinción de la acción, aunque nosotros consideramos que lo correcto, respetando nuestra tradición jurídica y el leguaje que se ha históricamente utilizado, es «extinción de la acción penal».

32 Los efectos del sobreseimiento firme también son de sentencia absolutoria, pone fin al procedimiento en relación con el imputado en cuyo favor de dicta, inhibe una nueva persecución penal por el mismo hecho y hace cesar todas las medidas cautelares que se hubieran dictado, conforme a lo señalado por el artículo 328 del CNPP.

Durante la *fase de investigación inicial* será aprobado por el ministerio público y una vez que se encuentre en la *fase de investigación complementaria*, quien lo aprobará será el juez de control.[33] Entonces, en aquellos casos en que se ejercite acción penal con detenido, el ministerio público podrá autorizar los acuerdos reparatorios una vez aperturada la audiencia inicial hasta que el imputado quede a disposición del juez de control para la formulación de imputación, en cuyo caso, quien deberá autorizar los acuerdos será el órgano jurisdiccional.

Que sea el juez de control quien está facultado para aprobar el acuerdo reparatorio excluye tanto al tribunal de enjuiciamiento como al juez de ejecución. La evidencia radica en su oportunidad: los acuerdos reparatorios son procedentes desde la presentación de la denuncia o querella hasta antes de emitirse el auto de apertura a juicio, como lo señala el párrafo primero del artículo 188 del CNPP.

Aunque en México el legislador no contempló el *interés superior prevalente*, como figura legal del fiscal para oponerse a los acuerdos reparatorios, como ocurre en Chile, verbigracia, donde «el fiscal puede negarse a su aprobación por existir un interés público prevalente en la continuación de la persecución penal»,[34] los motivos que en el derecho comparado aluden al citado interés parcialmente los recoge el legislador en el párrafo segundo del artículo 187 del CNPP, al contemplar la improcedencia en los casos de celebración previa de acuerdos reparatorios. No obstante, la negación de los acuerdos reparatorios no quedará, en esa hipótesis, exclusivamente en manos del fiscal, cualquiera de las partes lo puede alegar y el juez de control estará obligado de verificarlo en términos del párrafo tercero del arábigo 183 del CNPP, previo a su aprobación.

---

[33] Desafortunadamente en la redacción del párrafo primero del artículo 190 del CNPP el legislador confunde las «etapas» y las «fases», pues las primeras son las tres *etapas* del procedimiento penal acusatorio y oral: investigación, intermedia y juicio, mientras que las *fases* son la división de las etapas (fase inicial y complementaria de la investigación y fase escrita y oral de la etapa intermedia), como expresamente lo señalan los artículos 211 y 334 del CNPP, que no sólo contemplan dichos términos, además, detallan cuando inician y concluyen. Respecto del tema *Cf*, GONZÁLEZ, *op. cit.*, pp. 15-21.

[34] ARRIETA CONCHA, Nicolás, «Oralidad en el proceso y justicia penal alternativa» en *Jornadas Iberoamericanas. Oralidad en el proceso y justicia penal alternativa*, INACIPE, México, 2008, p. 195.

Suspensión del proceso para concretizar los acuerdos reparatorios

Como cualquier interacción humana, los acuerdos reparatorios son el resultado del diálogo directo o mediado entre la víctima u ofendido y el imputado, eso justifica que el numeral 188 del CNPP autorice al juez de control para suspender el proceso hasta por treinta días para que las partes puedan concretar el acuerdo con el apoyo de la autoridad competente especializada en la materia,[35] en el entendido de que la interrupción en la concertación provocará la continuación del proceso.

La suspensión del proceso implicará que éste se detenga, que no avance hasta que haya transcurrido el tiempo autorizado por la ley, se hayan concretizado los lineamientos del acuerdo reparatorio para su aprobación o, en su caso, se interrumpa la negociación o el dialogó para la concreción de los acuerdos. En cualquier caso, el proceso se reanuda en términos del artículo 332, relacionado con la fracción IV del diverso 331 del CNPP.

Procedencia

Para la procedencia de los acuerdos reparatorios, con fundamento en el artículo 187 del CNPP, los requisitos son:

1. *En los delitos que se persiguen por querella, por requisito equivalente de parte ofendida o que admite el perdón de la víctima o el ofendido.* El primer supuesto es el requisito de procedibilidad-querella (o acto equivalente), lo que representa que no procederán los acuerdos reparatorios en delitos perseguidos de oficio, salvo que en él se admitiera el perdón.[36]

2. *Delitos culposos.* Exclusivamente los acuerdos reparatorios procederán en los casos en que la investigación o el proceso se haya

---

[35] Respecto del tema de la suspensión del proceso, el artículo 331 fracción IV contempla que el juez de control competente decretará la suspensión del proceso en los casos que la ley señale; uno de esos casos, es precisamente la suspensión para concretar los acuerdos reparatorios.

[36] En la CDMX el perdón procede en los delitos que se persiguen por querella, como expresamente lo señala el párrafo primero del artículo 100 del CPCDMX. Por lo que el primer supuesto de procedencia de los acuerdos reparatorios derivado del CNPP en la CDMX única y exclusivamente procede en tratándose de delitos de querella o requisito equivalente.

instaurado por un delito culposo. En consecuencia, por este segundo supuesto, no procederán los acuerdos reparatorios cuando el delito sea doloso (a menos que se actualice el supuesto del punto anterior).

3. *Delitos patrimoniales cometidos sin violencia sobre las personas.* Uno de los bienes jurídicos que las sociedades postmodernas protegen con frecuente ahínco es el patrimonio. En la Ciudad de México (en adelante CDMX) el título décimo quinto del libro segundo contempla los tipos penales que protegen el patrimonio. En el Código Penal Federal se contienen en el título vigésimo segundo del libro segundo. Por cuanto hace al tema de la violencia, ésta —para que sean procedentes los acuerdos reparatorios— no deberá ocurrir sobre las personas. Es decir, primero, deberá ser un delito patrimonial sin violencia, pero no cualquier violencia, sólo excluye la procedencia cuando esta se ejerza sobre las personas. Si la violencia se ejerce, por ejemplo, respecto de los objetos, serán procedentes los acuerdos reparatorios.

El legislador no alude a una violencia en particular, por lo que, considerando la exacta aplicación de la ley, deberá constituirse la violencia en cualquiera de sus modalidades, salvo que no sea sobre las personas.[37] No obstante, analizando en su conjunto la fracción III del artículo 187 del CNPP, y que se trata de una solución alterna cuyo fin, entre otros, es la despresurización y la prevención especial, y al precisar el legislador los delitos patrimoniales, pareciera que la violencia debería acotarse únicamente a lo previsto en el apartado conducente de los delitos de esta naturaleza.

No proceden los acuerdos reparatorios cuando el imputado haya celebrado previamente otros por hechos que correspondan a los mismos delitos dolosos. Tampoco cuando se trate de delitos de violencia familiar o sus equivalentes en las entidades federativas.

---

37 El artículo 6 de la Ley General de Acceso de las Mujeres a una Vida Libre de Violencia, reconoce como tipos de violencia: violencia psicológica, violencia física, violencia patrimonial, violencia económica, violencia sexual y cualesquiera otras formas análogas que lesionen o sean susceptibles de dañar la dignidad, integridad o libertad de las mujeres. Por su parte, la fracción I del arábigo 225 del CPCDMX contempla la violencia física o moral, o para darse a la fuga. El numeral 200 del mismo CPCDMX, agrega la violencia contra los derechos reproductivos.

Lo señalado en el párrafo que antecede (y que se encuentra previsto en el párrafo segundo del artículo 187 del CNPP), representa un mecanismo legal que el legislador contempló para evitar que los imputados que hayan accedido a un acuerdo reparatorio y se vean involucrados en un nuevo ilícito, sean sucesivamente candidatos para finalizar anormalmente su procedimiento, en pocas palabras: es un filtro para evitar la llamada *puerta giratoria* y desde luego, el abuso de las soluciones alternas sin que se cumpla con su finalidad, que como se señaló, traducido en que los particulares resuelvan el conflicto penal en respeto a sus derechos con mínima intervención del Estado.

No obstante, si el acuerdo reparatorio celebrado por el imputado previamente no corresponde a los mismos delitos dolosos, al no existir identidad en la naturaleza del delito y en la forma dolosa de su comisión, el imputado podrá celebrar otros acuerdos reparatorios.

Por el bien jurídico que protege el delito de violencia familiar o sus equivalentes en las entidades federativas,[38] el legislador decidió además acotar la procedencia de los acuerdos reparatorios, para que en esos casos resulten improcedentes.

Una restricción más para la procedencia de los acuerdos reparatorios se contiene en el último párrafo del artículo 187 del CNPP, al referir: «*Tampoco serán procedentes en caso de que el imputado haya incumplido previamente un acuerdo reparatorio, salvo que haya sido absuelto*». Por las razones antes expuestas, cuando el imputado haya celebrado un acuerdo de *cumplimiento diferido* y lo haya incumplido, no podrá celebrar otros acuerdos reparatorios, dada su falta de compromiso y responsabilidad frente a la justicia que le proporcionó una oportunidad de llevar a cabo un mecanismo alternativo de solución de controversias y no respetó lo pactado con la víctima u ofendido, evidenciando que no se benefició de la experiencia y carece de experiencias de legalidad.

---

[38] El delito de violencia familiar protege el derecho de los integrantes de la familia a vivir una vida libre de violencia. Las sociedades posmodernas se integran por subsistemas sociales, uno de ello —y de hecho el de mayor importancia, por su aspecto primario en la socialización— es la familia. Garantizar la seguridad de las personas dentro del ámbito familiar, logra en primera instancia el desarrollo adecuado e integral de los individuos dentro de la sociedad y, como consecuencia, el desarrollo adecuado e integral de la sociedad en su conjunto.

Lo anterior —como es lógico— tiene una excepción, y es cuando el imputado incumple acuerdos reparatorios de *cumplimiento diferido*[39] y al continuar la investigación o el proceso como si no se hubiera celebrado alguno, se absolviera al imputado, en cuyo caso, atendiendo principalmente al principio de presunción de inocencia y debido proceso, se podrá celebrar nuevamente acuerdos reparatorios.

Para el ministerio público y para el juez de control existe el mandato legal de instar a los interesados a que suscriban un acuerdo reparatorio en los casos en que proceda, explicándoles los efectos del acuerdo.

El párrafo primero del artículo 189 del CNPP habla de ministerio público y del juez de control, atendiendo a que ambos están facultados para aprobar los acuerdos reparatorios, según el estado pro cedimental en que el juicio se encuentre. Si es durante la fase de investigación inicial será el ministerio público quién podrá invitar a las partes a celebrar los acuerdos, si se encuentra en la fase de investigación complementaria o en la etapa intermedia, le corresponderá hacerlo al juez de control.

Efectos

El efecto de los acuerdos reparatorios cumplidos es la extinción de la acción penal y el eventual sobreseimiento lo que, como supra se ha señalado, representa la imposibilidad legal para la víctima u ofendido de un nuevo juicio por los mismos hechos, al hacer la extinción las veces de sentencia ejecutoriada y quedar finalizada totalmente la causa cuando el sobreseimiento quede firme, con fundamento en la fracción IV del artículo 327 del CNPP.[40]

---

39 Aunque expresamente el CNPP no señala incumplimiento de *acuerdos reparatorios de cumplimiento diferido*, lo resaltamos de ese modo porque los acuerdos de cumplimiento inmediato autorizados no podrían incumplirse.

40 Respecto de que la extinción de la acción penal en los acuerdos reparatorios hará las veces de sentencia ejecutoriada, existe debate entre los operadores del sistema penal acusatorio y oral, pues hay quienes sostienen que dada la redacción no hay necesidad de sobreseer la causa, ya que basta con la extinción para que se tenga el efecto de la sentencia ejecutoriada (que desde luego será entendida como absolutoria) y por ello, no hay posibilidades de apelar. No obstante,

Recordemos que el sobreseimiento, en términos de la fracción VI del artículo 467 del CNPP es apelable, al poner término al procedimiento.

Trámite

Aunque el legislador identifique al artículo 190 del CNPP con el nombre «TRÁMITE», expresamente el CNPP no señala el *trámite* para la aprobación de los acuerdos reparatorios, lo que en realidad hace es contemplar la autoridad que está facultada para aprobarlo y, el trámite que se plantea es únicamente aquel relacionado con el supuesto en que el fiscal aprueba el acuerdo, incumpliendo con las disposiciones legales para ello.

Entonces, para conocer el mecanismo en que los acuerdos reparatorios se tramitan, se deben analizar en su conjunto los lineamientos contemplados en todo el capítulo II del título primero del libro segundo del CNPP (que han sido explicados en el actual epígrafe), con relación al párrafo segundo del numeral 183 del mismo Código Instrumental Nacional, que contempla: «*En todo lo no previsto en este Título, y siempre que no se oponga al mismo, se aplicarán las reglas del procedimiento ordinario*».

Para respetar los principios contemplados en el párrafo primero del apartado A del artículo 20 constitucional y la metodología de audiencias de los actos procedimentales (que integran el procedimiento ordinario), los acuerdos reparatorios el juez de control deberá aprobarlos a través de audiencia, en que todas las partes sean citadas con al menos cuarenta y ocho horas de anticipación, y con la prevención de la obligatoriedad en la comparecencia de la víctima u ofendido y en caso contrario no será posible la celebración de los acuerdos

---

hay otra postura —a la que nos sumamos—, donde además de la extinción de la acción penal es necesario sobreseer, en términos de la fracción IV del artículo 327 de CNPP, que alude: «*...El sobreseimiento procederá cuando... IV. Se hubiere extinguido la acción penal por alguno de los motivos establecidos en la ley...*», dado que uno de dichos motivos es precisamente lo contemplado en el artículo 186 y el último párrafo del artículo 189 del CNPP, en cuya hipótesis, la decisión será apelable.

reparatorios.[41] Eso no obliga al ministerio público para hacerlo del mismo modo. El fiscal puede aprobar los acuerdos reparatorios por escrito.[42]

Aún y cuando los acuerdos reparatorios son aquellos celebrados entre la víctima u ofendido y el imputado, la audiencia correspondiente la podrá solicitar cualquiera de las partes.

La parte que haya solicitado la audiencia de acuerdos reparatorios tendrá en primer momento el uso de la palabra, para el efecto de exponer oralmente su pretensión de aprobación. El solicitante señalará la razón por la cual se encuentran legalmente cumplidos los requisitos para la procedencia del acuerdo y su eventual aprobación, considerando lo siguiente:

a) *Establecimiento de la oportunidad*, precisando que fue presentada la denuncia o la querella correspondiente (señalando la fecha en que ello ocurrió y que así consta en la carpeta de investigación) y que no se ha emitido auto de apertura a juicio (especificando la fase y etapa en que el procedimiento se encuentra).

b) *Precisión de procedencia*, fijando cuál de los supuestos del artículo 187 del CNPP es el que en el caso en particular se actualiza.

c) *Señalamiento de que el imputado no ha celebrado anteriormente otros acuerdos por hechos que correspondan a los mismos delitos dolosos, que no*

---

41 En la práctica hemos adoptamos medidas frente a la inasistencia de la víctima u ofendido, donde aún frente a su ausencia, se aprueben los acuerdos reparatorios cuando se tenga certeza, bajo cualquier medio del que no haya controversias ni dudas, de la aceptación de la víctima u ofendido, y que estuvo en condiciones de igualdad para negociar y que no haya actuado bajo condiciones de intimidación, amenaza o coacción.

42 Hay posturas que sostienen que el juez de control también puede aprobar los acuerdos reparatorios por escrito. Dicha postura atiende a la redacción del título y capítulo que revisamos. No obstante, ello —consideramos— vulneraria la característica oral del proceso penal acusatorio y los principios de publicidad, contradicción, concentración, continuidad e inmediación. No obstante —a favor de la postura inicial— el artículo 52 del CNPP aún y cuando contempla que los actos procedimentales que deban ser resueltos por el órgano jurisdiccional se lleven a cabo mediante audiencias, permite las excepciones, siempre que lo prevea el Código. Lo cual podría interpretarse ocurre en los acuerdos reparatorios al no señalar expresamente el legislador que su aprobación deba ocurrir en audiencia.

se trata del delito de violencia familiar o sus equivalentes en las Entidades federativas y que no ha incumplido previamente un acuerdo reparatorio o si así fue, que se le absolvió. En la mayor parte de las entidades federativas se cuenta con un registro de los acuerdos reparatorios celebrados, por ello, para justificarle a la persona juzgadora que el imputado no ha celebrado anteriormente otros acuerdos reparatorios que correspondan a los mismos delitos dolosos, que no ha incumplido o que incumplió, pero se le absolvió, es necesario contar con el informe correspondiente donde se establezca con claridad la situación del imputado frente a diversos acuerdos reparatorios. El informe se obtiene de los registros para dar seguimiento al cumplimiento de los acuerdos reparatorios, al que alude el párrafo tercero del arábigo 183 del CNPP, y que deberá consultar el ministerio público y la autoridad judicial antes de solicitar y conceder los acuerdos. Si del informe se desprende que sí ha celebrado anteriormente otros acuerdos, entonces, se deberá descartar que correspondan aquellos a los mismos delitos dolosos. Para que se acredite que no se trata del delito de violencia familiar basta que se precise el delito por el que se investiga o por el que se ejercitó acción penal, sin que pueda utilizarse como argumento de negativa la posibilidad de la reclasificación.

d) *Propuesta de acuerdo,* donde el oferente expone en qué consisten los acuerdos reparatorios, es decir, qué obligaciones contraerá el imputado y la especificación de si se trata de acuerdos reparatorios de cumplimiento inmediato o de cumplimiento diferido. De ser de cumplimiento diferido deberá señalarse el plazo para su cumplimiento, de no hacerlo, se entenderá que el plazo será por un año.

Una vez planteada la solicitud, el juez de control explicará a la víctima u ofendido y al imputado en qué consisten los acuerdos reparatorios y sus efectos y posteriormente se correrá traslado al resto de las partes, principalmente a la víctima u ofendido para que manifieste su conformidad o no con los acuerdos. Si hay algún tipo de oposición de la víctima u ofendido/asesor jurídico o del fiscal deberá centrarse en establecer que no han quedado satisfechos los requisitos de los incisos antes señalados o que las obligaciones son notablemente desproporcionales, que no hubo condiciones de igualdad para negociar o que actúa bajo condiciones de intimidación, amenaza o coacción.

Mismos supuestos de oposición aplican para el imputado (por sí o a través de su defensa) cuando no se encuentre conforme con los acuerdos reparatorios.

Cumplido lo anterior, el juez de control habrá de pronunciarse también oralmente a través de un auto donde precise su aprobación o no con los acuerdos reparatorios.

De ser de cumplimiento inmediato observará que hayan sido totalmente cumplidas las condiciones contraídas por el imputado y en la misma audiencia el juez decretará la extinción de la acción penal.

De ser de cumplimiento diferido, el juez de control señalará con precisión los plazos y términos en que tendrá que cumplirse el acuerdo y el apercibimiento al imputado en caso de inobservancia, que se traduce en que la investigación o el proceso, según corresponda, continuará como si no se hubiera celebrado acuerdo alguno, como expresamente lo señala el penúltimo párrafo del artículo 189 del CNPP.

Si es de cumplimiento diferido desde la audiencia de aprobación el juez de control podrá señalar fecha y hora para verificar otra audiencia para revisión del cumplimiento de los acuerdos reparatorios, lo que deberá notificarse a las partes. De no fijarse desde entonces fecha y hora para la audiencia, corresponderá a las partes, principalmente al ministerio público e imputado/defensa, pedir audiencia de verificación de cumplimiento de los acuerdos reparatorios, entre otras cosas para tener certeza de la extinción de la acción penal y el eventual sobreseimiento.[43]

---

[43] Nada impide —al carecer el CNPP de fundamento— para que la continuación de la investigación o el proceso, según corresponda, pueda el juez de control resolverlo por escrito, tampoco existe impedimento legal para que por escrito se determine el cumplimiento de los acuerdos reparatorios de cumplimiento diferido. No obstante, se plantea en el presente texto que resulta preferible que ocurra a través de audiencias, para garantizar los principios contemplados en el párrafo primero del artículo 20 constitucional.

Audiencia

La propuesta y en su caso, la aprobación de los acuerdos reparatorios ocurre dentro de una audiencia oral y pública, que se desarrolla de la forma siguiente:

DEFENSA: Señoría, con fundamento en lo previsto por el párrafo cuarto del artículo 17 de la Constitución Federal, 183, 184, 186 a 190 del CNPP, le informo que en fecha 2 de noviembre del 2023 fue presentada la querella por parte de la víctima, en data 4 de noviembre de la misma anualidad fue vinculado a proceso y actualmente nos encontramos en fase de investigación complementaria, por lo que no ha sido emitido el auto de apertura a juicio.

Asimismo, la formulación de imputación y el auto de vinculación a proceso fueron realizados y emitidos, respectivamente, por el delito de ROBO AGRAVADO, previsto y sancionado en el artículo 220 fracción II y 223 fracción I y 224 inciso A) fracción IX, del CPCDMX, por lo que aún y cuando se trate de delito patrimonial fue cometido sin violencia.

Del informe que se recibió por parte de la defensa, en el que se da cuenta de acuerdos celebrados, y del cual ya el resto de las partes tienen conocimiento, no se desprende que el imputado haya celebrado anteriormente otros acuerdos reparatorios.

Siendo que los acuerdos reparatorios que se proponen son de cumplimiento inmediato, pues se estableció de común acuerdo que el imputado ofreciera disculpas a la víctima y le pagara como reparación del daño la cantidad de dos mil pesos, que es el monto por el que fue valuado el teléfono celular del que fue desapoderado y acordado con la víctima para el pago integral de dicha reparación. Siendo que el acuerdo no resulta desproporcional y los intervinientes estuvimos en condiciones de igualdad para negociar y no se actuó bajo condiciones de intimidación, amenazas o coacción.

En consecuencia, al haber sido cumplidas por el imputado las obligaciones, pues previo a la audiencia ofreció disculpas a la víctima y ésta recibió la cantidad señalada, solicitamos tenga a bien aprobar los acuerdos reparatorios y con ello extinguir la acción penal y en su momento sobreseer.

Siendo la prisión preventiva la que se impuso como medida cautelar a mi representado.

JUEZ DE CONTROL: Una vez que escuchamos a la defensa, ésta plantea la posibilidad de que se aprueben acuerdos reparatorios. Así, víctima e imputado les explico que los acuerdos reparatorios constituyen una solución alterna y se traducen en los celebrados entre la víctima y el imputado que, aprobados por mí, y cumplidos en sus términos, tienen como efecto, algo que conocemos como extinción de la acción penal, lo que impedirá que usted como víctima pueda nuevamente querellarse por los mismos hechos y a usted imputado, le quedará un registro de haber celebrado otros acuerdos reparatorios por delito doloso.

Es por eso qué, le pregunto víctima:

¿Entendiendo en qué consisten los acuerdos reparatorios?

VÍCTIMA: Sí, entiendo.

JUEZ DE CONTROL: ¿Es su deseo celebrar acuerdos reparatorios de cumplimiento inmediato consistente en que le ofreció disculpas el imputado y por pago integral de la reparación del daño le entregaron dos mil pesos?

VÍCTIMA: Sí, estoy de acuerdo y sí me fue ya ofrecida la disculpa y reparado el daño integralmente.

JUEZ DE CONTROL: ¿Estuvo en igualdad para negociar y no actuó bajo condiciones de intimidación, amenazas o coacción?

VÍCTIMA: No, estuve en condiciones de igualdad para negociar y no sufrí intimidación, amenazas o coacción. Además, estoy de acuerdo con la extinción de la acción penal y el sobreseimiento.

JUEZ DE CONTROL: Ahora le pregunto a Usted imputado:

¿Entiende en qué consisten los acuerdos reparatorios?

IMPUTADO: Sí, entiendo.

JUEZ DE CONTROL: ¿Es su deseo arribar a los acuerdos reparatorios de cumplimiento inmediato consistentes en que usted ofreció disculpas a la víctima y le pagó dos mil pesos por concepto de la reparación del daño?

IMPUTADO: Sí, estoy conforme.

JUEZ DE CONTROL: ¿Estuvo en igualdad para negociar y no actuó bajo condiciones de intimidación, amenazas o coacción?

IMPUTADO: No, estuve en condiciones de igualdad para negociar y no sufrí intimidación, amenazas o coacción.

JUEZ DE CONTROL: Ministerio público, ¿algo qué decir?

MINISTERIO PÚBLICO: Toda la información aportada por la defensa es correcta, por lo que no advertimos algún impedimento legal para la aprobación de los acuerdos reparatorios. Solicitando cuando ello ocurra se declare la extinción de la acción penal y posteriormente el sobreseimiento total de la causa.

JUEZ DE CONTROL: ¿Asesor jurídico?

ASESOR JURÍDICO: Estamos conformes con los acuerdos, con la extinción de la acción penal y con el sobreseimiento.

JUEZ DE CONTROL: Una vez escuchado lo manifestado por las partes, advierto que se colman todos y cada uno de los extremos previstos en los artículos 17 de la Constitución Federal y 183, 184, 186 a 190 del CNPP, dado que efectivamente, como lo refiere la defensa, en fecha 2 de noviembre del 2023 la víctima se querelló, el día 4 de los corrientes se vinculó a proceso y hasta el momento no se ha emitido auto de apertura a juicio, pues el proceso se encuentra en fase de investigación complementaria.

Además, las partes acordaron acuerdos reparatorios de cumplimiento inmediato y para ello las obligaciones que el día de hoy cumplió el imputado son las de ofrecerle disculpas a la víctima y realizar un pago por la cantidad de dos mil pesos que cubre integralmente la reparación del daño; mismas que advierto no resultan notoriamente desproporcionadas y los intervinientes estuvieron en condiciones de igualdad para negociar y no actuaron bajo circunstancias de intimidación, amenazas o coacción.

Siendo que el delito por el que se vinculó a proceso al imputado fue el de ROBO, previsto y sancionado en los artículos 220 fracción II, 223 fracción I y 224 inciso A) fracción IX del CPCDMX. Por lo tanto, para la procedencia se actualiza el supuesto de la fracción III del artículo 187 del CNPP, dado que dicho delito de ROBO AGRAVADO es patrimonial y no se cometió con violencia sobre las personas, atendiendo a lo señalado por las partes.

En consecuencia, apruebo los acuerdos reparatorios celebrados entre la víctima y el imputado al encontrarse ajustado a derecho y como efecto, en atención a lo previsto por el artículo 186 del CNPP, declaro extinguida la acción penal y, como lo solicitan las partes técnicas y con fundamento en la fracción VI del artículo 327 y 329 del CNPP, se sobresee totalmente la causa.

Revisión

Durante el plazo que haya establecido el juez de control para el cumplimiento de las obligaciones pactadas para la aprobación de los acuerdos reparatorios de cumplimiento diferido, las partes, principalmente el ministerio público y la víctima u ofendido/asesor jurídico, podrán solicitar audiencia para revisión del incumplimiento de los acuerdos reparatorios, donde serán convocadas las partes para debatir en un plano de igualdad el incumplimiento atribuido y el juez de control tomará una decisión de actualización de incumplimiento *sin justa causa* para continuar la investigación o el proceso, según corresponda, o para permitir que los acuerdos reparatorios aprobados sigan vigentes.[44]

El penúltimo párrafo del artículo 189 del CNPP señala expresamente que la información que se genere como producto de los acuerdos reparatorios no podrá ser utilizada en perjuicio de las partes dentro del proceso penal. Lo anterior responde principalmente a dos razones:

a) *Presunción de inocencia.* Aún y cuando el imputado haya optado por celebrar acuerdos reparatorios, en términos procesales no ha

---

[44] El CNPP nada dice tampoco en el apartado que se analiza, que autorice al juez de control para prorrogar el plazo para el cumplimiento del acuerdo reparatorio de cumplimiento diferido, sin embargo, a criterio de quien escribe, ello es posible, pues con eso se garantizan los fines y principios que rigen al proceso penal acusatorio y oral y a la figura de los acuerdos reparatorios, en los términos señalados en el presente epígrafe.

sido vencido en juicio y por ello, su presunción de inocencia quedará intocada y de continuarse la investigación o el proceso, según corresponda, por incumplimiento sin justa causa, a su favor queda dicha presunción y se mantendrá vigente la carga probatoria del Estado a través de la fiscalía como órgano de acusación; y,

b) *Garantía de confiabilidad en el acuerdo.* Los acuerdos reparatorios, hemos dicho, constituyen una forma anormal de finalizar el procedimiento penal acusatorio y oral, por ello, el Estado frente a la negociación privada (incluso con la inmediación profesional) deberá ser leal y respetar la libertad para expresar su coincidencia, de no ser así, el Estado cometería abusos con los ciudadanos, traicionando su confianza en la secrecía y el debido proceso.

Recurso innominado en los acuerdos reparatorios aprobados por el ministerio público

Cuando los acuerdos reparatorios sean aprobados por el ministerio público en la *fase* de investigación inicial,[45] las partes tendrán derecho de acudir ante el juez de control, dentro de los cinco días siguientes a que se hayan aprobado, cuando estimen que el mecanismo alternativo de solución de controversias no se desarrolló conforme a las disposiciones previstas en el CNPP —y que han sido desarrolladas en este epígrafe—, para inconformarse a través del recurso innominado contemplado en el arábigo 190 del CNPP y atendiendo a la tesis con registro digital 2023388, emitida por los TCC en la undécima época, con rubro y texto:

> **ACUERDOS REPARATORIOS. LAS PARTES QUE LOS CELEBRAN DURANTE LA ETAPA DE INVESTIGACIÓN INICIAL ESTÁN LEGITIMADAS PARA IMPUGNARLOS MEDIANTE EL RECURSO INNOMINADO PREVISTO EN EL ARTÍCULO 190 DEL CÓDIGO NACIONAL DE PROCEDI-**

---

[45] Expresamente el párrafo primero del artículo 190 del CNPP señala: "*Los acuerdos reparatorios deberán ser aprobados por el Juez de control a partir de la etapa de investigación complementaria y por el Ministerio Público en la etapa de investigación inicial*", siendo la redacción desafortunada, pues se opone a lo previsto en la fracción I incisos *a)* y *b)* del numeral 211 del CNPP, que distingue las *etapas* del procedimiento penal de las *fases*. Así, lo correcto es nombrar *fase* de investigación inicial y *no etapa* como lo establece el legislador; esa es la razón por la que se asienta de tal modo en el texto.

MIENTOS PENALES, POR LO QUE EN ATENCIÓN AL PRINCIPIO DE DEFINITIVIDAD, DEBEN AGOTARLO PREVIAMENTE A LA PROMOCIÓN DEL JUICIO DE AMPARO INDIRECTO. Hechos: Las partes (investigado y agraviada) celebraron un acuerdo reparatorio durante la etapa de investigación inicial; sin embargo, la ofendida acudió al juicio de amparo indirecto tildando de inconstitucional dicho acuerdo sin agotar el principio de definitividad, por lo que el Juez de Distrito sobreseyó en el juicio y contra dicho sobreseimiento se interpuso recurso de revisión. Criterio jurídico: Este Tribunal Colegiado de Circuito determina que las partes que celebran acuerdos reparatorios durante la etapa de investigación inicial están legitimadas para impugnarlos mediante el recurso innominado previsto en el artículo 190 del Código Nacional de Procedimientos Penales, por lo que en atención al principio de definitividad, deben agotarlo previamente a la promoción del juicio de amparo indirecto pues, de lo contrario, se actualiza la causa de improcedencia prevista en el artículo 61, fracción XX, de la Ley de Amparo. Justificación: *Del artículo 190 del Código Nacional de Procedimientos Penales se colige la aptitud legal de las partes para impugnar los acuerdos reparatorios celebrados ante el facilitador o Ministerio Público durante la integración de la carpeta de investigación correspondiente, con motivo del acceso a mecanismos alternativos de solución de controversias penales, para que sean revisados y, en su caso, aprobados por el Juez de Control competente. Por ende, si contra dichos actos procede un recurso ordinario, las partes están obligadas a agotarlo, en atención al principio de definitividad.*

Apelación

La resolución en que el juez de control niegue la posibilidad de celebrar acuerdos reparatorios o no los ratifiquen es apelable. En atención al derecho humano de la tutela judicial efectiva en su vertiente de un recurso efectivo, previsto en los artículos 17 de la Constitución Federal, 8, numeral 2, inciso h), de la Convención Americana sobre Derechos Humanos y 14, numeral 2, del Pacto Internacional de Derechos Civiles y Políticos respecto del cual, la Corte Interamericana de Derechos Humanos, en la sentencia dictada en los Casos Herrera Ulloa vs. Costa Rica, Mohamed vs. Argentina y Liakat Ali Alibux Vs. Suriname, determinó que, el fin del recurso es garantizar el acceso a un medio ordinario de defensa que otorgue la posibilidad de una revisión integral y amplia de la decisión impugnada,[46] cuando el juez de

---

46 En observancia a la jurisprudencia con registro digital 2018429, emitida por los TCC, en la décima época, dicha tutela deberá incluir todas las determinaciones

control no apruebe los acuerdos reparatorios las partes podrán apelar su auto en términos de la fracción II del artículo 467 del CNPP, con lo que se descarta la posibilidad de recurrir su aprobación, no obstante, de ocurrir, la consecuencia será la extinción de la acción penal y, en atención a la fracción VI del numeral 327 del CNPP el sobreseimiento, que también es apelable, como lo expresa la fracción VI del mismo arábigo 467 del Código Instrumental Nacional.

Expresamente la fracción VI del artículo 467 del CNPP no señala que es apelable el sobreseimiento, no obstante, *el mismo pone fin al procedimiento* y se constituye como una decisión análoga a la sentencia, lo que actualiza la hipótesis contemplada en la norma aludida, como por similitud se desprende de la jurisprudencia con registro digital 2018181, emitida por los plenos de circuito, en la décima época, con rubro y texto siguientes:

> **PROHIBICIÓN DE DOBLE ENJUICIAMIENTO. NO SE VIOLA EL PRINCIPIO NON BIS IN IDEM, AUN CUANDO EL INCULPADO SEA SOMETIDO A PROCESO POR UN DELITO CUYA CLASIFICACIÓN LEGAL ES IGUAL O SIMILAR A LA DE DIVERSA CAUSA PENAL EN LA QUE SE SOBRESEYÓ, SI SE TRATA DE HECHOS DISTINTOS.** El artículo 23 de la Constitución Política de los Estados Unidos Mexicanos prohíbe el doble juzgamiento a una persona. Ahora bien, para estimar actualizada su violación, deben concurrir tres presupuestos de identidad: a) sujeto, b) hecho y c) fundamento. El primero exige que la acción punitiva del Estado recaiga en el mismo individuo; el segundo se actualiza si tiene como base el mismo hecho, al margen de que coincida o no la clasificación típica del o los ilícitos —lo que es compatible con la interpretación de la Corte Interamericana de Derechos Humanos, en relación con el artículo 8, numeral 4, de la Convención Americana sobre Derechos Humanos—; mientras que el último inciso se refiere a la constatación de la existencia de una decisión previa, la cual no necesariamente será de fondo (que condene o absuelva), sino que también ***podrá tratarse de una resolución análoga, esto es, una determinación definitiva que hubiera puesto fin a la controversia, como puede ser un auto de sobreseimiento que ha adquirido firmeza, pues en esta última hipótesis dicha decisión surte los efectos de una sentencia absolutoria con valor de cosa juzgada***, en términos del artículo 304 del Código Federal de Procedimientos Penales (vigente hasta el 18 de junio de 2016 en el Estado de Tamaulipas); no obstante, si en el proceso penal en trá-

esenciales en las que se sustenta el fallo recurrido pues, de otra manera, el recurso sería ilusorio, al no poder revisar la actuación de la persona juzgadora de primera instancia.

> mite no se le reprochan los mismos hechos sobre los que versó la causa anterior, no se surtirá el segundo presupuesto de identidad (hecho). Consecuentemente, no se viola el principio non bis in idem, aun cuando el inculpado sea sometido a proceso penal por un delito cuya clasificación legal es igual o similar a la diversa causa penal en la que se sobreseyó, si se trata de hechos distintos.

SUPENSIÓN CONDICIONAL DEL PROCESO

La suspensión condicional del proceso es la segunda de las soluciones alternas que contempla el Código Nacional y se instaura dentro de los mecanismos alternativos de solución de controversias en materia penal, cuya finalidad —como se adelantó— «por una parte descongestionar el sistema judicial, y por otra servir como herramienta de política criminal para contribuir a una solución de calidad para las partes, brindando al imputado la oportunidad de evitar los efectos nocivos de un proceso penal y de la eventual imposición de una pena privativa de libertad, así como a la víctima u ofendido la posibilidad de obtener de manera más rápida la reparación del daño causado por el delito; lo que aportará mayor rapidez a la justicia penal, con disminución de los costos tanto para el sistema de justicia, como para las partes involucradas, y permitirá racionalizar los recursos públicos, para que el Estado centre sus capacidades institucionales en la investigación y persecución de los delitos de mayor gravedad e importancia esto es, hacer más eficiente y oportuna la justicia, así como menos costosa».[47]

Esta forma anormal del finalizar el proceso en el derecho comparado —incluso en México previo a la entrada en vigor del CNPP— se conoce también como suspensión condicional del procedimiento o suspensión condicional del proceso o suspensión condicional del proceso a prueba.[48] A la suspensión condicional se le conoce como una institución

---

47 PÉREZ DAZA, Alfonso, «Suspensión condicional del proceso. Análisis de su procedencia en delitos en los que no existe víctima u ofendido» en *La implementación del sistema penal acusatorio*, Bosch, México, 2018, pp. 39-40.

48 En Chile, verbigracia, recibe el nombre de suspensión condicional del procedimiento, como lo señala el artículo 237 del Código Procesal Penal. En aquel país podrá decretarse: 1) si la pena que pudiere imponerse al imputado, en el evento de dictarse sentencia condenatoria, no excediere de tres años de privación de

bifronte: «por un lado, tiene la capacidad extintiva de la acción penal, y por el otro, se manifiesta claramente como un Principio de Oportunidad, al permitir la solución del hecho sin la necesidad de celebración de juicio, beneficiando a ambas partes (víctima e imputado)».[49]

Conceptualización

La suspensión condicional del proceso, como su nombre lo dice, implica que el proceso se detenga para que el imputado cumpla con algunas condiciones previstas en la ley, garantizando los derechos humanos de la víctima u ofendido, y de hacerlo, se extingue la acción penal y ante el incumplimiento, se reanuda el proceso en el momento en que se haya suspendido.

> ORLIDY señala que la suspensión condicional del proceso tiene su base en los principios de proporcionalidad y de racionalidad de la reacción estatal, al estimarse indispensable el realizar algún tipo de selección previa de cara a la decisión de aplicar una sanción de tipo penal ante hechos delictivos de poca relevancia.[50]

El artículo 191 del CNPP expresamente señala: «*Por suspensión condicional del proceso deberá entenderse el planteamiento formulado por el Ministerio Público o por el imputado, el cual contendrá un plan detallado sobre el pago de la reparación del daño y el sometimiento del imputado a una o varias de las condiciones que refiere este Capítulo, que garanticen una efectiva tutela de los derechos de la víctima u ofendido y que en caso de cumplirse, pueda dar lugar a la extinción de la acción penal*».

Fundamento

El artículo 17, párrafo cuarto, de la Constitución, el punto 5.1 de las Reglas de Tokio y los artículos 183, 184, 191 a 200 y 208 a 210 de CNPP contemplan la suspensión condicional del proceso.

---

libertad, y 2) si el imputado no hubiere sido condenado anteriormente por crimen o simple delito. *Cf*, ARRIETA, *op. cit.*, p. 189.

49 MEZA, *op. cit.*, p. 76.

50 *Ibidem*, p. 75.

Partes facultadas para solicitar la suspensión condicional del proceso

El planteamiento de suspensión condicional del proceso puede realizarlo el ministerio público o el imputado, sin embargo, en cumplimiento a la fracción X del numeral 117 del CNPP, también lo puede hacer la defensa. La víctima u ofendido/asesor jurídico no se encuentran legalmente facultados para plantear la suspensión condicional del proceso, no obstante, pueden promoverlo y acordarlo fuera de audiencia para que las partes facultadas para la formulación lo realicen formalmente dentro de la audiencia correspondiente.

Resulta jurídicamente lógico que la suspensión condicional no la pueda solicitar la víctima u ofendido/asesor jurídico, pues a diferencia de los acuerdos reparatorios, esta institución aun cuando es acordada con la intervención de la víctima u ofendido, en realidad es un convenio entre el imputado y el Estado a través del juez de control, donde se le da la oportunidad, siempre que se cumplan los requisitos de ley, para que tenga experiencias de legalidad y se beneficie de la experiencia fuera del marco punitivo concretizado en la sentencia, para una prevención especial.

No obstante que la víctima u ofendido/asesor jurídico no pueden solicitar la suspensión condicional, sus derechos humanos se encuentran asegurados, pues el legislador es claro en señalar como requisito que se garantice una efectiva tutela de los derechos de la víctima u ofendido, a través, primordialmente, de la reparación integral del daño. Máxime que, para el trámite de la suspensión condicional del proceso, el legislador contempló una intervención activa de la víctima u ofendido con la posibilidad de oponerse al planteamiento de suspensión condicional del proceso, siempre que sea fundada.

Oportunidad para solicitar y resolver la suspensión condicional del proceso

Puede plantearse y resolverse la suspensión condicional del proceso una vez dictado el auto de vinculación a proceso y hasta antes de acordarse la apertura a juicio, como expresamente lo señala el artículo 193 del CNPP. No hay duda respecto del dictado del auto de vinculación a proceso como límite mínimo temporal para la procedencia procesal de la suspensión condicional, sin embargo, no es del todo precisa la redacción del citado numeral en relación al límite temporal procesal máximo para la procedencia de la suspensión, pues el legislador señala: «*hasta antes de acordarse la apertura de juicio*», sin embargo, del contenido de los arábigos 211 fracción II, 234 párrafo segundo y 347 del CNPP no se desprende que el legislador contemplara expresamente algún tipo de «acuerdo» de la apertura de juicio, en todo caso, se refiere al dictado del *auto* de apertura a juicio, por lo que la suspensión condicional procederá luego de emitido el auto de vinculación a proceso hasta antes de la emisión del auto de apertura a juicio que dicta el juez de control durante la audiencia intermedia.[51]

Requisitos

La suspensión condicional del proceso procederá en los casos en que se cubran los requisitos contemplados en el arábigo 192 del CNPP:

I. *Que el auto de vinculación a proceso del imputado se haya dictado por un delito cuya media aritmética de la pena de prisión no exceda de los cinco años.* La suspensión condicional del proceso es una solución alterna que el legislador diseñó para reducir la culminación de los procesos penales con sentencias, garantizando así el principio de mínima intervención. Bajo ese contexto, es que la suspensión condicional del proceso no procede en todos los casos, sino única y exclusivamente en los delitos de mínima y mediana envergadura. Recordemos que Beccaria aludió a la proporcionalidad entre lo realizado y la sanción, y que con base en ese pensamiento de legalidad es que en la mayor parte de los sistemas jurídicos de tradición romana-germana se incorporaron parámetros de punibilidad dentro de los códigos para

---

51 Una auto o mandato es una resolución judicial mediante la cual el órgano jurisdiccional se pronuncia respecto de peticiones de las partes diversas al asunto principal, mientras que el acuerdo constituye la decisión tomada por dos o más personas, o por un tribunal. Expresamente el artículo 67 del CNPP alude a «resoluciones judiciales» distinguiendo los autos y las sentencias, los primeros, como se adelantó, constituidos por todos los casos que no deciden en definitiva ni ponen término al procedimiento.

sancionar a las conductas tipificadas. Cuando los parámetros de punibilidad entre la mínima y la máxima no excedan de los cinco años procede la suspensión condicional. En la Ciudad de México, por ejemplo, atendiendo al Código Penal, procede la suspensión condicional en los delitos previstos en los artículos 130 fracción I a V, 142 parte primera, 149, 154, 156, 159, 160 párrafo primero, 210, 211 Bis, 211 Ter, 211 Quater, 213, 220 fracciones II y III, entre otros.

Como lo refiere Pérez Daza, la suspensión condicional del proceso procederá «en todos los delitos, incluso en aquello de resultado formal o de mera actividad, que no causan daño alguno, siempre y cuando se actualicen los requisitos de procedencia que establece el artículo 192, fracciones I y III, del Código Nacional de Procedimientos Penales».[52]

Desde nuestro punto de vista la fracción I del artículo 192 del CNPP debió decir: «*Que el hecho que la ley señala como delito del auto de vinculación a proceso o el* **delito señalado en la acusación** *del imputado, no exceda la media aritmética de los cinco años de prisión*». Porque de lo contrario —como actualmente se encuentra redactado— parecería que la suspensión condicional, aun y cuando el procedimiento se encuentre ya en etapa intermedia, y exista acusación, deberá tomar en consideración el juez de control la pena del hecho establecido en la vinculación a proceso. Maxime que si atendemos a la oportunidad de la suspensión condicional del proceso contenida en el arábigo 193 del CNPP se actualiza desde el dictado del auto de vinculación a proceso hasta antes de acordarse la apertura de juicio, es decir, cuando ya finalizó la investigación y el ministerio público decidió acusar concretizando la acción penal, donde incluye la clasificación jurídica y la pena que el delito merece, y dónde la primera puede variar en relación a lo establecido en la formulación de imputación o en la vinculación a proceso.

Para ilustrar nuestra postura, coincidimos con la tesis que emitieron los TCC con registro digital 2015287 en la décima época, a razón del entonces sistema de justicia penal del Estado de Oaxaca, con rubro y texto siguientes:

---

52 PÉREZ, *op. cit.*, 2018, p. 46.

SUSPENSIÓN CONDICIONAL DEL PROCESO A PRUEBA. SI LA SOLICITUD RESPECTIVA SE PRESENTA EN LA ETAPA INTERMEDIA, CON POSTERIORIDAD A LA ACUSACIÓN Y HASTA ANTES DEL ACUERDO DEL AUTO DE APERTURA A JUICIO, PARA SU RESOLUCIÓN SE ESTARÁ A LOS HECHOS CONTENIDOS EN LA ACUSACIÓN, Y NO A LOS ESTABLECIDOS EN EL AUTO DE VINCULACIÓN A PROCESO (NUEVO SISTEMA DE JUSTICIA PENAL EN EL ESTADO DE OAXACA). El artículo 200 del Código Procesal Penal para el Estado de Oaxaca establece que la suspensión condicional del proceso a prueba puede pedirse en cualquier momento hasta antes de acordarse la apertura a juicio, de lo que se concluye que puede presentarse: a) después de formulada la imputación; b) después de formulada la vinculación a proceso; y, c) en la etapa intermedia, con posterioridad a la acusación, hasta antes de que se acuerde el auto de apertura a juicio; petición que determina los hechos que deben tomarse en cuenta para resolver sobre la suspensión del proceso a prueba. Por tanto, ***si la solicitud respectiva se presenta en la etapa intermedia, con posterioridad a la acusación y hasta antes del acuerdo del auto de apertura a juicio, para su resolución se estará a los hechos contenidos en la acusación, y no a los establecidos en el auto de vinculación a proceso***. TRIBUNAL COLEGIADO EN MATERIAS PENAL Y ADMINISTRATIVA DEL DÉCIMO TERCER CIRCUITO. Amparo en revisión 624/2016. 13 de julio de 2017. Unanimidad de votos. Ponente: Marco Antonio Guzmán González. Secretario: David Rojas Rodríguez.

La entrada en vigor del sistema penal acusatorio y oral ha generado un debate — principalmente porque en lo fáctico estaba ocurriendo el fenómeno—, en torno a la procedencia de la suspensión condicional del proceso en los casos en que el auto de vinculación a proceso se emita por varios hechos que la ley señala como delitos (concurso de delitos). Dada la redacción del CNPP al establecer como uno de los requisitos: «*Que el auto de vinculación a proceso del imputado se haya dictado por* **un delito** *cuya media aritmética de la pena de prisión no exceda de cinco años*», pareciera que sólo podría celebrarse una suspensión condicional del proceso y no varias al mismo tiempo. No obstante, las autoridades federales han emitido diversos criterios donde reconocen que cuando se trata de varios hechos que la ley señala como delitos, deberá aplicarse la norma de la misma manera que cuando se trata de un solo hecho, esto es, verificando que las penas que señalen los delitos en su media aritmética no rebasen los cinco años, debido a la falta de previsión específica, sobre todo si se considera que la norma se refiere a un requisito de procedencia de la suspensión condicional del proceso, por lo que cualquier interpretación que aumente algún aspecto no expresamente señalado, tiende a restringir su aplicación, circunstancia que resultaría contraria a la intención que tuvo el legislador al incorporar al sistema penal acusatorio las formas alternas de solución de controversias, como es la suspensión condicional del proceso, consistente en que se traduzca en una garantía de la población para el acceso a una justicia pronta y expedita; así como que éstas sean preferentes a la instancia penal, la cual deberá ser la última a la que se recurra, por considerarse que resultan más apropiadas para los fines de la justicia que la imposición de una pena de prisión, al restituir al agraviado en el pleno goce de sus derechos y reconstruir el orden social quebrantado por medio de la restitución y no de la represión. Además de que se harían nugatorias todas las finalidades que se persiguen con las formas alternas de solución de controversias en beneficio para el sistema penal acusatorio, consistentes en evitar el riesgo del colapso a las instituciones ante las exigencias legales y administrativas que implica, así como su despresurización para que se centren sus capacidades institucionales en la investigación y persecución de los delitos que realmente lo ameriten, con la consecuente disminución de los costos, tanto para el sistema de justicia como para las partes involucradas. Dicha postura es vinculante para el órgano jurisdiccional al quedar señalada en la jurisprudencia con registro digital 2023963, emitida por la primera sala de la Suprema Corte de Justicia de la Nación (en adelante SCJN), en la undécima época:

> **SUSPENSIÓN CONDICIONAL DEL PROCESO. FORMA DE VERIFICAR EL REQUISITO QUE PARA SU PROCEDENCIA ESTABLECE EL ARTÍCULO 192, FRACCIÓN I, DEL CÓDIGO NACIONAL DE PROCEDIMIENTOS PENALES, CUANDO SE VINCULA A PROCESO POR MÁS DE UN HECHO QUE LA LEY SEÑALA COMO DELITO.** Hechos: Los Tribunales Colegiados de Circuito contendientes sostuvieron criterios contradictorios respecto a la forma de calcularse el límite de la pena que se establece como requisito para la procedencia de la suspensión condicional del proceso en el artículo 192, fracción I, del Código Nacional de Procedimientos Penales, en el supuesto en que el auto de vinculación a proceso se dicte por más de un hecho que la ley señale como delito.
>
> Criterio jurídico: La Primera Sala de la Suprema Corte de Justicia de la Nación determina que el cumplimiento del requisito que para la procedencia de la suspensión condicional del proceso establece la fracción I del artículo 192 del Código Nacional de Procedimientos Penales, en los casos en que el auto de vinculación a proceso se dicta

por más de un hecho que la ley señala como delito, debe verificarse comprobando que, en lo individual, el término medio aritmético de la pena de prisión contemplada para cada uno de ellos no exceda de cinco años.
Justificación: La fracción I del artículo 192 del Código Nacional de Procedimientos Penales no representa mayor problema para entender la procedencia de la suspensión condicional del proceso en el supuesto en que el auto de vinculación a proceso se dicte respecto de un hecho que la ley señale como delito. Sin embargo, la duda surge cuando se vincula por más de un hecho que la ley señala como delito, dado que no hace mención alguna al respecto. Así, se considera que en ese supuesto debe aplicarse la norma de la misma manera que cuando se trata de un solo hecho que la ley señale como delito, esto es, verificando que las penas que señalen los delitos en su media aritmética no rebasen cinco años. Lo anterior, porque la falta de una previsión específica para el supuesto apuntado debe entenderse en el sentido de que no se estimó necesaria, sobre todo si se considera que la norma se refiere a un requisito de procedencia de la suspensión condicional del proceso, por lo que cualquier interpretación que aumente algún aspecto no expresamente señalado, tiende a restringir su aplicación, circunstancia que resultaría contraria a la intención que tuvo el Constituyente al incorporar al sistema penal acusatorio las formas alternas de solución de controversias, como es la suspensión condicional del proceso, consistente en que se traduzca en una garantía de la población para el acceso a una justicia pronta y expedita; así como que éstas sean preferentes a la instancia penal, la cual deberá ser la última a la que se recurra, por considerarse que resultan más apropiadas para los fines de la justicia que la imposición de una pena de prisión, al restituir al agraviado en el pleno goce de sus derechos y reconstruir el orden social quebrantado por medio de la restitución y no de la represión. Además de que se harían nugatorias todas las finalidades que se persiguen con las formas alternas de solución de controversias en beneficio para el sistema penal acusatorio, consistentes en evitar el riesgo del colapso a las instituciones ante las exigencias legales y administrativas que implica, así como su despresurización para que se centren sus capacidades institucionales en la investigación y persecución de los delitos que realmente lo ameriten, con la consecuente disminución de los costos, tanto para el sistema de justicia como para las partes involucradas.

En el mismo sentido se sostiene en el criterio con registro 2023884, de la undécima época, dónde los TCC señalan que, para el requisito del término medio aritmético en la suspensión condicional del proceso, no debe concursarse el delito:

SUSPENSIÓN CONDICIONAL DEL PROCESO. PARA DETERMINAR SI SE CUMPLE EL REQUISITO DE PROCEDENCIA PREVISTO EN EL ARTÍCULO 192, FRACCIÓN I, DEL CÓDIGO NACIONAL DE PROCEDIMIENTOS PENALES, EN CASO DE QUE EL AUTO DE VINCULACIÓN A PROCESO SE DICTE POR VARIOS DELITOS, EL JUEZ NO DEBE CONCURSARLOS, SINO VERIFICAR QUE LA PENA DE PRISIÓN ESTABLECIDA PARA CADA UNO, EN LO INDIVIDUAL, NO EXCEDA DEL TÉRMINO MEDIO ARITMÉTICO DE CINCO AÑOS (INTERPRETACIÓN PRO PERSONA DE DICHO PRECEPTO). Hechos: Una persona que fue vinculada a proceso por la comisión de varios delitos solicitó la suspensión condicional del proceso, la cual se negó por considerar la autoridad responsable, en grado de apelación, que debían concursarse las penas de prisión previstas para esos ilícitos; al hacerlo, se excedió el término medio aritmético de cinco años que señala el artículo 192, fracción I, del Código Nacional de Procedimientos Penales, como una condición para autorizar la medida alterna de solución del conflicto negada; decisión que fue avalada por el Juez de Distrito e impugnada mediante el recurso de revisión.

Criterio jurídico: Este Tribunal Colegiado de Circuito resuelve que para determinar si se cumple el requisito de procedencia para la suspensión condicional del proceso, previsto en el artículo 192, fracción I, del Código Nacional de Procedimientos Penales, en caso de que el auto de vinculación a proceso se dicte por varios delitos, el Juez de Control no debe concursarlos, sino verificar que la pena de prisión establecida para cada uno, en lo individual, no exceda del término medio aritmético de cinco años, al interpretar dicho precepto conforme al principio pro persona.

Justificación: El artículo 192, fracción I, del Código Nacional de Procedimientos Penales establece que procederá la suspensión condicional del proceso, entre otros requisitos, cuando el auto de vinculación se haya dictado "por un delito" cuya media aritmética de pena de prisión no exceda de cinco años. Lo anterior no debe traducirse en una exigencia de tipo numérico, sino genérico, en atención a la necesidad de motivar las medidas alternas de solución de conflictos que pretende evitar la estigmatización del procesado, su contaminación carcelaria, así como el ahorro de recursos humanos y materiales y, además, acatando el principio pro persona que obliga a la interpretación más extensiva o favorable cuando se trate de proteger derechos humanos. Así, en caso de que el auto de vinculación a proceso se dicte por varios delitos cuyo término medio aritmético de la pena de prisión a imponer sea menor a cinco años, no deben concursarse los delitos, por no ser el momento procesal de su aplicación, que se realiza hasta el dictado de la sentencia conforme al artículo 64 del Código Penal Federal, pues concursar los delitos en una fase procesal inapropiada dilataría la obtención del mecanismo de solución alterna, aun cuando la vinculación se hubiera dictado por delitos de bajo impacto, en detrimento del propósito de que se descongestione el sistema de justicia,

> fomentando la restaurativa. Lo anterior no promueve la impunidad, porque si el vinculado a proceso no cumple con las medidas impuestas puede revocarse su beneficio. Tampoco divide la continencia de la causa, porque continuará atendiéndose el hecho o hechos delictivos establecidos en el auto de vinculación a proceso.

Otro criterio al que han arribado las autoridades federales es el tema de que el requisito del término medio aritmético que analizamos de la fracción I del artículo 192 del CNPP, deberá atender al tipo básico sin las agravantes, ello principalmente —razonan los TCC— por dos consideraciones: *a)* La suspensión condicional del proceso no busca imponer una sanción punitiva, sino brindar una solución alterna para no llegar a ese extremo; entonces, para calcular la media aritmética de cinco años de prisión que se exige para su procedencia, no debe tomarse en consideración el delito con sus calificativas, atenuantes o agravantes por el que se dictó el auto de vinculación a proceso, pues esos aspectos sólo son exigibles para el procedimiento abreviado, en razón de que guarda una finalidad distinta: la imposición de una sanción punitiva atenuada en menor tiempo que un procedimiento ordinario; y, *b)* Sólo debe atenderse al tipo básico sin agravantes, pues éstas son clasificadas como circunstancias modificativas del delito, ya que si esa calificativa no queda probada durante el procedimiento, no impide ni influye en la acreditación del tipo básico imputado. El criterio al que aludimos es el de registro digital 2023580 emitido en la undécima época, con rubro y texto:

> **SUSPENSIÓN CONDICIONAL DEL PROCESO. LA VERIFICACIÓN DEL REQUISITO PARA SU PROCEDENCIA, RELATIVO A QUE LA MEDIA ARITMÉTICA DE LA PENA DE PRISIÓN DEL DELITO POR EL QUE SE DICTÓ EL AUTO DE VINCULACIÓN A PROCESO NO EXCEDA DE CINCO AÑOS, DEBE ATENDER AL TIPO BÁSICO SIN AGRAVANTES.** El sistema de justicia penal, como forma de asegurar el acceso tanto para la víctima u ofendido como para el presunto responsable, no sólo limita su objetivo al dictado de una sentencia definitiva, sino que otorga la oportunidad de optar por un acuerdo conciliatorio, en la medida en que el tipo penal lo permita, o bien, buscar soluciones alternas o formas de terminación anticipadas, como son los medios alternativos de solución de controversias (la mediación, la conciliación y la junta restaurativa); la suspensión condicional del proceso y el procedimiento abreviado. Así, la suspensión condicional del proceso emerge como un mecanismo formal que requiere celebrarse en audiencia pública, pues será ahí que el Ministerio Público y la víctima u ofendido pueden proponerle al Juez condiciones que consideren,

debe someterse el procesado. Por su parte, el actuar del imputado consiste en plantear la forma de reparación del daño causado, así como los plazos para cumplirlo y, en la medida en que el plan propuesto se logre, conducirá a que se extinga la acción penal y, con ello, se alcance una justicia restaurativa, o bien, en caso contrario, a que se revoque ese beneficio. Aspectos diferentes del procedimiento abreviado, pues si bien se erige como una de las formas de terminación anticipada, lo cierto es que culmina con el dictado de una sentencia ante la admisión de la responsabilidad por el imputado respecto del delito que se le atribuye y la aceptación para ser sentenciado con base en los medios de convicción que exponga el Ministerio Público al formular la acusación, esto, a cambio de un beneficio consistente en una pena atenuada. En ese sentido, si la suspensión condicional del proceso no busca imponer una sanción punitiva, sino brindar una solución alterna para no llegar a ese extremo; entonces, para calcular la media aritmética de cinco años de prisión que se exige para su procedencia, no debe tomarse en consideración el delito con sus calificativas, atenuantes o agravantes por el que se dictó el auto de vinculación a proceso, pues esos aspectos sólo son exigibles para el procedimiento abreviado, en razón de que guarda una finalidad distinta: la imposición de una sanción punitiva atenuada en menor tiempo que un procedimiento ordinario. En ese contexto, si en materia penal rige el principio de legalidad, entonces, de conformidad con los artículos 183 y 184 del Código Nacional de Procedimientos Penales, en lo no previsto para las disposiciones comunes del procedimiento abreviado, se aplicarán las del proceso ordinario, salvo que se opongan al mismo, lo que impide que las reglas de éste sean aplicables a las soluciones alternas, pues esa afirmación no se contempló en la codificación en comento, ya que, como se precisó, tienen diversa naturaleza y finalidad. Por ende, aun cuando la posibilidad de optar por la suspensión condicional del proceso o por el procedimiento abreviado surja después del dictado del auto de vinculación a proceso, ello no significa que tengan disposiciones comunes. Sin que incida en lo anterior que, para el dictado del auto de vinculación a proceso, se haya considerado el hecho ilícito básico y sus agravantes y que la oportunidad para solicitar la suspensión condicional del proceso sea después de que aquél se dicte y hasta antes de la apertura a juicio oral, ya que si bien en ese momento es que la litis se encuentra delimitada, lo cierto es que tiene como propósito el inicio de las diligencias para recabar los elementos suficientes, a fin de emitir una sentencia; de ahí que para el dictado del auto de vinculación a proceso sí deban tomarse en consideración tanto el delito como sus agravantes, pues deben quedar perfectamente definidos los hechos por los cuales se formuló la acusación, además de que a partir de ello se recabarán datos de prueba y se seguirá el procedimiento que culminará con la emisión del fallo de acuerdo con el tipo penal, atenuantes, calificativas y agravantes respectivas. Por ello, tratándose de la suspensión condicional del proceso, para verificar el cumplimiento del primer requisito contenido en el artículo 192, fracción I, del Código Nacional de Procedimientos Penales, relativo a que la media aritmética de la pena de prisión del delito por el que se dictó el auto de vinculación a proceso no exceda de cinco años, sólo debe atenderse al tipo básico sin agravantes, pues éstas son clasificadas como circunstancias modificativas del delito, ya que si esa calificativa no queda probada durante el procedimiento, no impide ni influye en la acreditación del tipo básico imputado.

El criterio sostenido, contendió en una contradicción de tesis y dio lugar a la jurisprudencia con registro digital 2023963, emitido por la primera sala de la SCJN en la undécima época, de contenido:

SUSPENSIÓN CONDICIONAL DEL PROCESO. FORMA DE VERIFICAR EL REQUISITO QUE PARA SU PROCEDENCIA ESTABLECE EL ARTÍCULO 192, FRACCIÓN I, DEL CÓDIGO NACIONAL DE PROCEDIMIENTOS PENALES, CUANDO SE VINCULA A PROCESO POR MÁS DE UN HECHO QUE LA LEY SEÑALA COMO DELITO. Hechos: Los Tribunales Colegiados de Circuito contendientes sostuvieron criterios contradictorios respecto a la forma de calcularse el límite de la pena que se establece como requisito para la procedencia de la suspensión condicional del proceso en el artículo 192, fracción I, del Código Nacional de Procedimientos Penales, en el supuesto en que el auto de vinculación a proceso se dicte por más de un hecho que la ley señale como delito.

Criterio jurídico: La Primera Sala de la Suprema Corte de Justicia de la Nación determina que el cumplimiento del requisito que para la procedencia de la suspensión condicional del proceso establece la fracción I del artículo 192 del Código Nacional de Procedimientos Penales, en los casos en que el auto de vinculación a proceso se dicta por más de un hecho que la ley señala como delito, debe verificarse comprobando que, en lo individual, el término medio aritmético de la pena de prisión contemplada para cada uno de ellos no exceda de cinco años.

Justificación: La fracción I del artículo 192 del Código Nacional de Procedimientos Penales no representa mayor problema para entender la procedencia de la suspensión condicional del proceso en el supuesto en que el auto de vinculación a proceso se dicte respecto de un hecho que la ley señale como delito. Sin embargo, la duda surge cuando se vincula por más de un hecho que la ley señala como delito, dado que no hace mención alguna al respecto. Así, se considera que en ese supuesto debe aplicarse la norma de la misma manera que cuando se trata de un solo hecho que la ley señale como delito, esto es, verificando que las penas que señalen los delitos en su media aritmética no rebasen cinco años. Lo anterior, porque la falta de una previsión específica para el supuesto apuntado debe entenderse en el sentido de que no se estimó necesaria, sobre todo si se considera que la norma se refiere a un requisito de procedencia de la suspensión condicional del proceso, por lo que cualquier interpretación que aumente algún aspecto no expresamente señalado, tiende a restringir su aplicación, circunstancia que resultaría contraria a la intención que tuvo el Constituyente al incorporar al sistema penal acusatorio las formas alternas de solución de controversias, como es la suspensión condicional del proceso, consistente en que se traduzca en una garantía de la población para el acceso a una justicia pronta y expedita; así como que éstas sean preferentes a la instancia penal, la cual deberá ser la última a la que se recurra, por considerarse que resultan más apropiadas para los fines de la justicia que la imposición de una pena de prisión, al restituir al agraviado en el pleno goce de sus derechos y reconstruir el orden social quebrantado por medio de la restitución y no de la represión. Además de que se harían nugatorias todas las finalidades que se persiguen con las formas alternas de solución de controversias en beneficio para el sistema penal acusatorio, consistentes en evitar el riesgo del colapso a las instituciones ante las exigencias legales y administrativas que implica, así como su despresurización para que se centren sus capacidades institucionales en la investigación y persecución de los delitos que realmente lo ameriten, con la consecuente disminución de los costos, tanto para el sistema de justicia como para las partes involucradas.[53]

---

[53] La tesis contendiente fue la de registro digital 2022491, emitida por los TCC, en la décima época con rubro y texto:
SUSPENSIÓN CONDICIONAL DEL PROCESO. PARA VERIFICAR SU PROCEDENCIA, DEBE REALIZARSE LA SUMATORIA DE LAS MEDIAS ARITMÉTICAS DE LAS PENAS DE PRISIÓN QUE CORRESPONDAN A LOS DELITOS POR LOS QUE SE VINCULÓ A PROCESO Y CORROBORAR QUE NO REBASE EL LÍMITE DE CINCO AÑOS. De los artículos 192, fracción I y 193 del Código Nacional de Procedimientos Penales, se desprende que la pauta para acceder a la solución alterna de suspensión condicional del proceso, la otorga la emisión del auto de vinculación a proceso, el cual, conforme lo dispone el artículo 318 del propio ordenamiento, es el que establece el hecho o los hechos delictivos sobre los que se continuará el proceso o se determinarán las formas anticipadas de su terminación, la apertura o el sobreseimiento. Ahora, del segundo párrafo del artículo 199 del Código Nacional de Procedimientos Penales, se obtiene que la salida alterna de suspensión condicional del proceso, tiene como objetivo concluir el conflicto penal de manera total, es decir, sin necesidad de imponer una pena de prisión; ello, mediante el cumplimiento por parte del imputado del plan de reparación del daño y de las condiciones indicadas por el Juez de Control; de esta manera, el conflicto concluirá sin necesidad de imponer una pena de prisión y se decretará en consecuencia el sobreseimiento total en la causa, el cual tendrá efectos de una sentencia absolutoria, al disponerlo así el artículo 328 del cuerpo de normas en cita, es decir, con el

II. *Que no exista oposición fundada de la víctima u ofendido.* Oponerse es tener una postura contraria a lo planteado. En el caso concreto, quien puede oponerse al planteamiento de suspensión condicional del proceso es la víctima u ofendido de manera directa o a través de su asesor jurídico. La oposición no puede ser «simple», es decir: no basta con que la víctima u ofendido/asesor jurídico manifieste su contrariedad con la suspensión planteada, dicha oposición deberá ser fundada. Lo fundado son los principios y razones que la víctima u ofendido/asesor jurídico realizan luego de conocer el planteamiento de suspensión condicional del proceso; dichos principios o razones resultarán atendibles por ser fundados siempre que se refieran a la tutela efectiva de los derechos de la víctima u ofendido, particularmente en lo tocante a la reparación del daño.

La reparación del daño es un derecho humano de la víctima u ofendido recogido en la Constitución Federal, tratados internacionales y en las leyes, que enmarca en general la reparación integral para aquellas personas que resientan la conducta delictiva o afectación en sus bienes jurídicos.

Durante la suspensión condicional del proceso la reparación del daño no se aparta de su tutela para la tramitación y autorización, a través de un plan detallado sobre el pago y la garantía en la efectiva tutela de derechos de la víctima u ofendido.

Para establecer que efectivamente se tutela el derecho humano de la reparación integral del daño de la víctima u ofendido, tanto el planteamiento del plan detallado, la oposición de la víctima u ofen-

---

propósito de evitar la posibilidad de resentir los efectos de la justicia restrictiva, principalmente que se le imponga una pena corporal, el imputado acepta los hechos de la imputación. En ese contexto, si en la fracción I del artículo 192 del Código Nacional de Procedimientos Penales, el legislador dispuso como requisito para acceder a la medida alterna de la suspensión condicional del proceso que el auto de vinculación a proceso del imputado se haya dictado por un delito cuya media aritmética de la pena de prisión no exceda de cinco años, la interpretación sistemática y teleológica de la norma, conlleva que en el análisis del cumplimiento de esa exigencia, el Juez considere la totalidad de los hechos delictivos por los que se decretó el auto de vinculación al proceso y verificar entonces, si la sumatoria de las medias aritméticas que correspondan a cada ilícito, no rebasa el límite de cinco años.

dido y la autorización o no del órgano jurisdiccional deberán basarse en aspectos objetivos y racionales, es decir, que exista una relación entre el daño causado y el plan detallado sobre el pago planteado por el imputado, sin coacción, sin abusos y sin excesos.

Para dar cumplimiento a los parámetros de objetividad y racionalidad en la reparación del daño se deberá tomar en cuenta el marco referencial (fáctico-jurídico-probatorio), atendiendo al momento en que se plantee.

1. De plantearse inmediatamente después de la emisión del auto de vinculación a proceso, la reparación del daño será acotada en lo señalado por el órgano jurisdiccional durante la emisión correspondiente del auto de vinculación a proceso (o la resolución del tribunal de alzada si hubo apelación).

2. Si la suspensión condicional del proceso se plantea durante la fase de investigación complementaria, se tomará en cuenta lo señalado en el auto de vinculación a proceso (como se refirió en el apartado anterior), y desde luego, se puede ampliar o modificar ello a partir de los datos de prueba obtenidos durante dicha fase de la etapa de investigación.

Siendo el principal requisito el allanamiento de la víctima u ofendido con el plan detallado de la reparación del daño que proponga el imputado, porque de lo contrario, esa será una razón del órgano jurisdiccional para no aprobar o modificar el plan de reparación del daño o para no autorizar la suspensión condicional del proceso hasta que se formule acusación, en cuyo momento se contará con un marco referencial (fáctico-jurídico-probatorio) que cumpla con la objetividad y racionalidad en el pago integral de la reparación del daño.

3. Una vez formulada la acusación por parte del fiscal, en términos de lo que dispone la fracción VIII del artículo 335 y la IV del diverso 338 del CNPP se contará con la cuantificación y medios de prueba para la justificación de la elaboración del plan de pago de la reparación del daño. Dicho marco (fáctico-jurídico-probatorio) contenido en el escrito de acusación y coadyuvancia o complementación de la víctima u ofendido deberá ser lo que el juez de control tomará en consideración para poder saber que el plan detallado del pago de la reparación del daño garantiza o no una efectiva tutela de derechos

de la víctima u ofendido. En aquellos casos en que por la naturaleza de la reparación del daño o lo particular del caso concreto no se pueda tener certeza jurídica del marco referencial de la reparación del daño en ese estadio procesal (etapa intermedia), entonces, el allanamiento de la víctima será imprescindible para la autorización del plan detallado de pago de la reparación del daño y la aprobación de la suspensión condicional por parte del órgano jurisdiccional.

Al respecto, si bien se ha insistido en el punto 2 y 3 que preceden, que el marco referencial (fáctico-jurídico-probatorio) para que la reparación del daño sea objetiva y racional deberá sustentarse en los datos de prueba obtenidos durante la investigación, también lo es que, de tratarse de la etapa intermedia, dichos medios deberán formar parte de los medios de prueba que se señalen en los escritos de acusación o de coadyuvancia o complementación, pues de no ser así el juez de control no podrá valorar dichos datos de prueba para decidir sobre la procedencia de la suspensión condicional del proceso, ya que, atento a los principios de contradicción, igualdad e inmediación que imperan en el procedimiento penal acusatorio y oral penal, y que deberán atenderse como lo señala el párrafo segundo del artículo 183 del CNPP, es menester que, previamente, se dé la oportunidad al imputado de conocer el planteamiento de su oponente, para que esté en aptitud de rechazarlo o controvertirlo y la probanza de que se trata, se recibida por quien habrá de valorarla, entre otras cosas, para respetar el principio de legalidad. Al respecto, se ha emitido la tesis con registro digital número 2015459 por los TCC en la décima época, con rubro y texto:

> **SUSPENSIÓN CONDICIONAL DEL PROCESO. PARA DECIDIR SOBRE SU PROCEDENCIA, EL JUEZ DE CONTROL NO PUEDE VALORAR LOS DATOS DE PRUEBA QUE OBREN EN LA CARPETA DE INVESTIGACIÓN.** De conformidad con los artículos 194 y 196 del Código Nacional de Procedimientos Penales, para que se resuelva sobre la solicitud de la suspensión condicional del proceso, el imputado deberá plantear un plan de reparación del daño causado por el delito, así como los plazos para cumplirlo, el cual será aprobado, en su caso, en la audiencia que para tal efecto fije el Juez de control. Ahora bien, si el ofendido alega que en la carpeta de investigación obra una documental que demuestra que la víctima percibía un ingreso mayor al que tomó como base el Juez de control para la cuantificación respectiva, pero la interesada o su asesor jurídico no ajustaron su proceder a fin de que se colmaran los requisitos del artículo 383 del mismo código,

para que la documental referida por la ofendida se agregara al proceso y, por ende, fuera valorada por el Juez de control; éste no puede valorar dicho dato de prueba para decidir sobre la procedencia de la suspensión condicional del proceso, ya que, atento a los principios de contradicción, igualdad e inmediación que imperan en el juicio oral penal, es menester que, previamente, se dé la oportunidad al imputado de conocer el planteamiento de su oponente, para que esté en aptitud de rechazarlo o controvertirlo, y la probanza de que se trata se reciba por quien habrá de valorarla. SEGUNDO TRIBUNAL COLEGIADO EN MATERIAS PENAL Y ADMINISTRATIVA DEL OCTAVO CIRCUITO. Amparo en revisión 458/2016. 8 de junio de 2017. Unanimidad de votos. Ponente: Alberto Díaz Díaz. Secretaria: Ruby Celia Castellanos Barradas.

La oposición fundada de la víctima u ofendido durante el planteamiento de la suspensión condicional al proceso, en cuando hace a la reparación del daño y respetando el marco jurídico explicado en el presente epígrafe, atiende a aspectos objetivos y racionales para que las partes puedan someter a un real debate público y oral lo pedido y para que el juez de control tome una decisión fundada y motivada.

La oposición —desde el punto de vista de quien escribe— no se acota exclusivamente al tema de la reparación del daño, la víctima u ofendido puede oponerse a la suspensión condicional del proceso, verbigracia, con la finalidad de salvaguardar su derecho a conocer la verdad y que se le restituya la dignidad humana que le menoscabó con la comisión del hecho que la ley señala como delito, como se desprende de la tesis con registro 2022701, emitida en la décima época, con el rubro y texto siguientes:

SUSPENSIÓN CONDICIONAL DEL PROCESO. ES FUNDADA LA OPOSICIÓN DE LA VÍCTIMA A SU PROCEDENCIA, SI EL PLAN DE LA REPARACIÓN DEL DAÑO PROPUESTO POR EL IMPUTADO Y SU DEFENSA, NO INCLUYE EL RECONOCIMIENTO Y LA ACEPTACIÓN DE LOS HECHOS DELICTIVOS, CON LA FINALIDAD DE SALVAGUARDAR SU DERECHO A CONOCER LA VERDAD Y QUE SE LE RESTITUYA SU DIGNIDAD HUMANA. La fracción II del artículo 192 del Código Nacional de Procedimientos Penales establece como requisito para que proceda la suspensión condicional del proceso, que no exista oposición fundada de la víctima u ofendido. Dicha oposición se encuentra relacionada, primordialmente, con la reparación integral del daño, la cual incluye el aspecto material y moral, dentro del último de los cuales, está inmerso el derecho de las víctimas a conocer la verdad, mismo que se vincula con el acceso a la justicia y con la obligación del Estado de investigar, y que está reconocido en los artículos 2 y 5, octavo párrafo, de la Ley General de Víctimas. En ese sentido, *es fundada la oposición de la víctima a la procedencia de la suspensión condicional, cuando el plan de la reparación del daño propuesto por el imputado y su defensa no incluya el reconocimiento y aceptación de los hechos por parte del primero de ellos, con la finalidad de salvaguardar su derecho a conocer la verdad y que se le restituya la dignidad humana que le menoscabó con la comisión del hecho con apariencia de delito.*

También podrá haber oposición en los supuestos en que se deberá ponderar el interés superior de la víctima u ofendido, como se desprende de la tesis con registro digital número 2023579 emitida por los TCC en la undécima ápoca, con rubro y texto siguientes:

SUSPENSIÓN CONDICIONAL DEL PROCESO. CUANDO SE SOLICITA RESPECTO DEL DELITO QUE ATENTE CONTRA LA OBLIGACIÓN ALIMENTARIA COMETIDO CONTRA UN MENOR DE EDAD Y EXISTA OPOSICIÓN DE SU REPRESENTANTE PARA QUE SE OTORGUE, EL JUZGADOR DEBE PONDERAR EL INTERÉS SUPERIOR DE LA VÍCTIMA, EN RELACIÓN CON LAS CIRCUNSTANCIAS ESPECIALES EN QUE SE DIO EL INCUMPLIMIENTO, LAS CONDICIONES Y PLAZOS EN QUE EL IMPUTADO PROPONE EL PLAN DE REPARACIÓN DEL DAÑO Y LA POSIBILIDAD DE MODIFICARLO (LEGISLACIÓN DEL ESTADO DE CAMPECHE). El artículo 221 del Código Penal del Estado de Campeche sanciona el delito que atente contra la obligación alimentaria, con la finalidad de proteger el bien jurídico tutelado que es el derecho alimentario. Por otra parte, para que pueda otorgarse la suspensión condicional del proceso, el artículo 192, fracción II, del Código Nacional de Procedimientos Penales establece como requisitos, entre otros, que no exista oposición fundada de la víctima y ofendido. Ahora bien, en casos en donde el antijurídico haya sido cometido contra un menor de edad, no basta con la simple oposición de quien representa sus derechos para que, de facto, se tenga por no reunido ese requisito de procedencia del citado beneficio. Esto es así, porque al ponerse en riesgo el interés superior del menor de edad, la Constitución Política de los Estados Unidos Mexicanos en su artículo 4o., párrafo noveno, faculta a todas las autoridades, como representantes del Estado, para que garanticen de manera plena los derechos de la niñez en la satisfacción de sus necesidades alimentarias, de salud, educación y sano esparcimiento para su desarrollo integral, lo que guarda relación con la protección de las niñas, niños o adolescentes, establecida por el Comité de los Derechos del Niño, Observación General No. 14, sobre el derecho del niño a que su interés superior sea una consideración primordial, apartado B, inciso h), párrafo 99. Por consiguiente, si el procedimiento penal se sigue

> contra el deudor alimentario por su incumplimiento, procede evaluar el posible impacto que provoca en el menor de edad la adopción de dicha medida, esto es, qué le causa impacto negativo y cuál decisión resulta en mayor beneficio: el que a su progenitor se le siga un procedimiento hasta la culminación de una posible sanción privativa de la libertad y, con ello, la imposibilidad de obtener recursos con los que pueda subsanar la conducta omisiva que seguirá prolongándose, o bien, que aun cuando la madre del menor, en representación del derecho alimentario de su hijo, haya expresado oposición, se pueda evaluar si el plan de reparación del daño realmente garantiza la salvaguarda del derecho alimentario y, con ello, su subsistencia. Último aspecto que cobra relevancia, pues si bien es el imputado quien somete a consideración el plan de reparación del daño, lo cierto es que el Juez de Control puede modificarlo en caso de que observe que con la propuesta inicial no se garantizaría y, a su vez, puede imponerle ciertas condiciones a cumplir con la finalidad de lograr concientizarlo del daño causado y del compromiso que adquiere. Aunado a ello, existe la posibilidad de que, ante el incumplimiento con el plan de reparación del daño o con las condiciones a las que se comprometió, la medida de suspensión puede ser revocada para continuarse el procedimiento hasta el dictado del fallo. Por consiguiente, cuando la concesión de la suspensión condicional del proceso se solicita respecto del delito que atente contra la obligación alimentaria cometido contra un menor de edad y exista oposición de quien representa sus derechos para que se otorgue, el juzgador debe ponderar qué depara mayor beneficio al interés superior de la víctima, en relación con las circunstancias especiales en que se dio el incumplimiento, el plan de reparación del daño causado por el delito, los plazos para cumplirlo, las condiciones en que se propone, así como si existe la posibilidad de modificarlo y, en esa medida, concientizar al procesado; esto, a fin de evitar un mayor impacto en el infante.

III. *Que hayan transcurrido dos años desde el cumplimiento o cinco desde el incumplimiento, de una suspensión condicional del proceso anterior.* La celebración previa de una suspensión condicional del proceso por el imputado no provocará la imposibilidad de llevar a cabo una nueva o diferente suspensión condicional, no obstante, para que legalmente pueda celebrarse más de una suspensión condicional del proceso, se deberá verificar el requisito de temporalidad que contempla la fracción que se revisa. Antes de dos años de celebrada una suspensión condicional que fue cumplida no puede aprobarse otra. En caso de incumplimiento el imputado no podrá celebrar nueva suspensión condicional del proceso, a menos que hayan transcurrido ya cinco años del incumplimiento, salvo que el imputado fuera absuelto en el anterior procedimiento, como expresamente lo señala el último párrafo del artículo 192 del CNPP.

Expresamente el CNPP no prevé los casos de procedencia o no de la suspensión condicional del proceso cuando el imputado haya sido condenado por sentencia ejecutoriada que lo mantenga privado de su libertad, y en otro proceso (sin sentencia) se solicite la suspensión, no obstante, las autoridades federales, al respecto, han pronunciado un criterio en el que se sostiene que a pesar de que se cumplan los requisitos exigidos por el artículo 192 del CNPP para la procedencia de la suspensión condicional del proceso, no podrá autorizarse si el imputado que la solicita se encuentra privado de su libertad derivado de una sentencia ejecutoriada dictada con anterioridad en una diversa causa penal, pues dicha circunstancia impide al solicitante cumplir con las medidas que, en su caso, se le fijarían en esta forma de solución alterna del procedimiento penal, por lo que ésta quedaría en suspenso, así como la resolución del proceso penal en donde se formuló la solicitud respectiva. Lo que es contrario a la propia naturaleza de la suspensión condicional del proceso, ya que se trata de una salida alterna, a fin de que la persona imputada pueda terminar su proceso, pero cumpliendo con un plan de reparación del daño y una serie de condiciones, dentro de las que se encuentran las señaladas en el artículo 195 del propio Código, cumplido con lo cual, se dará por concluida la causa penal. Lo que no puede lograrse si el quejoso está privado de su libertad derivado de una sentencia condenatoria, porque de quedar suspendido el proceso penal por todo el tiempo que dure la condena de prisión impuesta, contravendría la razón o fundamento jurídico que propone el sistema acusatorio y adversarial, que es brindar la oportunidad de que cumpliendo con esa salida alterna se extinga la acción penal. Criterio que quedó sostenido con el registro digital 2020494, emitido en la décima época por los TCC, en la tesis con registro, de rubro y texto siguiente:

> **SUSPENSIÓN CONDICIONAL DEL PROCESO. ES IMPROCEDENTE AUTORIZAR ESTA FORMA DE SOLUCIÓN ALTERNA DEL PROCEDIMIENTO AUNQUE SE CUMPLAN LOS REQUISITOS DEL ARTÍCULO 192 DEL CÓDIGO NACIONAL DE PROCEDIMIENTOS PENALES, SI EL IMPUTADO SOLICITANTE SE ENCUENTRA PRIVADO DE SU LIBERTAD POR UNA SENTENCIA EJECUTORIADA DICTADA CON ANTERIORIDAD EN UNA DIVERSA CAUSA PENAL.** A pesar de que se cumplan los requisitos exigidos por el artículo 192 del Código Na-

> cional de Procedimientos Penales para la procedencia de la suspensión condicional del proceso, ésta no puede autorizarse si el imputado que la solicita se encuentra privado de su libertad derivado de una sentencia ejecutoriada dictada con anterioridad en una diversa causa penal, pues dicha circunstancia impide al solicitante cumplir con las medidas que, en su caso, se le fijarán en esta forma de solución alterna del procedimiento penal, por lo que ésta quedaría en suspenso, así como la resolución del proceso penal en donde se formuló la solicitud respectiva. Lo que es contrario a la propia naturaleza de la suspensión condicional del proceso, ya que se trata de una salida alterna, a fin de que la persona imputada pueda terminar su proceso, pero cumpliendo con un plan de reparación del daño y una serie de condiciones, dentro de las que se encuentran las señaladas en el artículo 195 del propio código, cumplido con lo cual, se dará por concluida la causa penal. Lo que no puede lograrse si el quejoso está privado de su libertad derivado de una sentencia condenatoria, porque de quedar suspendido el proceso penal por todo el tiempo que dure la condena de prisión impuesta, contravendría la razón o fundamento jurídico que propone el sistema acusatorio y adversarial, que es brindar la oportunidad de que cumpliendo con esa salida alterna se extinga la acción penal. PRIMER TRIBUNAL COLEGIADO EN MATERIAS PENAL Y DE TRABAJO DEL DÉCIMO TERCER CIRCUITO. Amparo en revisión 844/2018. 23 de mayo de 2019. Unanimidad de votos. Ponente: David Gustavo León Hernández. Secretaria: Reyna Francisca de la Rosa Fuentes.

Los tres requisitos previos son acumulativos, es decir, cuando el legislador finaliza la fracción II con la conjunción «y» mandata que los requisitos para la procedencia de la suspensión condicional del proceso son las tres fracciones y no sólo alguna o algunas de ellas.

Plan de reparación del daño

Como se adelantó, la suspensión condicional del proceso implica ponderar varios derechos para su procedencia legal. Por un lado, el derecho del imputado a que se respete la mínima intervención y por otro, el derecho de la víctima u ofendido a que se le repare el daño. Atendiendo a lo señalado en el artículo 194 del CNPP el derecho humano de la víctima u ofendido a la reparación del daño se materializa durante la suspensión condicional del proceso cuando existe un plan de reparación causado por el delito que da origen al procedimiento penal acusatorio y oral (y por el que el imputado fue vinculado a proceso). El «plan» representa el modo en que deberá llevarse a cabo el pago de la reparación del daño, y con ello cumplir con la fracción XXIV del artículo 109 del CNPP.

Como lo han señalado los TCC la finalidad del sistema penal acusatorio, al establecer la suspensión condicional del proceso, es proporcionar un mecanismo de justicia alternativa y restaurativa que, a pesar de no resolver el fondo del asunto, cumpla con los fines del proceso penal previstos en la Constitución Política de los Estados Unidos Mexicanos, entre ellos, la reparación integral del daño; de ahí que para que dicha figura procesal pueda operar, no deberá existir oposición fundada de la víctima con el plan de reparación propuesto, por lo que el monto de éste deberá cubrir, al menos, la cantidad que pueda determinarse objetivamente al momento de promoverse dicha solución alterna del proceso —cómo se razonó supra— pues, de otra manera, los derechos de la víctima u ofendido no se verían tutelados. Para apoyar lo señalado se reproduce la tesis con registro digital 2015986, emitido por los TCC, en la décima época, con rubro y texto:

> **SUSPENSIÓN CONDICIONAL DEL PROCESO. EL MONTO DEL PLAN DE REPARACIÓN DEL DAÑO PROPUESTO POR EL IMPUTADO DEBE CUBRIR, AL MENOS, LA CANTIDAD QUE PUEDA DETERMINARSE OBJETIVAMENTE AL MOMENTO DE PROMOVERSE DICHA SOLUCIÓN ALTERNA DEL PROCESO.** La finalidad del sistema penal acusatorio, al establecer la suspensión condicional del proceso, es proporcionar un mecanismo de justicia alternativa y restaurativa que, a pesar de no resolver el fondo del asunto, cumpla con los fines del proceso penal previstos en la Constitución Política de los Estados Unidos Mexicanos, entre ellos, la reparación integral del daño; de ahí que para que dicha figura procesal pueda operar, no debe existir oposición fundada de la víctima con el plan de reparación propuesto, por lo que el monto de éste debe cubrir, al menos, la cantidad que pueda determinarse objetivamente al momento de promoverse dicha solución alterna del proceso pues, de otra manera, los derechos de la víctima u ofendido no se verían tutelados. Ahora, si el agente del Ministerio Público apoyó su petición en una norma que objetivamente determina cómo se calcula la reparación del daño, por ejemplo, tratándose de la pérdida de la vida (por encontrarse cuantificado el monto reparatorio por el legislador), entonces, en supuestos como el señalado, existen elementos objetivos suficientes que sustentan el cálculo realizado por dicho concepto y, por ende, en este caso, no existe necesidad de que se aporten medios de prueba adicionales que justifiquen la oposición de la parte acusadora o la ofendida. TRIBUNAL COLEGIADO EN MATERIAS PENAL Y DE TRABAJO DEL OCTA-

VO CIRCUITO. Amparo en revisión 4/2017. 8 de septiembre de 2017. Unanimidad de votos. Ponente: Santiago Gallardo Lerma. Secretario: Christian Israel Nájera Domínguez.

Condiciones por cumplir durante la suspensión condicional del proceso

La mínima intervención supracitada carecería de eficacia y de eficiencia de no tener como sustento experiencias de legalidad para el imputado, para garantizar así la prevención especial y, desde luego, la protección de la víctima u ofendido y de la sociedad.

> Condiciones que, se considera, tienen como fin la reinserción del imputado a la sociedad, así como una prevención especial, por lo que las que se impongan por el Juez de Control deben ser las más adecuadas, en atención a las condiciones especiales, sociales y económicas, para que el imputado no vuelva a delinquir.[54]

Es por ello que, expresamente, atendiendo a las reglas de la naturaleza humana y de la «moral»,[55] el legislador contempla en el artículo 195 del CNPP la obligación para el juez de control de imponer al imputado una o varias de las condiciones contempladas en la ley. Las condiciones previstas en el artículo 195 del CNPP sólo son enunciativas, es decir, ideas de las condiciones que puede el órgano jurisdiccional imponer, por lo que, cuando el legislador agrega que no son limitativas, expresamente autoriza al juez de control a imponer cualquier condición que cumpla con los principios de la suspensión condicional del proceso, entre ellos, la efectiva tutela de los derechos de la víctima u ofendido.

Las condiciones que, ejemplificativas más no limitativas, el legislador propone para que el juez pueda imponer al imputado, atendiendo a cada caso concreto, son:

I. *Residir en un lugar determinado.* El arraigo del imputado, o al menos su permanencia en el lugar en donde habrá de desarrollarse el juicio, es imprescindible para el éxito del proceso, pero, por el tema

---

54 *Ibidem*, p. 42.

55 «El legislador no puede prescindir de la naturaleza humana y de las reglas de la Moral, aun en presencia de la excepción, que es el delito». ARENAL, Concepción, *Estudios penitenciarios*, INACIPE, México, 2010, p. 177.

que comentamos, también lo es para la eficiencia y eficacia de la suspensión condicional del proceso, pues la ausencia del imputado haría inútil cualquier intervención del Estado, como lo es la suspensión condicional del proceso. «Residir» implica estar establecido en un lugar. Por lo que la condición representa que el imputado deberá establecerse en el lugar que el juez de control le indique, principalmente dentro de su jurisdicción. Entendiendo al CNPP como una legislación instrumental nacional, se explica que en algunos casos, principalmente en las Entidades Federativas, los límites entre un Estado y otro son mínimos, lo cual implica que las personas imputadas que habitan una Entidad suelen cometer un delito en otra Entidad vecina, en cuyo caso, también procederá la suspensión condicional del proceso y la condición de residir en un lugar determinado le puede imponer la obligación de no abandonar el lugar en que habita o establecerse en la Entidad en que se desarrollará el proceso. Lo mismo ocurre en casos de delitos del fuero federal, que, entre otras cosas, suelen caracterizarse por carecer de límites en las fronteras y su actividad se extiende a todo el territorio nacional, por lo que esta condición se puede ampliar para residir en el país, es decir, para no hacerlo en el extranjero. Esta condición se enfoca principalmente a dos objetivos: evitar que el imputado se sustraiga de la acción de la justicia y, proteger a la víctima u ofendido o a cualquier otra persona.

II. *Frecuentar o dejar de frecuentar determinados lugares o personas.* «Frecuencia» es el número de veces que se repite un proceso periódico por unidad de tiempo. Por lo que la condición de «frecuentar o dejar de frecuentar» implica incidir en que el imputado repita un proceso periódico por unidad de tiempo o deje de hacerlo. La frecuencia o dejar de frecuentar se enfoca a los lugares o a las personas. Los «lugares» pueden ser cualquier sitio, desde una vivienda hasta un área territorial determinada. Mientras que las personas pueden ser las víctimas u ofendidos, su familia, testigos, peritos, etcétera. La condición busca la seguridad de la víctima u ofendido u otra persona y, en su caso, la protección de objetos o cosas relacionados con los hechos.

III. *Abstenerse de consumir drogas o estupefacientes o de abusar de las bebidas alcohólicas.* En la fracción que se revisa el legislador contempló la restricción de «abstención», ya sea de consumir drogas o estupefacientes o la de abusar de las bebidas alcohólicas. Lo anterior se explica en virtud de que el «fenómeno de la droga se convirtió, en forma epidémica, en el peor problema criminológico de los últimos años, por su extensión y daño causado».[56] Abstenerse implica privarse de consumir drogas o estupefacientes, o privarse de abusar de las bebidas alcohólicas. En primera instancia hay una división clara entre drogas y estupefacientes, lo cual es adecuado, pues en términos sencillos la droga cambia la forma de funcionar del organismo haciendo que el cuerpo tenga comportamientos diferentes y los estupefacientes hacen que la persona se sienta dormida.[57] Además, tanto el consumo de drogas como el de estupefacientes se encuentra prohibido (salvo excepciones) y el consumo de alcohol está permitido, lo que explica que respecto al último no se señale que el juez deberá imponer su abstención total sino únicamente la abstención en su abuso, que representa un consumo moderado. Lo anterior no implica que el órgano jurisdiccional no pueda imponer como condición al imputado la abstención total en el consumo de bebidas alcohólicas, porque no olvidemos que las condiciones enlistadas son enunciativas no limitativas. La condición tiene por objeto coadyuvar a combatir las causas en que el imputado por el uso o ingesta de ciertas sustancias reincida en la comisión de ilícitos o, en su caso, atente contra la víctima u ofendido u otra persona.

IV. *Participar en programas especiales para la prevención y el tratamiento de adicciones.* Un «programa» es el anticipo de lo que se planea para que lo lleve a cabo el imputado, es «especial» al enfocarse exclusivamente a la prevención y el tratamiento de adicciones, es decir, dicha atención es el hilo conductor del programa, el objeto de éste. Hay distinción entre prevenir y tratar. «Prevención» implica evitar las adicciones en el imputado que se encuentre expuesto a ellas; «tratamiento» en cambio, implica que el imputado es ya adicto y requiere de medios para curar o aliviar su enfermedad. La condición se enfoca a aquellos imputados que estén en riesgo de las adicciones o que ya las padezcan y que dichas circunstancias hayan incidido, puedan incidir o representen la esencia de la comisión del delito.

---

56 RODRÍGUEZ MANZANERA, Luis, *Criminalidad de menores*, Porrúa, México, 2000, p. 295.

57 Respecto de los estupefacientes, el legislador los enlista en el artículo 234 de la Ley General del Salud.

V. *Aprender una profesión u oficio o seguir cursos de capacitación en el lugar o en la institución que determine el juez de control.* Lo que históricamente ha caracterizado la evolución de la humanidad es el trabajo. «Trabajar es algo así como crear, hacer que exista lo que no existía, y este gran poder del hombre, este noble empleo de sus fuerzas físicas, intelectuales y hasta afectivas, que tanto eleva su dignidad y su nivel moral, no puede rebajar su dicha».[58] Entendido este no sólo como la explotación marxista de la fuerza de trabajo para obtener un pago, es más que eso, es el trabajo percibido como la forma de transformar al mundo para el beneficio de la especie. «La inmensa mayoría de los penados no hubieran delinquido si amasen el trabajo. Si hubieran sido buenos y asiduos trabajadores, su vida fuera ordenada, bien ocupada y no les habrían faltado recursos para sustentarla: con estas tres circunstancias, inseparables de la ocupación constante y honrada, ellos lo habrían sido, que sólo por excepción se ven condenados por la ley los que están ociosos ni son miserables... No debe considerase nunca el trabajo como un mal, sino como una fuente de bienes; no como una maldición sino como una bendición debemos mirarle».[59] La «profesión» constituye el empleo y la facultad que alguien ejerce y por el que percibe una retribución, mientras que el «oficio» es la actividad habitual que efectúa un individuo, la cual es aprendida a través de la experiencia, es decir, se aprende en la misma práctica del oficio en cuestión (por ejemplo: el oficio de zapatero, de carpintero, de músico, de pintor, etcétera). La diferencia entre una y otra es que un oficio es una actividad laboral que generalmente está vinculada con procesos manuales o artesanales que no requieren estudios formales (educación informal o no formal y conocimientos empíricos o técnicos) y la profesión es una actividad laboral que requiere formación académica especializada (educación formal y conocimiento científico y filosófico). Es evidente que el desarrollo humano se basa en la educación y los conocimientos, por ello, los imputados, como cualquier otro miembro de la sociedad (y aún con mayor apremio) necesitan de actividades que coadyuven a su socialización, desarrollo, disciplina, respeto, tolerancia, laboriosidad, solidaridad, trabajo en equipo y respeto de las normas. En tal virtud, de carecer el imputado

---

58 ARENAL, *op. cit.*, p. 163.

59 *Ibidem*, p. 162.

de oficio o profesión, el juez puede imponerle como condición que aprenda un oficio o, de contar con uno, recibir cursos de capacitación y, de haber iniciado una profesión, continuarla o finalizarla o, de tenerla, ejercerla. Ello lo realizará en el lugar o en la institución que determine el juez de control —por sí, o a propuesta de alguna de las partes— que principalmente serán instituciones públicas para evitarle algún costo al imputado. Desde el punto de vista de quien escribe, por su trascendencia, esta condición es una de las que debería solicitar el Ministerio Público o el imputado/defensa y buscar imponer el juez en el mayor número de casos en que proceda.

VI. *Prestar servicio social a favor del Estado o de instituciones de beneficencia pública.* El «servicio social» es una acción que tiende a garantizar o incrementar la autonomía de un sujeto y a facilitar su integración a la comunidad, pues en su práctica el imputado participa en la sociedad o en instituciones de beneficencia pública, coadyuvando a la solución de sus problemas y adquiriendo respeto para los demás, empatía, responsabilidad y en general, experiencias de legalidad. Esta condición principalmente se impondrá cuando el imputado sea joven o en su caso, el delito se relacione con la afectación de la sociedad o de algún grupo vulnerable que reciba atención de alguna institución de beneficencia.

VII. *Someterse a tratamiento médico o psicológico, de preferencia en institución pública.* En los casos en que el delito se haya desarrollado a razón de problemas derivados de alguna patología o afectación médica o psicológica del imputado, en términos del artículo 4 de la Constitución Federal, donde se contempla el derecho humano a la salud, y con el fundamento filosófico de la prevención especial positiva, como condición a cumplir durante el periodo de suspensión condicional del proceso, podrá proponer e imponerse la de sometimiento del imputado a tratamiento médico, es decir, el conjunto planificado de medios que objetivamente se requieren como un plan terapéutico para curar o aliviar una lesión del imputado. O, se puede imponer el tratamiento psicológico, que constituye una intervención realizada por un profesional clínico para solucionar el malestar psíquico de la persona del imputado, a través de la aplicación de unas técnicas psicológicas.

El tratamiento médico o psicológico preferentemente deberá llevarse a cabo en institución pública y no en institución privada. Es así porque con ello el Estado cumple con su obligación de proporcionar salud a los gobernados y evita costo alguno para el imputado que represente obstaculización en el cumplimiento de la condición. No obstante, no hay prohibición para que el tratamiento sea en institución privada, siempre que se cuente con los recursos que la garanticen y el imputado lo acepte.

VIII. *Tener un trabajo o empleo, o adquirir, en el plazo que el juez de control determine, un oficio, arte, industria o profesión, si no tiene medios propios de subsistencia.* La característica de las sociedades capitalistas son los medios de producción en manos de un sector y la fuerza de trabajo en poder de otro sector, llamado por Marx proletariado. Con la fuerza de trabajo se producen bienes y servicios para el mercado libre y a cambio se obtiene un salario para la subsistencia. El trabajo, entonces, es una «institución» de las sociedades actuales, que se desarrolla por las personas a cambio de una remuneración. Para el trabajo se requieren conocimientos en algún oficio, arte, industria o profesión y ello se obtiene tanto empírica como teóricamente.[60] En los casos en que el imputado, al acogerse a la suspensión condicional del proceso, cuente con las capacidades y habilidades suficientes para desempeñar un trabajo o empleo, pero carezca de ellos, se podrá solicitar e imponer como condición el que tenga un trabajo o empleo para lo que tiene experiencia o esté capacitado (sin que sea un requisito legal). De carecer de las citadas capacidades o habilidades, entonces, la condición que podrá cumplir el imputado es la de adquirirlas, ya sea como oficio, arte, industria o profesión, a partir de los conocimientos empíricos, técnicos o científico, según corresponda (a través de la educación informal, no formal o formal).

> La instrucción es un medio para conseguir varios fines: el principal, la educación, que ejercitando, utilizando y armonizando las varias facultades del hombre, contiene sus malos ímpetus, ejercita sus disposiciones buenas, fortifica la voluntad con el hábito de resistir al mal

---

60 Recordemos la teoría de los niveles de conocimiento, donde la epistemología plantea desde el más básico (conocimiento vulgar) hasta el más destacado (conocimiento filosófico), pasando por los conocimientos empírico, técnico y científico (sin olvidar el seudo-conocimiento y el para-conocimiento).

> y realizar el bien, y contribuye a que el hombre, en los posible, sea perfecto, que a esta idea debe equivaler la de educado.[61]

Tanto la condición de tener un trabajo o empleo como la condición de adquirir un oficio, arte, industria o profesión, son temporales, es decir, sólo durante el plazo que determine el juez, sin que pueda superar la temporalidad establecida para el desarrollo de la suspensión condicional del proceso.

No obstante, el legislador precisa que dicha medida se impone siempre que el imputado carezca de medios propios de subsistencia porque de tenerlos, no será idóneo imponer dicha condición, pues se incumpliría su objeto.

IX. *Someterse a la vigilancia que determine el juez de control.* La vigilancia representa observar atentamente a la persona del imputado y estar pendiente de él para evitar que sufra o cause algún daño o peligro a la víctima, a la sociedad o a los bienes ajenos. Regularmente, a partir de la entrada en vigor del CNPP, la vigilancia que impone el juez de control queda en manos de la Unidad de Supervisión de Medidas Cautelares y Suspensión Condicional del Proceso (USMECA, se le nombra en la Ciudad de México), donde como condición se resuelve que el imputado acuda semanal, quincenal, mensual, bimestral, etcétera, a dicha Unidad, con lo que se satisface la vigilancia que contempla la fracción que revisamos, pues con ello, al menos, se está pendiente del imputado. En tratándose de la protección de la víctima, la sociedad o de los bienes ajenos, el CNPP contempla diversas condiciones idóneas para tal fin como las previstas en la fracción II del artículo 195 del CNPP.

X. *No poseer ni portar armas.* La posesión y portación de armas en el país se encuentra reconocida en el artículo 10 de la Carta Magna y regulada por la ley especial, bajo ese contexto, si en el delito el arma constituye el instrumento para su comisión la condición que puede imponerse es la de no poseer o no portar armas o ambas. Poseer implica tener el arma en tu poder o ser dueño de una, y portar es llevar el arma en la mano o ayudándose con alguna otra parte del

61 *Ibidem*, p. 174.

cuerpo. De contar el imputado con permiso legalizado de autoridad competente para tener consigo un arma, deberá informársele la prohibición impuesta.

XI. *No conducir vehículos.* En sentido semejante a lo analizado en la fracción inmediata anterior, si en el delito el vehículo constituye el objeto o instrumento para su comisión la condición que podrá imponer el juez es la de no conducir vehículos, para lo cual se deberá recoger al imputado su licencia de manejo e informar a la autoridad o autoridades correspondientes dicha prohibición para evitar la emisión de una nueva licencia.

XII. *Abstenerse de viajar al extranjero.* Todos los mexicanos tenemos el derecho de transitar y abandonar el país, como lo señala el artículo 11 de la Constitución Federal, no obstante, existen excepciones, una de ellas, es que dadas las características en que se desarrolla el delito exista la necesidad de prohibir al imputado que abandone el país, es decir, que viaje al extranjero. En cuyo caso se pedirá el pasaporte correspondiente y se informará a las autoridades competentes de la condición impuesta al celebrar la suspensión condicional del proceso.

XIII. *Cumplir con los deberes de deudor alimentario.* En los casos en que el delito se vincule al tema de alimentos, el juez podrá autorizar imponer como condición que el imputado cumpla con sus deberes en términos de ley, incluso ante la carencia de alguna eventual resolución de un juez familiar, pues no olvidemos que, en materia penal, las reglas para las resoluciones en ese tópico son distintas a las materias familiares o civiles, pues responde a principios y fines diferentes.

XIV. *Cualquier otra condición que, al juicio del juez de control, logre una efectiva tutela de los derechos de la víctima.* Esta última fracción permite establecer que las condiciones que el órgano jurisdiccional podrá imponer al imputado y que se encuentran enlistadas en el numeral 195 del CNPP, no son limitativas sino ejemplificativas, y que, además de ellas, podrá imponerse cualquier otra, atendiendo a cada caso en particular.

La última parte del párrafo segundo del artículo 196 del CNPP señala que «*La sola falta de recursos del imputado no podrá ser utilizada como razón suficiente para rechazar la suspensión condicional del proceso*». Al efecto, los TCC han explicado lo que debe entenderse por la «falta de recursos económicos del imputado», precisando que ello obedece a que pretendió suprimirse la posibilidad de que el ofendido o víctima, o bien, el Ministerio Público, realizaran un juicio a priori sobre la situación económica del enjuiciado para oponerse por esa única razón. Lo anterior, pues el objetivo de la figura procesal indicada, está encaminado a que el imputado cumpla con el plan de reparación asumido, incluso, a posteriori, de acuerdo con la propuesta formulada, cuando no cuente con recursos económicos suficientes al formular dicho plan, pues puede cumplir paulatinamente mediante pagos periódicos, y como garantía adicional para el ofendido o víctima, el legislador estableció que, en caso de incumplimiento, sería factible revocar la solución alterna referida y continuar con el trámite del procedimiento penal. Sin embargo, lo anterior no tiene el alcance de que la propuesta reparatoria formulada por el imputado deberá aprobarse por el simple hecho de que se realizó conforme a sus posibilidades económicas, pues si así lo hubiera concebido el legislador no existiría la posibilidad legal de que la víctima se opusiera fundadamente al respecto, motivo por el cual, la falta de recursos económicos del imputado a que alude el artículo 196 mencionado, como ya se indicó, sólo se incluyó con la finalidad de que las partes no realizaran un juicio a priori sobre la situación económica del quejoso, para oponerse, por esa sola razón, al plan de reparación del daño propuesto. Al respecto se reproduce íntegramente dicho criterio con registro digital 2015985, emitido en la décima época, con rubro y texto:

> **SUSPENSIÓN CONDICIONAL DEL PROCESO. ALCANCE DE LA EXPRESIÓN "FALTA DE RECURSOS ECONÓMICOS DEL IMPUTADO" PREVISTA EN EL ARTÍCULO 196 DEL CÓDIGO NACIONAL DE PROCEDIMIENTOS PENALES.** De la interpretación armónica de los artículos 191, 192, fracción II, 196 y 198 del Código Nacional de Procedimientos Penales, se concluye que si bien el legislador acotó en el artículo 196 citado que la "falta de recursos económicos del imputado" no podría ser utilizada como razón suficiente para rechazar la suspensión condicional del proceso, lo cierto es que ello obedece a que pretendió suprimirse la posibilidad de que el ofendido o víctima, o bien, el Ministerio Público, realizaran un juicio a priori sobre la situación económica del quejoso para oponerse por esa única razón. Lo anterior, pues el objetivo de la figura procesal indicada, está encaminado a que el imputado cumpla con el plan de reparación asumido, incluso, a posteriori, de acuerdo con la propuesta formulada, cuando no cuente con recursos económicos suficientes al formular dicho plan, pues puede cumplir paulatinamente mediante pagos periódicos, y como garantía adicional para el ofendido o víctima, el legislador

estableció que, en caso de incumplimiento, sería factible revocar la solución alterna referida y continuar con el trámite del procedimiento penal. Sin embargo, lo anterior no tiene el alcance de que la propuesta reparatoria formulada por el imputado deba aprobarse por el simple hecho de que se realizó conforme a sus posibilidades económicas, pues si así lo hubiera concebido el legislador no existiría la posibilidad legal de que la víctima se opusiera fundadamente al respecto, motivo por el cual, la falta de recursos económicos del imputado a que alude el artículo 196 mencionado, como ya se indicó, sólo se incluyó con la finalidad de que las partes no realizaran un juicio a priori sobre la situación económica del quejoso, para oponerse, por esa sola razón, al plan de reparación del daño propuesto. TRIBUNAL COLEGIADO EN MATERIAS PENAL Y DE TRABAJO DEL OCTAVO CIRCUITO. Amparo en revisión 4/2017. 8 de septiembre de 2017. Unanimidad de votos. Ponente: Santiago Gallardo Lerma. Secretario: Christian Israel Nájera Domínguez.

Audiencia

En términos de los artículos 194 y 196 del CNPP la suspensión condicional del proceso se solicitará y resolverá a través de una audiencia conocida precisamente como audiencia de suspensión condicional del proceso, que se desarrollará de la siguiente manera:

JUEZ DE CONTROL: Buen día a todos los presentes, el día de hoy nos encontramos en esta sala de audiencias para llevar a cabo la audiencia de suspensión condicional del proceso, que se solicitó.

La suspensión condicional del proceso es una de las soluciones alternas que contempla el CNPP y que, como su nombre lo dice, lo que hace es detener el proceso para que el imputado se someta a una o varias de las condiciones que contempla el Código, que garanticen una efectiva tutela de derechos de la víctima u ofendido, y se cuente con un plan detallado sobre el pago de la reparación del daño. La consecuencia del cumplimiento de la suspensión condicional del proceso es la extinción de la acción penal, que da lugar a no seguir con la causa, y, en su defecto, el incumplimiento provoca la reanudación del proceso en el momento en que se detuvo.

Por lo que doy uso de la palabra al promovente para que manifieste lo que considere.

DEFENSA: Señoría, buen día, esta defensa solicita la suspensión condicional del proceso por considerar se ajusta a derecho. Es así dado que en fecha 3 de noviembre del 2023 fue emitido auto de vinculación a proceso en contra de mi defendido por el hecho que la ley señala como delito de ROBO AGRAVADO cometido en agravio de la víctima, y hasta el momento no se ha emitido auto de apertura a juicio, ya que nos encontramos en la fase de investigación complementaria, que fenece el próximo 3 de diciembre del 2023.

Asimismo, el delito por el que se vinculó a proceso a mi defendido es el de ROBO AGRAVADO previsto y sancionado en los artículos 220 fracción II y 223 fracción I del CPCDMX, cuyo término medio aritmético de la pena de prisión es de 1 año 10 meses 15 días, es decir, no excede de cinco años. No hay oposición fundada de la víctima. Mi representado no ha celebrado otra suspensión, como se desprende del informe de la USMECA. Y se cuenta con un plan de reparación del daño, consistente en que mi defendido pagó a la víctima dos mil pesos, que es el monto en que fue valuado el teléfono afecto al apoderamiento.

Las obligaciones que mi representado asumirá, son las previstas en las fracciones I y II del artículo 195 CNPP, consistentes en residir en el domicilio ubicado en XXX, y dejar de frecuentar a la víctima, durante un plazo de seis meses.

JUEZ DE CONTROL: ¿Fiscal?

FISCAL: La información proporcionada por la defensa es correcta, y así se encuentra en la carpeta de investigación, por lo que advertimos que la suspensión se encuentra ajustada a derecho y no nos oponemos.

JUEZ DE CONTROL: Escuchado lo manifestado por la defensa y el ministerio público, le pregunto víctima ¿entendió en qué consiste la suspensión condicional?, ¿tiene alguna oposición con lo solicitado?, puede consultarlo con su asesor jurídico.

VÍCTIMA: Comprendí lo que es una suspensión condicional y luego de consultarlo con mi asesor jurídico no tengo oposición para que se autorice, pues me ha sido reparado el daño totalmente.

JUEZ DE CONTROL: ¿Esta decisión la toma de manera libre, es decir, nadie la ha obligado para hacerlo?

VÍCTIMA: Mi decisión es libre y nadie me ha obligado.

JUEZ DE CONTROL: Asesor jurídico, ¿algo qué manifestar?

ASESOR JURÍDICO: Nada señoría, estamos de acuerdo con la suspensión condicional.

JUEZ DE CONTROL: Imputado, su defensa está solicitando la suspensión condicional, para ello señala que Usted está de acuerdo en cumplir con las condiciones consistentes en residir en el domicilio ubicado en XXX y dejar de frecuentar a la víctima, durante un plazo de seis meses; que, además, realizó el pago de dos mil pesos por concepto de reparación del daño.

Por lo que para que autorice la suspensión, es necesario que Usted asuma conmigo el compromiso de cumplir con las dos condiciones, y de no ser así, eventualmente la suspensión podrá ser revocada, en cuyo caso continuaremos con el proceso en el momento en que nos encontramos y ello provocaría la imposibilidad para que Usted celebre una nueva suspensión dentro de los cinco años siguientes, por ello, le pregunto: ¿Comprendió en que consiste la suspensión condicional del proceso?, ¿está de acuerdo con la suspensión condicional que pide su defensa?, ¿está de acuerdo en someterse a las dos condiciones que le he señalado?

IMPUTADO: Señoría, si comprendí en qué consiste la suspensión condicional del proceso. Estoy de acuerdo con la suspensión que pide mi defensa y en este momento debidamente asesorado y de manera libre, me someto a las dos condiciones señaladas por el plazo de seis meses.

JUEZ DE CONTROL: ¿Esa decisión la toma de manera libre, es decir, nadie lo ha obligado para hacerlo?

IMPUTADO: Sí señoría, la decisión es libre y nadie me ha obligado para hacerlo.

JUEZ DE CONTROL: Una vez escuchadas las partes, advierto que la defensa solicita la suspensión condicional del proceso por considerar se ajusta a derecho, con lo que coincido, en virtud de que la solicitud es oportuna pues en fecha 3 de noviembre del 2023 fue emitido auto de vinculación a proceso en contra del imputado por el hecho que la ley señala como delito de ROBO AGRAVADO cometido en agravio de la víctima, y hasta el momento no se ha emitido auto de apertura a juicio, ya que el proceso se encuentra en la fase de investigación complementaria, que fenece el próximo 3 de diciembre del 2023.

Asimismo, el delito por el que se vinculó a proceso al imputado es el de ROBO AGRAVADO previsto y sancionado en los artículos 220 fracción II y 223 fracción I del CPCDMX, cuyo término medio aritmético de la pena de prisión es de 1 año 10 meses 15 días, es decir, no excede de cinco años.

No hay oposición fundada de la víctima, como ésta expresamente lo refiere, siendo que se da por satisfecha de la reparación del daño, atendiendo al plan, consistente en que el imputado le realizó un pagó de dos mil pesos, que es el monto en que fue valuado el teléfono afecto al apoderamiento.

El imputado no ha celebrado otra suspensión, como se desprende del informe de la USMECA y asume expresamente las obligaciones previstas en las fracciones I y II del artículo 195 CNPP, consistentes en residir en el domicilio ubicado en XXX y dejar de frecuentar a la víctima, durante un plazo de seis meses.

Las partes no técnicas fueron debidamente asesoradas, comprendieron en qué consiste la suspensión condicional, el imputado sabe de las consecuencias en caso de incumplimiento, no advierto coacción alguna y el imputado no tiene antecedentes en relación con el artículo 200 del CPCDMX, es decir, con el delito de violencia familiar.

Por lo que con fundamento en los artículos 183, 184, 191 a 198 del CNPP, autorizó que el presente proceso se suspenda en forma condicional para todos los efectos legales procedentes, quedando en este acto suspendida cualquier medida cautelar y se señalan las 14:00 horas del día 20 de mayo del año en curso, para verificar el cumplimiento de las obligaciones en cuestión y resolver lo conducente, de lo que quedan notificados los presentes y en caso de incomparecencia se acordará lo procedente. Asimismo, se ordena informar lo resuelto a la USMECA para que verifique el cumplimiento de las condiciones impuestas y de advertir algún incumplimiento lo informe inmediatamente a las partes para que soliciten lo que consideren procedente.

Se reitera al imputado que en caso de incumplimiento con las condiciones que aceptó observar, quedará sin efecto la suspensión, se reanudará el proceso y habrá imposibilidad para celebrar uno diverso en los términos precisados.

PROCEDIMIENTO ABREVIADO

Los sistemas procesales penales han transitado recientemente del inquisitivo al acusatorio, y por ello, han incorporado elementos composicionales que concretizan modelos eclécticos o acusatorios garantistas o acusatorios adversariales, según la adopción de cada país.[62] La tendencia de finales del siglo XX en Europa y Latinoamérica, acompañaron la gran reforma de 2008 en México,[63] donde se diseñó constitucionalmente un sistema procesal penal ecléctico, al adminicularse en sus fundamentos y principios el sistema acusatorio garantistas de corte romano-germano y el adversarial, de tradición anglosajona.[64] En ese contexto, es que el modelo actual se basa, entre otros principios, en el *consenso*.

---

62 *Cf*, GONZÁLEZ, *op. cit.*, pp. 7-16.

63 «El fenómeno se advierte claramente en el Código Procesal Penal italiano de 1988 o el portugués de 1987, que prevén algunos procedimientos especiales encaminados a evitar el juicio y resolver sumariamente el caso sobre la base del acuerdo de los intervinientes». HORVITZ LENNON, María Inés y LÓPEZ MASLE, Julián, *Derecho procesal penal chileno*, tomo II, Editorial jurídica de Chile, Santiago, 2017, p. 504.

64 «El sistema de justicia estadounidense, por su parte, tanto en el ámbito federal, estatal, y local, consagra en términos muy amplios el principio de oportunidad, dejando la decisión de iniciar y mantener le persecución penal en manos exclusivas del fiscal. Este sistema contempla la institución que ha servido de modelo a los cambios procedimentales que revisamos, estos es, el "plea bargaining" el que si bien, centro de múltiples y siempre vigentes críticas a la discrecionalidad con que la Fiscalía ejerce la acción penal, no es objeto ya de debate sobre su constitucionalidad, la que ha sido afirmada en diversas oportunidades por la Corte Suprema estadounidense, persiguiéndose hoy más bien mecanismos que, sin usurpar dicha discrecionalidad, hagan responsables a los fiscales de los abusos que en su ejercicio cometan». MEZA, *op. cit.*, pp. 85-86.

> El fenómeno del derecho negociado tendrá su origen en la crisis de las ordenaciones sociales y jurídicas tradicionales. En una sociedad post-industrial mas individualista, fragmentada y compleja, perderían progresivamente legitimidad las regulaciones basadas en modelos de autoridad u centradas en la noción de «lo público», tendiéndose a una mayor desregulación y a modos alternativos de solución de conflictos, sobre la base de la apelación a las nociones de participación ciudadana e igualdad.[65]

En Italia particularmente se contemplan dos mecanismos procesales basados en la voluntad de las partes: el «*giudizio abbreviato*» y el «*pattegiamento*». El primero implica la renuncia al *dibatimento* a cambio de la reducción de la pena, y procede a petición del ministerio público o del imputado. «Inspirado en las razones de carácter utilitario, se asienta en la prestación de mutuas concesiones entre acusación y defensa: se sostiene que el acusado evita la publicidad negativa del juicio oral y del pronunciamiento de la condena, y eventualmente la experiencia de la cárcel; mientras que el sistema de justicia consigue una relevante disminución de procesos penales pendientes, ellos se realizan en menor tiempo, y se disminuye la población carcelaria».[66]

En el *giudizio abbreviato* «se requiere la solicitud del imputado, con el acuerdo del ministerio público, de que el proceso quede definido en la audiencia preliminar, con la ventaja para aquél de que la pena es reducida "en un tercio" y la reclusión perpetua, sustituida por "treinta años de prisión"».[67]

En Alemania no existe propiamente un procedimiento abreviado, sin embargo, «en la práctica existen espacios de negociación y acuerdo con base en el ejercicio de sus respectivas facultades dentro del proceso».[68]

Hay quienes recogen el origen del procedimiento abreviado del derecho anglosajón, concretamente del «*plea bargaining*» o acuerdo de culpabilidad (*guilty plea*).[69]

---

65 *Ibidem*, pp. 503-504.

66 *Ibidem*, p. 506.

67 *Ibidem*, p. 507.

68 PERLIN, *op. cit.*, p. 469.

69 «El "plea bargaining" surge como fenómeno general en 1920, la época en que el desafío a la legislación que prohibía el consumo del alcohol generó un incremento súbito y significativo en la carga de trabajo de los tribunales». *Ibidem*, p. 462.

> El ilustre Penalista Zamora Pierce menciona que la figura del «plea bargaining» surge en Estados Unidos a principios del siglo XIX como una práctica del Ministerio Público quien reiteraba algunos de los cargos que pretendía hacer al acusado a cambio de que éste se declarase culpable. Los jueces no participaban en esa práctica. De hecho la veían con desaprobación e, incluso, afirma, en algún caso pretendieron sancionar a quienes la usaban pero pronto los jueces se unieron a la práctica de negociar la pena que podrían imponer.[70]

La resolución rápida de un conflicto derivado de un delito en el ámbito penal, se considera un instrumento de «defensa social», pues los responsables serán sentenciados en un plazo breve y los inocentes absueltos, lo que coadyuva al ahorro de recursos para el sistema de justicia, para la propia víctima u ofendido (reducción de su tiempo y de los gastos legales) y para el imputado (deja de gastar en el proceso, reduce el tiempo que deba pasar en prisión y obtiene una sentencia pronta); también reafirma el principio de autonomía de la voluntad o del consenso en la solución del conflicto penal; constituye además la herramienta procesal para eliminar o reducir el colapso de la administración e impartición de justicia, que estaría impedida para resolver todos los casos a través de un procedimiento ordinario.[71]

---

70 LOZANO HERRERA, Francisco, *Práctica del procedimiento abreviado. Jurisprudencia y casos*, Tirant lo blanch, Ciudad de México, 2022, p. 24. El mismo autor señala los beneficios que representa la institución del *plea bargaining*: celeridad, disminución de cargas o imputaciones, reducir la gravedad de las imputaciones, evitar molestias, evitar publicidad y carga procesal. «el "plea bargaining", el Tribunal Supremo estadounidense ha expuesto que éste conduce a una rápida y definitiva solución de la mayoría de los procesos penales; evita muchos de los efectos corrosivos debido a la forzosa ociosidad durante la prisión preventiva de aquellos a quienes les ha sido denegada la libertad en espera del juicio; protege a la sociedad de aquellos acusados inclinados a persistir en su conducta criminal incluso durante su libertad provisional; y, abreviando los plazos que discurren entre la acusación y la sentencia, incrementa las perspectivas de rehabilitación del culpable una vez que, pronunciada la condena, éste venga sometido al tratamiento penitenciario». MEZA, *op. cit.*, pp. 84-85.

71 «Particularmente interesante para reflejar la importancia de este último argumento en la progresiva aceptación de soluciones negociadas es la sentencia del Tribunal Supremo estadounidense en el caso Santobello v. New York, dictada ya hace varios años, pero cuya doctrina sigue invocándose con bastante frecuencia aun hoy día. En ella se señala que el *plea bargaining* "representa un componente esencial de la administración de justicia" y añade que "si todas las acusaciones hubieran de ser llevadas al juicio oral, a fin de lograr una completa actividad

Sin que olvidemos lo señalado durante la introducción de la obra, en el sentido de que el contexto de índices elevados y los mecanismos sofisticados de delincuencia, han provocado que las cargas de trabajo se reduzcan con los procedimientos rápidos.

En consecuencia, el procedimiento abreviado contemplado en la fracción VII del apartado A del artículo 20 constitucional, responde y es congruente al sistema de enjuiciamiento penal en que el Estado ya no persigue la verdad histórica de los hechos, sino su esclarecimiento, como expresamente lo contempla la fracción I apartado A del artículo 20 de la Carta Magna. Por ello, la resolución del conflicto a través del «consenso» o la «negociación» entre las partes corresponde con el novel diseño procesal penal mexicano.

El procedimiento abreviado en nuestro ordenamiento procesal penal es la única forma de terminación anticipada que contempla el legislador en el CNPP. Es decir, de manera «normal», un procedimiento penal acusatorio y oral finalizará a través de un procedimiento ordinario o un procedimiento abreviado (desde luego sin olvidar los procedimientos especiales, que, en general, siguen las mismas reglas de trato procesal). Si el procedimiento abreviado es la única forma de terminación anticipada, no comprendemos entonces por qué el legislador lo llamó: «*formas de terminación anticipada*» en el título I del libro segundo del CNPP, al efecto, el artículo 185 del CNPP reconoce: «*El procedimiento abreviado será considerado una forma de terminación anticipada del proceso*».

Conceptualización

Para Jean Perlin el procedimiento abreviado es: «un proceso en donde se salta la etapa de contradicción de las pruebas y, en algunos casos, también su desahogo en el tribunal, lo que se supone redunda en un proceso que termina en un tiempo reducido».[72] Para el mismo autor el procedimiento abreviado «se deriva de la lógica de

---

procesal, los Estados y el propio Gobierno Federal necesitarían aumentar considerablemente el número de jueces y los medios de los tribunales». HORVITZ, *op. cit.*, p. 509.

72 LOZANO, *op. cit.*, p. 16.

beneficios que perciben los sujetos procesales, que a su vez surge del ámbito de maniobra que les otorga la ley a los actores del proceso».[73] García Ramírez señala que el procedimiento abreviado sugiere la posibilidad de «entendimiento o negociaciones entre el Ministerio Público y el inculpado, o suficiencia probatoria inmediata, o iniciativas prácticas del órgano acusador».[74]

Para nosotros el procedimiento abreviado es una forma «normal» de concluir el proceso, pero respondiendo a la brevedad de enjuiciar derivada del artículo 17 constitucional, donde deberá actualizarse el derecho humano de reparación del daño y el reconocimiento de responsabilidad, para provocar la reducción de la pena. Evitando así el juicio y adelantando la sentencia que por excepción podrá dictar el juez de control.

Fundamento

La fracción VII del apartado A del artículo 20 constitucional y los numerales 183, 185, 201 a 207 del CNPP, contemplan el procedimiento abreviado, como una forma de terminación anticipada del proceso.

Procedimiento abreviado y procedimiento sumario

Con la entrada en vigor del sistema penal acusatorio y oral se suscitó un novel debate entre la semejanza o no del *procedimiento abreviado* con el antes llamado *procedimiento sumario.*

Los procesalistas arrastraron la pluma para pronunciarse en una de las dos posiciones. En términos generales —desde nuestra óptica—, son figuras diferentes, pues cada una atiende a un sistema procesal de principios diversos y que, lo único que los asemeja, es la celeridad procesal. Tanto en el procedimiento sumario como en el abreviado, en la tradición mexicana lo que el legislador buscó es que se finalizarán los procesos con rapidez, siempre que se colmen los

---

73 PERLIN, *op. cit.*, p. 447.

74 LOZANO, *op. cit.*, p. 28.

requisitos legales. Lo anterior atendiendo a lo previsto tiempo atrás en el artículo 17 de la Constitución Federal, que mandata expedites en los juicios, y cuya redacción se mantiene.

La inmediates en el dictado de la sentencia es, en consecuencia, el hilo conductor entre el procedimiento sumario y el procedimiento abreviado pues, como se adelantó, cada uno responde a un sistema diferente y tiene características diversas.[75]

El procedimiento sumario lo regulaba la legislación procesal del sistema tradicional o mixto y no eliminaba la vida de la prueba, es decir, se ofrecía, se admitía, se desahogaba y se valoraba en los mismos términos y estándares de una sentencia de procedimiento ordinario, sólo que los plazos para la resolución se acortaban considerablemente. «Podemos advertir que, en los juicios sumarios prácticamente se seguía el mismo trámite de un procedimiento ordinario, pues, contemplaba el desahogo de todas y cada una de las etapas procesales, pero con plazos reducidos como lo señala Perlin».[76]

En el procedimiento abreviado no hay ofrecimiento, admisión ni desahogo de pruebas y su valoración no sigue los requisitos de la sentencia ordinaria, sino se basa en el acuerdo, el consenso o la negociación[77] de las partes que verifica jurídicamente el juez de control a través del test cognoscitivo de los medios de convicción que el ministerio público expone frente a la contradicción del resto de las partes.[78]

---

75 Llama nuestra atención una postura planteada por Pablo Hernández-Romo, al analizar el procedimiento abreviado, sosteniendo que la redacción de la fracción VII del apartado A del artículo 20 de la Constitución Federal, contempla, además del abreviado, el procedimiento «sumarísimo». Aunque en esencia difiero del planteamiento, resulta interesante las posibilidades que arroja una redacción poco cuidadosa por parte del legislador. *Cf,* HERNÁNDEZ-ROMO, Pablo, *El procedimiento abreviado,* Tirant lo blanch, Ciudad de México, 2019.

76 LOZANO, *op. cit.*, p. 18.

77 «Se habla de negociación, en el sentido de que un actor procesal pueda decidir tomar o no una acción que está comprendida dentro de sus facultades, dependiendo de los incentivos que ofrecen los otros actores procesales, o el sistema procesal mismo y así en cadena». PERLIN, *op. cit.*, p. 447.

78 «no puede confundirse, interpretarse o asignarle como sentido que deba realizarse un ejercicio de valoración probatoria por parte del juzgador para tener por demostrada la acusación del Ministerio Público, porque la labor del Juez de

El procedimiento abreviado mexicano responde a las máximas de aceleración, consenso y renuncia a la formalización, garantiza la pena y constituye una facultad exclusiva de petición del fiscal, no un derecho como ocurría en el sumario, donde incluso había posibilidades de una sentencia absolutoria.

Autoridad facultada para autorizar el procedimiento abreviado y su oportunidad

El procedimiento abreviado sólo puede ser autorizado por el juez de control. Dicha afirmación es tajante debido a la redacción del párrafo primero del artículo 202 del CNPP, que señala la *oportunidad* para ser planteado a partir del dictado del auto de vinculación a proceso y hasta antes de la emisión del auto de apertura a juicio, por ello, dicho procedimiento abreviado no puede autorizarlo el ministerio público ni el tribunal de enjuiciamiento, aun y cuando en algunas Entidades Federativas han interpretado lo contrario; al efecto, incluso, se ha emitido la tesis con registro digital 2020109, por los TCC, en la décima época, con número XI.P.27 P (10a.), con rubro y texto:

> **VIOLACIÓN A LAS REGLAS DEL PROCESO PENAL ACUSATORIO. SE ACTUALIZA SI EN LA AUDIENCIA DE JUICIO ORAL SE ORDENA QUE TENGA VERIFICATIVO LA AUDIENCIA RELATIVA A LA ADMISIÓN, TRÁMITE Y SENTENCIA DEL PROCEDIMIENTO ABREVIADO.** Si en la audiencia de juicio oral se ordena que tenga verificativo la audiencia prevista en los artículos 201 y 202 del Código Nacional de Procedimientos Penales, relativa a la admisión, trámite y sentencia del procedimiento abreviado, se actualiza una violación flagrante a las reglas del proceso penal acusatorio y oral, pues la oportunidad para solicitar esta forma de terminación anticipada, inicia a partir de la emisión del auto de vinculación a proceso, hasta antes de que el Juez de control, en la audiencia intermedia, dicte el auto de apertura a juicio oral. Lo anterior, porque el primer párrafo del artículo 202 citado en relación con la oportunidad para solicitar la apertura del procedimiento abreviado, no es una mera formalidad procesal, sino un elemento de celeridad del sistema acusatorio, necesario para lograr los principios de continuidad y concentración del proceso, previstos

---

Control se constriñe a determinar si la acusación contiene lógica argumentativa, a partir de corroborar que existan suficientes medios de convicción que la sustenten». PÉREZ, *op. cit.*, pp. 25-26.

> en el artículo 20 de la Constitución Política de los Estados Unidos Mexicanos. Sin que obste que el Consejo de la Judicatura Federal, mediante resoluciones de índole administrativa, faculte a los Jueces que integran el centro de justicia penal correspondiente para ejercer funciones de Jueces de control y de Tribunal de Enjuiciamiento, lo cual no constituye una autorización para violentar las normas que rigen el procedimiento, pues esto llevaría al extremo de concluir que la determinación de una autoridad administrativa, relativa a las atribuciones de los Jueces, está por encima de la legislación procesal penal nacional, en lo que hace a la naturaleza del procedimiento.

El órgano autorizado para solicitar el procedimiento abreviado es el ministerio público, eso representa que la víctima u ofendido/asesor jurídico e imputado/defensa, no podrán solicitarlo, tampoco el juez puede hacerlo directamente.

Que la facultad de solicitar el procedimiento abreviado corresponda únicamente al fiscal, representa una previsión legal en que el legislador deja en manos de la autoridad investigadora la decisión de plantear o no la finalización rápida de un procedimiento penal a través de un procedimiento abreviado, atendiendo, entre otras cosas, a la política criminal y a las facultades del ministerio público como un acto de disposición de la acción penal, que decide en qué proporción ejercerla[79] y de no ser así, se correría el riesgo de que la reducción de la pena quedara en manos de la defensa, lo que se opone a la fracción IV apartado A del artículo 102 de la Constitución. Lo anterior es acorde con la tesis con registro 2020087, emitida por los TCC, en la décima época, con rubro y texto:

> **PROCEDIMIENTO ABREVIADO. LOS ARTÍCULOS 201, FRACCIÓN I Y 202, PÁRRAFO PRIMERO, DEL CÓDIGO NACIONAL DE PROCEDIMIENTOS PENALES, AL REQUERIR PARA SU APERTURA LA PETICIÓN EXPRESA DEL MINISTERIO PÚBLICO, NO VULNERAN EL**

---

[79] Para GARCÍA RAMÍREZ, las facultades del ministerio público son: perseguir el delito, consejero jurídico del gobierno, representante jurídico de la federación, vigilante de la legalidad, denunciante de irregularidades de los juzgadores, poseedor de voz (aunque no de voto) en la elección de funcionarios judiciales y denunciante de leyes y jurisprudencia contrarias a la Constitución. Por su parte, SILVA SILVA señala que las funciones procesales penales del ministerio público en México son: función instructora o preventiva, función de auxilio a víctimas, función requiriente o accionante, función cuasijurisdiccional y función de elegir al tribunal competente. *Cf*, GONZÁLEZ, *op. cit.*, p. 98.

DERECHO DE ACCESO A LA JUSTICIA. Conforme a los artículos 1o., 20, apartado A, fracción VII y 21 de la Constitución Política de los Estados Unidos Mexicanos, y 201 y 202 del Código Nacional de Procedimientos Penales, así como de la exposición de motivos de este último precepto, se colige que lo que constituye un derecho del inculpado, es que pueda llevarse a cabo el procedimiento abreviado cuando éste no presente oposición, ya que la sola decisión del Ministerio Público es insuficiente, en tanto que es necesario que el imputado manifieste expresamente su aceptación de manera libre e informada; que el Constituyente facultó al legislador ordinario para establecer en la legislación secundaria, los supuestos y modalidades, esto es, los requisitos para esa forma de terminación anticipada; ***que el procedimiento abreviado constituye una medida de política criminal del Estado que se ejerce por el Ministerio Público y que se encuentra regulado conforme a la ley. Acorde con lo anterior, el Poder Legislativo tiene un amplio margen para modelar la política criminal en la República Mexicana y para decidir en ese contexto, qué medidas se adoptarán para conseguir que el sistema de justicia penal acusatorio se oriente a la finalidad buscada, por medio de la imposición de requisitos para acceder a esa terminación anticipada***; máxime que este procedimiento consiste en un convenio entre las partes en relación con los medios de prueba, clasificación jurídica y pena; empero, siempre a instancia del agente del Ministerio Público respectivo. Luego, la circunstancia de que la norma secundaria contenga condicionamientos para acceder al procedimiento abreviado, no significa que sea inconstitucional, pues el hecho de que no permita que el imputado acceda al procedimiento abreviado, si el Ministerio Público no lo solicita, guarda proporcionalidad y es razonable, porque cuando resulte conveniente, por política criminal del Estado y para el sistema penal acusatorio, tras estudiarse detalladamente la carpeta de investigación, las circunstancias particulares del caso y de las posibilidades procesales existentes, el Ministerio Público puede proponer a los imputados optar por esa terminación anticipada, quienes también, analizando los aspectos referidos, podrán aceptar la propuesta, la que autorizará el Juez de control respectivo, siempre que se reúnan los demás requisitos. Lo anterior, en el entendido de que el legislador tiene facultad para generar ciertas limitaciones, siempre y cuando éstas resulten razonables y proporcionales como en la especie. Así que los artículos 201, fracción I y 202, párrafo primero, del código mencionado, en cuanto requieren para la apertura del procedimiento abreviado la petición expresa del Ministerio Público, no vulneran el derecho de acceso a la justicia del inculpado, pues éste se observa desde el momento en que el gobernado tiene acceso a un juicio, en el que podrá exponer las defensas que estime conducentes. Por tanto, es ilegal que mediante el control difuso de constitucionalidad o convencionalidad, ex officio o a petición de parte, se desapliquen los preceptos invocados en la parte destinada a restringir el inicio del procedimiento abreviado, sólo a petición del Ministerio Público.

De la tesis con registro digital 2024968, emitida por los TCC se desprende la posibilidad de que el procedimiento abreviado «inicie» a petición de la defensa de la persona imputada, no obstante, ello de modo alguno constituye la autorización de que alguna de las partes diferente a la del fiscal pueda solicitar el procedimiento abreviado, lo único que sostiene dicho criterio es la congruencia entre el contenido de la fracción X del artículo 117 del CNPP[80] y la motivación que justifica que, si el acusado/defensa inician la petición de procedimiento abreviado y el fiscal, en cumplimiento a las disposiciones legales no se opone y asume su función enunciando la acusación, resulte procedente la autorización del procedimiento abreviado, pero no porque lo haya iniciado la defensa, sino porque el fiscal cumple con su deber legal de solicitarlo. A continuación, se reproduce íntegramente dicho criterio, emitido en la undécima época, con rubro y texto:

> **PROCEDIMIENTO ABREVIADO. SI SE INICIÓ A PETICIÓN DEL DEFENSOR DE LA PERSONA IMPUTADA, ES INNECESARIO REPONERLO ANTE EL INCUMPLIMIENTO DE LO DISPUESTO EN EL ARTÍCULO 201, FRACCIÓN I, PRIMERA PARTE, DEL CÓDIGO NACIONAL DE PROCEDIMIENTOS PENALES, SI EL MINISTERIO PÚBLICO, LA VÍCTIMA Y SU ASESOR JURÍDICO ESTÁN CONFORMES CON LA TRAMITACIÓN DE ESTA FORMA ANTICIPADA DE TERMINACIÓN DEL PROCESO.**
> Hechos: El procedimiento abreviado del cual resultó la sentencia definitiva señalada como acto reclamado en el juicio de amparo, se inició a petición de la defensa del procesado, sin que a dicha solicitud se opusiera argumento por parte de la Fiscalía, la víctima y su asesor jurídico; por el contrario, al ser cuestionados sobre dicha petición, el Ministerio Público manifestó no tener oposición y procedió a enunciar la acusación bajo la modalidad de procedimiento abreviado, en tanto que la víctima señaló estar conforme y darse por pagada de la reparación del daño, lo cual asintió su asesor jurídico.
> Criterio jurídico: Este Tribunal Colegiado de Circuito determina que aun cuando el Ministerio Público no haya solicitado la apertura del procedimiento abreviado, esa inobservancia a la primera parte de la

---

80 LOZANO HERRERA sostiene que hay contradicción entre el artículo 117 y el 201 del CNPP, sin embargo quien escribe no lo comparte, pues en el primer numeral el legislador estableció como obligación de la defensa la de promover a favor del imputado el procedimiento abreviado, lo que implica hacerle del conocimiento al Ministerio Público, como órgano facultado para solicitarlo, dicho interés, que es lo que refiere el segundo de los artículos.

> fracción I del artículo 201 del Código Nacional de Procedimientos Penales, no resulta una violación procesal que dé lugar a que se reponga el procedimiento de esa forma anticipada de terminación del proceso, siempre que no exista oposición del fiscal, de la víctima y su asesor jurídico.
> Justificación: La primera parte del inciso a) de la fracción III del artículo 107 de la Constitución Política de los Estados Unidos Mexicanos establece que en el juicio de amparo directo sólo se estudiará la violación procesal advertida cuando «afecte las defensas del quejoso trascendiendo al resultado del fallo», es decir, al detectarse una violación clara, innegable, que afecte sustancialmente al quejoso en su defensa, por afectar los derechos previstos en el artículo 1o. de la Ley de Amparo, el Tribunal Colegiado de Circuito que conozca del juicio de amparo directo abordará su estudio y determinará lo conducente; de lo cual se colige que no basta la existencia de la violación para otorgar la protección constitucional, sino que previamente a ello, debe examinarse si la misma afectó las defensas del quejoso y determinó el sentido de la sentencia definitiva reclamada. En ese tenor, aun cuando el procedimiento abreviado en que se dictó la sentencia definitiva que constituye el acto reclamado, se inició a petición de la defensa del procesado y, al ser cuestionados sobre dicha petición, el Ministerio Público manifestó no tener oposición, la víctima señaló estar conforme y darse por pagada de la reparación del daño, con lo cual asintió su asesor jurídico, además de que la Fiscalía procedió a enunciar la acusación bajo la modalidad de procedimiento abreviado y proponer las sanciones correspondientes; la infracción a la primera parte de la fracción I del artículo 201 del Código Nacional de Procedimientos Penales no derivó en afectación a las defensas del sentenciado que pueda hacerse valer en el juicio de amparo directo promovido por éste en contra de la sentencia dictada en esa forma anticipada de solución del proceso, pues la petición de la defensa para abrir el procedimiento abreviado constituye la estrategia elegida con la finalidad de tutelar los intereses del inculpado, de acuerdo con el contexto fáctico y normativo del proceso penal de origen, como una forma de obtener condena por debajo de los mínimos previstos en la codificación sustantiva penal, para el delito por el cual se formuló acusación en su contra.

Así, lo previsto en el CNPP que faculta sólo al ministerio público para solicitar el procedimiento abreviado no transgrede el derecho de acceso a la justicia en su vertiente restaurativa, pues de la interpretación que la SCJN lleva a cabo de los artículos 17, párrafo quinto, y 20, apartado A, fracción VII, constitucionales, revela que el procedimiento abreviado tiene una doble función en el sistema penal acusatorio y oral: instrumental y de garantía. Su función instrumental consiste en despresurizar las altas cargas de trabajo de los órganos jurisdiccionales,[81] mientras que su función de garantía obedece a que se erige como un mecanismo de acceso a la justicia restaurativa. Esta circunstancia denota que el procedimiento abreviado no es un derecho en sí mismo, sino una institución procesal diseñada para hacer más eficiente el sistema y materializar la justicia restaurativa, por lo que el derecho que subyace es el de acceso a la justicia en su vertiente restaurativa, el que se verá afectado en la medida en que se impida u obstaculice injustificadamente acudir al mismo. Así, la circunstancia de que en los artículos 201, fracción I, 202, párrafo primero, y 205, párrafo primero, del CNPP, se faculte únicamente al ministerio público para solicitarlo al juez de control, no obstaculiza ni impide el acceso a una justicia restaurativa, pues lo relevante en el procedimiento abreviado no es la función del juez de control —que consiste en verificar que se cumplan las características que le dan validez—, sino el acuerdo al que lleguen las partes respecto a la reparación del daño y la reducción de la pena a imponer —el cual no corresponde modular al juez de control—, por lo que tal solicitud se reduce a una simple notificación de que se alcanzó un acuerdo, de lo que se sigue que resulta irrelevante quién la formule para efectos de ejercer el derecho de acceso a una justicia restaurativa.[82] Lo realmente trascendente es que exista un panorama

---

[81] La despresurización del sistema de justicia penal también lo acepta PÉREZ DAZA. *Cf*, PÉREZ, *op. cit.*, p. 20.

[82] No todas las posturas teóricas coinciden con la posición del legislador y de los tribunales federales. Para MEZA FONSECA que el procedimiento abreviado sólo pueda solicitarlo el ministerio público vulnera derechos público subjetivos, de manera particular el artículo 20 constitucional, siendo inconstitucional el artículo 202 del CNPP: «Ello toda vez, que de una interpretación teleológica de la norma constitucional, se observa, el derecho humano a una defensa adecuada, tutelado en el dispositivo en comento, señala que todo procesado tiene el derecho humano a que se decrete la terminación anticipada del procedimiento, lo que se traduce en la realización de un proceso abreviado; sin embargo, si bien el constituyente permanente determina que tal circunstancia debe atender a los requisitos que señale la norma adjetiva, tal hecho, de ninguna forma impone como premisa constitucional que sea sólo a petición del ministerio público; máxime, que dicha figura procesal atiende a un derecho humano del justiciable que lleva implícito el principio de mínima intervención del Estado, y no puede y no debe estar supeditado a la pretensión punitiva del Estado, por conducto del representante social; es decir, a que el ministerio público lo solicite o no, pues al ser un derecho del justiciable, éste lo ejerce o no, pues queda a

que permita el acercamiento de las partes a fin de que puedan llegar a un acuerdo, el que se encuentra salvaguardado por los artículos 117, fracción X, y 131, fracción XVIII, del CNPP, en tanto establecen que ambas partes, defensa y acusador, deben estar dispuestos a negociar la posibilidad de acudir al procedimiento abreviado. Además, el hecho de que se establezca que corresponde al ministerio público solicitarlo, lejos de obstaculizar el acceso al mismo, lo agiliza, en tanto que permite que en la solicitud respectiva se fijen las bases necesarias para verificar la aceptación informada por parte del implicado respecto a resolver el conflicto de esa manera y sus consecuencias, esto es, la acusación, los datos de prueba que la sustentan, las penas y el monto de la reparación del daño.[83]

No obstante que la solicitud del procedimiento abreviado es facultad exclusiva del Ministerio Público y que el artículo 201, fracción I,

---

su potestad y voluntad, por lo que el monopolio que la ley adjetiva dispone al ministerio público, es constitucionalmente incorrecto, pues la figura procesal en estudio atiende a un derecho humano, por lo que el justiciable debe estar en posibilidades de solicitarlo... En ese contexto, si conforme a la Constitución Federal, el justiciable tiene el derecho humano a un proceso abreviado, al referirse, "de acuerdo a las modalidades que determine la ley", no puede tener otra interpretación que atender al principio de progresividad, que rige en materia de derechos humanos, como los que se ha mencionado, y luego, por política criminal, economía procesal y atendiendo a los intereses del ofendido el ministerio público, también podrá solicitar el procedimiento abreviado. Dar una interpretación contraria es atender a una interpretación contraria *(sic)* e incompatible de manera insalvable entre la norma ordinaria y la Constitución, por lo que atendiendo a un argumento de autor y teleológico es que consideró *(sic)* que el precepto en estudio es inconstitucional... De la interpretación anterior, se deduce, el artículo 202 referido es inconstitucional, porque para aplicar el beneficio de reducción de pena atiende a factores como el que no haya sido condenado por delito doloso, lo cual incide en un derecho de autor, totalmente proscrito en el derecho positivo vigente y no a un derecho de acto, esto es, se sanciona por quién es y no por lo que hizo». MEZA, *op. cit.*, pp. 101, 102-103 y 113.

83 *Cf.* jurisprudencia con registro digital: 2024606, emitida por la primera sala de la SCJN, en la undécima época, con número 1a./J. 45/2022 (11a.), con rubro: «PROCEDIMIENTO ABREVIADO. LOS ARTÍCULOS 201, FRACCIÓN I, 202, PÁRRAFO PRIMERO, Y 205, PÁRRAFO PRIMERO, DEL CÓDIGO NACIONAL DE PROCEDIMIENTOS PENALES QUE ESTABLECEN QUE SÓLO EL MINISTERIO PÚBLICO PUEDE SOLICITARLO, NO TRANSGREDEN EL DERECHO DE ACCESO A LA JUSTICIA EN SU VERTIENTE RESTAURATIVA».

del CNPP señala como requisito de procedencia que, previo a autorizarlo, el juez de control verificará en audiencia que el representante social lo hubiese solicitado, también lo es que, atento a lo resuelto por los TCC, esa potestad ministerial no debe ser arbitraria, pues la apertura de esa forma de terminación anticipada del proceso está sujeta a la autorización y supervisión del órgano jurisdiccional. Por tanto, la solicitud relativa deberá estar fundada y motivada o, en su caso, deberán expresarse las razones por las cuales se considera que es improcedente ejercer dicha facultad, lo que deberá calificar el juzgador al resolver sobre su apertura; por lo que la negativa para abrir ese procedimiento sí causa afectación real y actual, pues se impediría la posibilidad de obtener una sanción más leve y en menor tiempo al en que se desahoga el procedimiento ordinario; máxime que su finalidad es no llegar a la etapa de juicio y con un escenario distinto, dado que no existirá contradicción probatoria, tampoco estarán a debate la acreditación del delito ni la responsabilidad, ya que el imputado acepta ser juzgado con los medios de convicción que sustentan la acusación, resultado del convenio asumido por las partes.

> El procedimiento abreviado representa un «ganar, ganar», es decir, si consideramos que para terminar anticipadamente el proceso debe garantizarse la reparación del daño, que el imputado obtendrá una pena disminuida, que el proceso será más rápido, resulta evidente que en un proceso de esta naturaleza, todos los sujetos procesales tienen beneficios, inclusive el mismo proceso, la autoridad jurisdiccional (disminución de juicio) y necesariamente la sociedad.[84]

Los TCC se centran en destacar que la petición de procedimiento abreviado no es arbitraria, debe acompañarse del cumplimiento de todos y cada uno de los requisitos contemplados en el CNPP (y que en el presente epígrafe se explican) para que el juez de control lo autorice, es decir, la facultad del fiscal es de solicitarlo, pero del órgano jurisdiccional es la de autorizarlo, lo que constituye un verdadero control legal que garantiza los derechos de las partes en el procedimiento abreviado.[85]

---

[84] LOZANO, *op. cit.*, p. 39.

[85] *Cf*, tesis con registro digital: 2024326, emitida por los TCC, en la undécima época, con número I.7o.P.2 P (11a.), con rubro: «PROCEDIMIENTO ABREVIADO. LA FACULTAD EXCLUSIVA DEL MINISTERIO PÚBLICO PARA

Del criterio citado, además, hay una nota que debemos destacar: que el ministerio público deberá expresar las razones por las cuales se considera que es improcedente ejercer dicha facultad. Al respecto, consideramos que efectivamente, aún y cuando la solicitud de procedimiento abreviado sea facultad exclusiva del fiscal, hay un derecho humano que se deberá respetar al imputado y es el de petición. En términos del artículo 8 de la Constitución Federal, si bien al ministerio público el imputado/defensa y el juez de control no lo pueden obligar a solicitar el procedimiento abreviado, también lo es que ello no impide que ante el interés del imputado/defensa de dicho procedimiento, ejerciendo su derecho de petición se lo requiera al fiscal y este se encuentra obligado a responder (independientemente del sentido en que lo haga).

Requisitos

En atención a lo contemplado por el artículo 201 del CNPP, los requisitos que deberá cumplir el ministerio público para el procedimiento abreviado son: *a)* Que sea él quien solicita el procedimiento abreviado; en esa solicitud, entre otras cuestiones, deberá señalarse el monto de la reparación del daño; *b)* La víctima u ofendido del delito puede presentar oposición, pero sólo será vinculante al juez cuando aquélla sea fundada; y, *c)* El imputado deberá reconocer estar informado de los alcances del procedimiento abreviado y que renuncia al juicio oral, pues deberá admitir su responsabilidad por el delito atribuido y aceptar ser sentenciado con los medios de convicción obtenidos por el ministerio público, como se desprende en lo conducente, de la tesis con registro digital 2023665, emitida por la primera sala de la SCJN, en la undécima época, con número 1a. I/2021 (11a.), rubro y texto:

> **PROCEDIMIENTO ABREVIADO. EL ARTÍCULO 204 DEL CÓDIGO NACIONAL DE PROCEDIMIENTOS PENALES, QUE ESTABLECE LA PROCEDENCIA DE LA OPOSICIÓN DE LA VÍCTIMA U OFENDIDO**

SOLICITARLO NO DEBE SER ARBITRARIA, PUES LA APERTURA DE ESA FORMA DE TERMINACIÓN ANTICIPADA DEL PROCESO ESTÁ SUJETA A LA AUTORIZACIÓN Y SUPERVISIÓN DEL JUEZ DE CONTROL».

DEL DELITO PARA QUE SE LLEVE A CABO, NO VIOLA LOS PRINCIPIOS DE SEGURIDAD Y CERTEZA JURÍDICA.
Hechos: Una persona fue sentenciada en procedimiento abreviado por el delito de lesiones agravadas, se le impuso pena de prisión y se le condenó al pago de la reparación del daño, lo que vía apelación se confirmó, en contra de esa resolución, la víctima del delito promovió juicio de amparo directo en el que planteó como concepto de violación, entre otros, la inconstitucionalidad del artículo 204 del Código Nacional de Procedimientos Penales, al considerarlo violatorio de los principios de seguridad y certeza jurídica, al establecer que la víctima u ofendido del delito puede oponerse a la procedencia del procedimiento abreviado, cuando se acredite que no se encuentra debidamente garantizada la reparación del daño.
Criterio jurídico: La Primera Sala de la Suprema Corte de Justicia de la Nación considera que el artículo 204 del Código Nacional de Procedimientos Penales debe ser leído en conjunto con los artículos 201, fracción II, 202, 205 y 206 del mismo ordenamiento, los cuales a la luz del artículo 20, apartado C, fracción VII, de la Constitución Política de los Estados Unidos Mexicanos permiten dar certeza a la víctima u ofendido de delito de la ineludible obligación constitucional y legal del Juez de escuchar y dar respuesta expresa en audiencia a su oposición con relación a la desproporcionalidad del monto o pago de la reparación del daño, determinado por el Ministerio Público en la solicitud de apertura del procedimiento abreviado, así como todo lo relacionado con la debida garantía, mediante el mejor medio posible establecido por la ley, que permita asegurar la entrega real del pago, en el menor tiempo posible.
Justificación: Ello es así, pues de una interpretación conjunta de los artículos mencionados se advierte lo siguiente: A) El Juez de Control es quien autoriza el procedimiento abreviado y en audiencia deberá verificar los diversos requisitos que marca el artículo 201 mencionado; B) El Ministerio Público es quien solicita el procedimiento abreviado; en esa solicitud, entre otras cuestiones, debe señalarse el monto de la reparación del daño; C) La víctima u ofendido del delito puede presentar oposición, pero sólo será vinculante al Juez cuando aquélla sea fundada; y, D) El imputado debe reconocer estar informado de los alcances del procedimiento abreviado y que renuncia al juicio oral, pues deberá admitir su responsabilidad por el delito atribuido y aceptar ser sentenciado con los medios de convicción obtenidos por el Ministerio Público. Luego, a la audiencia del procedimiento abreviado deben ser citadas todas las partes, incluida la víctima u ofendido del delito, así, expuesta la acusación por parte del Ministerio Público, el Juez de Control deberá resolver la oposición que hubiere presentado la víctima u ofendido para llevar a cabo el procedimiento abreviado (artículo 205), cuya oposición se traduce en que esa parte procesal manifieste ante el Juez de Control que no se encuentra garantizada la reparación del daño, lo que significa que el monto de la reparación

> establecido por el Ministerio Público en la acusación o solicitud de apertura de procedimiento abreviado no es suficiente o proporcional al daño ocasionado, pues no comprende la reparación material, moral, física y psicológica, todo lo que conlleva una reparación integral para la víctima u ofendido, y además, que ese monto debe estar debidamente garantizado, esto es, que debe asegurarse su pago mediante alguna de las formas que establece el código respectivo, como por ejemplo: a través de fianza, hipoteca, prenda o cualquier otra que a criterio del Juez de Control cumpla suficientemente con esa finalidad. Así, de conformidad con el artículo 20, apartado C, fracción VII, de la Constitución General, en relación con el artículo 109, fracciones XXIV y XXV, del Código Nacional de Procedimientos Penales, la víctima u ofendido del delito puede directamente pedir al Juez que se le repare el daño, lo que significa que la propia víctima puede proponer un monto determinado para ello, así como la forma mediante la cual se le garantice que lo va a recibir. Ahora bien, para resolver la oposición de la víctima u ofendido, el Juez de Control deberá considerar los elementos de prueba que logren demostrar que el monto de la reparación del daño ocasionado es o no proporcional y justo, que cubre o no los requerimientos legales para la obtención de una reparación integral y que, además, está garantizado ese monto para que en el menor tiempo posible lo reciba la víctima u ofendido.

Como se advierte, a diferencia del derecho comparado, en el CNPP no se contempló requisito alguno relacionado con la naturaleza de la penalidad con la que se sanciona el delito, por lo que siempre que lo solicite el ministerio público, procederá en todos los delitos (salvo previsión expresa en contrario).[86]

Acusación en el procedimiento abreviado

Durante la solicitud del procedimiento abreviado el fiscal deberá formular acusación y exponer los datos de prueba que la sustentan, como lo prevé la fracción I del artículo 201 del CNPP. Si el procedimiento abreviado procede después del dictado del auto de vinculación a proceso hasta antes de la emisión del auto de apertura a juicio, existen dos escenarios relacionados con la acusación. La acusación

---

[86] En Argentina, por ejemplo, procede en aquellos delitos que contemplen una pena privativa de libertad inferior a seis años.

«constituye el proyecto formulado por el fiscal para castigar»[87] y es el acto a través del cual da inicio la etapa intermedia (y la fase escrita de la misma). En consecuencia, la regla es que finalizada la investigación el fiscal presente la acusación, no obstante, con lo señalado supra, el procedimiento abreviado es una excepción, pues antes de iniciar la etapa intermedia se puede acusar para darle rapidez a la finalización del procedimiento, que es precisamente uno de los requisitos del citado procedimiento abreviado.

Pareciera redundante que el legislador estableciera en la fracción I del artículo 201 que el ministerio público formule acusación y exponga los datos de prueba, pues del contenido del artículo 335 del CNPP se desprende, entre otros requisitos, el señalamiento de los medios de prueba. No obstante, consideremos que cuando la fracción I del arábigo 201 del Código Nacional Instrumental alude a la acusación, no se refiere al escrito contemplado en el diverso 335, más bien, es el acto para que el ministerio público concretice la acción penal, por lo que es adecuado que además de la acusación se expongan los datos de prueba que la sustenten.

Entonces, si durante el procedimiento abreviado la acusación no es el acto formal que por escrito el fiscal presenta para aperturar la etapa intermedia ¿qué es?: el legislador nos lo responde en la segunda parte de la fracción I del artículo 201 del CNPP: «*La acusación deberá contener la enunciación de los hechos que se atribuyen al acusado, su clasificación jurídica y grado de intervención, así como las penas y el monto de la reparación del daño*». Así, durante la exposición de la acusación en el procedimiento abreviado, el fiscal señalará los aspectos fácticos, jurídicos y probatorios, que, desde su óptica, justifican la imposición de la pena y la condena al pago de la reparación del daño.

La acusación del ministerio público se encuentra enmarcada en dos principales actos procedimentales: el *auto de vinculación a proceso* y el *escrito de acusación*, es decir, el fiscal no formula acusación de forma arbitraria, sino atendiendo a los hechos, el derecho y la prueba contenidos en el auto de vinculación a proceso o en el escrito de acusación, según corresponda, solicita el procedimiento contenien-

---

87 GONZÁLEZ, *op. cit.*, p. 477.

do los hechos que atribuye al acusado (que en ambos casos serán los mismos), la clasificación jurídica y el grado de intervención (que pueden variar resultado de la investigación complementaria, como puede ocurrir con los datos de prueba). Con ello, se da certeza y seguridad jurídica al imputado, pues existen límites a la acusación. En el entendido de que si, como lo prevé la segunda parte del párrafo cuarto del artículo 202 del CNPP, al momento de la solicitud de procedimiento abreviado ya existe acusación por escrito, el ministerio público podrá modificarla oralmente durante la audiencia en que se resuelva sobre el procedimiento abreviado y en su caso solicitar la reducción de las penas y sustraer los requisitos de la acusación en el abreviado señalados en la fracción I del numeral 201 del CNPP.

Los datos de prueba son la referencia al contenido de determinados medios de convicción aún no desahogados ante el órgano jurisdiccional, que, en el caso del procedimiento abreviado, se advierten idóneos y pertinentes para corroborar la acusación. El fiscal formula acusación señalando en qué consisten los hechos, precisando las circunstancias de tiempo, modo y lugar, por ejemplo:

Señoría, los hechos consisten en que el día 18 de octubre del 2023, siendo las 11:25 horas, en la calle Madero esquina Venustiano Carranza de la colonia Centro alcaldía Benito Juárez, el acusado amagó con un arma de fuego a la víctima, le refirió «dame tus cosas, sino te mato» y se apoderó de su teléfono celular Samsung y de la cantidad de $200.00 pesos.

Después, la clasificación jurídica,[88] es decir: el tipo penal que se atribuye, el grado de ejecución del hecho, la forma de intervención y la naturaleza dolosa o culposa de la conducta. Siguiendo con el ejemplo, en los términos siguientes:

Por su parte, el tipo penal que se atribuye al acusado es del delito de ROBO AGRAVADO consumado previsto en el artículo 220 (hipótesis de al que con ánimo de dominio y sin consentimiento de quien debiera otorgarlo, se apodere de una cosa mueble ajena), en relación a los artículos 224 apartado A) fracción VIII (hipótesis de transeúnte) y IX (hipótesis de respecto de teléfonos celulares), 225 fracción I (hipótesis de violencia moral), 18 párrafos primero

[88] Como referencia para comprender la clasificación jurídica se toma en consideración el párrafo segundo del artículo 141 del CNPP.

(hipótesis de delito doloso) y párrafo segundo (hipótesis de conocer y querer), 22 fracción I (hipótesis de lo realicen por sí), todos del CPCDMX.

Además, el ministerio público deberá precisar las penas y el monto de la reparación del daño. Por cuanto hace a las penas, al tratarse el procedimiento abreviado de un ejemplo de justicia premial, deberán respetarse los parámetros contenidos en los párrafos tercero y cuarto del artículo 202 del CNPP, es decir:

- Cuando el acusado no haya sido condenado previamente por delito doloso y el delito por el cual se lleva a cabo el procedimiento abreviado se sanciona con pena privativa de prisión cuya media aritmética no exceda de cinco años, incluidas sus calificativas atenuantes o agravantes, se *podrá* solicitar la reducción de *hasta* una mitad de la pena mínima en los casos de delitos dolosos y hasta dos terceras partes de la pena mínima en el caso de delitos culposos.
- En casos diversos a los señalados, se *podrá* solicitar la reducción de la pena de prisión de hasta un tercio de la mínima en los casos de delitos dolosos y *hasta* en una mitad de la mínima en los casos de delitos culposos.[89]

---

[89] Al tratarse el procedimiento abreviado de un reflejo de la justicia premial, se ha debatido por un sector dogmático y de operadores judiciales, que en dicho procedimiento es obligatoria la reducción de la pena, sin embargo, hay otra postura (derivada de las mismas fuentes) que sostienen que cuando el legislador señala «podrá» implica que se puede ofrecer el procedimiento abreviado sin reducir la pena, por ejemplo, ofertando el mínimo en un caso que ameritaría en el juicio ordinario la imposición de la media u ofrecer la media en los casos que amerita la pena máxima de prisión. En contrario se señala: «Si el citado numeral precisa que la solicitud de la pena en todos los casos debe ser menor a la mínima, no tendría sentido que ofreciera una sanción arriba de esos parámetros, pues, justamente esa es la naturaleza del procedimiento abreviado, que el imputado acepta su responsabilidad en la comisión del hecho que se le atribuye, para no ir a juicio, evitar todo el desfile probatorio y a cambio el proceso se vuelve más ágil, la víctima obtiene o garantiza la reparación del daño y el acusado consigue una pena menor a la mínima, pues, como se ha observado, la disminución de la pena, es un derecho del acusado que ha aceptado el trámite del procedimiento abreviado, de lo contrario se desvirtuaría la figura de este procedimiento, pues, como se ha dicho, el beneficio de este proceso debe ser para todos. Por tanto, estimo que si el Agente del Ministerio Público en la tramitación de esta forma anticipada de terminación del proceso ofrece una

La redacción de los párrafos tercero y cuarto del artículo 202 del CNPP, los TCC se han pronunciado sosteniendo que la palabra «hasta» es una preposición que significa «terminación de», por lo que el arbitrio judicial puede moverse desde un día hasta un tercio de la sanción que corresponde al delito, como se desprende en la tesis con registro digital 197074, emitida por dicha instancia en la novena época, con rubro y texto:

> **PENA, REDUCCIÓN DE LA. FACULTAD POTESTATIVA DEL JUZGADOR PARA REDUCIRLA DEL MÍNIMO HASTA UN TERCIO (LEGISLACIÓN DEL ESTADO DE DURANGO).** Si bien es cierto que es facultad potestativa del juzgador aplicar o no el beneficio de la reducción de la pena, establecido en el párrafo segundo del artículo 67 del Código Penal vigente para el Estado de Durango, también lo es que del texto del precepto en comento, se desprende que dicha reducción varía del mínimo hasta un tercio de la pena de prisión, pues la palabra "hasta", es una preposición que significa "terminación de", por lo que el arbitrio judicial puede moverse desde un día hasta un tercio de la sanción que corresponda al delito.

Expresamente el legislador alude a la reducción de la pena de prisión, sin hacer referencia a la multa, sin embargo, la SCJN, luego de que los TCC sostuvieron criterios distintos, determinó que el fiscal está facultado para solicitar la reducción tanto de la prisión como

---

sanción ubicada en la mínima o incluso superior a la mínima, a pesar de que el acusado acepte esa propuesta, el Juez de control debe ajustar la pena e imponer la misma, reduciéndola hasta los términos que establece el artículo 202 del Código Nacional de Procedimientos Penales, pues, tal y como se desprende de los citados criterios jurisprudenciales, el Juez conserva su facultad de imponer la pena, además de que en las audiencias preliminares el órgano jurisdiccional es un Juez de control o de garantías, donde debe vigilar que se garantice a las partes del debido proceso, y en el caso particular, de igual manera debe vigilar las reglas procedimentales del abreviado. Lo que acontece es que se establecen límites para imponer la sanción y el juez de control, con base a la facultad que le otorga el artículo 21 Constitucional al imponer las penas, debe ajustarse a ellos. Me parece incluso que el defensor que asesora al imputado con aceptar una pena mayor a la establecida dentro de los límites del artículo 202 CNPP no estará realizado una adecuada defensa, pues, está permitiendo que se vulneren los derechos de su cliente (reducción de la pena mínima), ya que teniendo la posibilidad de que se le aplique una sanción menor, le asesora para que acepte una pena mayor a la establecida en el CNPP, pudiendo incluso incurrir en responsabilidad, pues está claro que tal asesoría no podría encuadrar dentro de la adecuada defensa». LOZANO, *op. cit.*, pp. 118-119.

de la multa previstas para sancionar el delito materia de acusación, utilizando como argumento que la segunda parte del párrafo del artículo 202 del CNPP establece: «*...y en su caso solicitar la reducción de las penas...*» y siempre que la acusación se haya formulado por escrito, pues sería un contrasentido que el imputado se beneficie hasta que el proceso hubiese avanzado. Además, de esta manera se contribuye a que las partes puedan alcanzar algún acuerdo que cumpla con el objetivo de abreviar la duración de la controversia penal, en el entendido que optar por esta vía de terminación anticipada del proceso no implica un derecho del acusado a que indefectiblemente se le reduzcan ambas penas, sino que ello dependerá de las circunstancias de cada caso y del acuerdo alcanzado con el fiscal, dentro del margen de la legislación aplicable, como se desprende de la jurisprudencia con registro digital: 2022003, emitida por la primera sala de la SCJN, en la tesis número 1a./J. 17/2020 (10a.), con rubro y texto:

> **REDUCCIÓN DE PENAS EN EL PROCEDIMIENTO ABREVIADO. EL ARTÍCULO 202 DEL CÓDIGO NACIONAL DE PROCEDIMIENTOS PENALES, FACULTA AL FISCAL PARA SOLICITAR LA REDUCCIÓN TANTO DE LA PRISIÓN COMO DE LA MULTA.** Los tribunales colegiados sostuvieron criterios distintos consistentes en determinar si la facultad del Ministerio Público para solicitar la reducción de la pena en el procedimiento abreviado se refiere exclusivamente a la prisión o también incluye a la multa. Sobre tal cuestión, la Primera Sala de la Suprema Corte de Justicia de la Nación consideró que el Fiscal está facultado para solicitar la reducción tanto de la prisión como de la multa previstas para sancionar el delito materia de acusación, en los términos del acuerdo alcanzado con el imputado. Ello, aun cuando los párrafos tercero y cuarto del referido precepto legal se refieren exclusivamente a la reducción de la pena de prisión, pues la segunda parte del párrafo cuarto indicado, señala que si al momento en que se solicita la apertura del procedimiento abreviado, ya existe acusación formulada por escrito, el Fiscal podrá solicitar la reducción de "las penas", de lo que se advierte que pueden reducirse tanto la prisión como la multa previstas para el delito materia de la acusación. Sin que lo anterior signifique que la reducción, de ambas sanciones, sólo proceda hasta la etapa intermedia cuando la acusación se habrá formulado por escrito, pues sería un contrasentido que el imputado se beneficie hasta que el proceso hubiese avanzado. Además, de esta manera se contribuye a que las partes puedan alcanzar algún acuerdo que cumpla con el objetivo de abreviar la duración de la controversia penal, en el entendido que optar por esta vía de terminación anticipada del proceso, no implica un derecho del acusado a que indefectiblemente se le reduzcan ambas penas, sino que ello dependerá de las circuns-

tancias de cada caso y del acuerdo alcanzado con el Fiscal, dentro del margen de la legislación aplicable.

No se da el tratamiento reductivo anterior a la sanción pecuniaria relativa a la reparación del daño, por ser ésta un derecho de la víctima u ofendido del delito que resulta de una interpretación conforme al principio *pro persona*, como se desprende de la tesis con registro digital: 2016683, emitida en la décima época por los TCC, con número XIII.P.A.29 P (10a.), rubro y texto:

> **PROCEDIMIENTO ABREVIADO. LA FACULTAD DEL MINISTERIO PÚBLICO DE SOLICITAR LA REDUCCIÓN DE LA PENA EN ESTA FORMA DE TERMINACIÓN ANTICIPADA DEL PROCESO PENAL ACUSATORIO, PREVISTA EN EL ARTÍCULO 202, PÁRRAFO CUARTO, DEL CÓDIGO NACIONAL DE PROCEDIMIENTOS PENALES, INCLUYE LA MULTA, PERO NO LA SANCIÓN PECUNIARIA RELATIVA A LA REPARACIÓN DEL DAÑO.** El artículo mencionado otorga al Ministerio Público la facultad de solicitar la reducción de la pena de prisión hasta un tercio de la mínima en los casos de delitos dolosos y hasta en una mitad de la mínima en los culposos; en el mismo precepto se señala también la facultad de la representación social de solicitar la reducción de "las penas". Ahora bien, una interpretación conforme al principio pro persona, en la que se tome en cuenta que la Constitución Política de los Estados Unidos Mexicanos dispone la terminación anticipada y la reducción de la pena como un beneficio del imputado que reconoce su participación en el delito, nos lleva a apreciar de manera amplia el precepto señalado; por lo que la reducción a que se refiere la porción normativa del artículo 202, párrafo cuarto, indicado, incluye la multa prevista en la norma penal, pero no la sanción pecuniaria relativa a la reparación del daño, por ser ésta un derecho de la víctima u ofendido del delito.

En el mismo sentido se emitió la tesis con registro digital 2014730, emitida por los TCC, en la décima época, con número XVII.1o.P.A.47 P (10a.), con rubro y texto:

> **PROCEDIMIENTO ABREVIADO. LA FACULTAD DEL MINISTERIO PÚBLICO DE SOLICITAR LA REDUCCIÓN DE LAS PENAS CON MOTIVO DE SU APERTURA, PREVISTA EN EL ARTÍCULO 202 DEL CÓDIGO NACIONAL DE PROCEDIMIENTOS PENALES, INCLUYE LA MULTA, PERO NO LA SANCIÓN PECUNIARIA RELATIVA A LA REPARACIÓN DEL DAÑO.** De conformidad con el artículo mencionado, se confirió a la institución ministerial la facultad de solicitar la reducción del margen mínimo de las penas de prisión y multa correspondientes a los delitos por los cuales se acusa, como forma de beneficiar

> al acusado que reconoce voluntariamente y con conocimiento de las consecuencias, su participación en los delitos; de ahí que tratándose del procedimiento abreviado, los márgenes de punibilidad establecidos por el legislador en la norma se ven reducidos, como una de las características principales de esa forma de terminación anticipada del procedimiento penal. Lo anterior, no obstante que el propio numeral, en su párrafo cuarto, no haga referencia expresa a la multa, ya que si bien menciona que el Ministerio Público podrá solicitar la reducción de la pena de prisión, lo cierto es que también alude a ellas de forma plural, al prever que esa institución podrá pedir la reducción de las penas. Esa interpretación que se efectúa del precepto mencionado, es acorde con el análisis conjunto y sistemático de su propio contenido, pero además, con la naturaleza que la Constitución Federal imprime a esa reducción, de manera que si aquélla la estatuye como un beneficio a favor del imputado que acepta su responsabilidad penal en la comisión del delito o los delitos que se le reprochan, no cabe apreciarlo de manera restrictiva, sino por el contrario, con la interpretación más favorable a la persona al orden constitucional —principio pro persona—, esto es, en la medida en que en mayor grado le favorezca, en acatamiento al artículo 1o. constitucional. Sin embargo, esa reducción no comprende la sanción pecuniaria relativa a la reparación del daño, establecida en el artículo 29 del Código Penal Federal, en favor de la víctima, ya que conforme al derecho material y con arreglo a la ley adjetiva penal que lo tutela, el resarcimiento del daño, entendido como pena pública, contiene dos aspectos: la pena privativa de la libertad y la accesoria de multa, que son consecuencias ineludibles del hecho de que se acredite la pretensión punitiva del proceso, de modo que el beneficio de esa reducción versa sobre ese resarcimiento público, no sobre la reparación del daño previsto en favor del ofendido cuando éste también lo resiente con motivo de la comisión del ilícito.

El ministerio público al solicitar la pena en los términos antes señalados, deberá observar el Acuerdo que al efecto emita la fiscalía correspondiente, a través de su titular.[90]

---

90 Dicho acuerdo no es vinculante para el juez de control, como se ha resuelto por los TCC, en la tesis con registro digital: 2020132, emitida en la décima época, con número XXIII.17 P (10a.) y rubro: PROCEDIMIENTO ABREVIADO. LOS ACUERDOS QUE EMITE EL FISCAL GENERAL DE LA REPÚBLICA, EN TÉRMINOS DEL ÚLTIMO PÁRRAFO DEL ARTÍCULO 202 DEL CÓDIGO NACIONAL DE PROCEDIMIENTOS PENALES, SON VINCULANTES PARA EL MINISTERIO PÚBLICO AL SOLICITAR LAS PENAS DENTRO DE ESA FORMA DE TERMINACIÓN ANTICIPADA DEL PROCESO PENAL ACUSATORIO, NO PARA LOS JUECES DE CONTROL, AL IMPONERLAS.

Aun y cuando el procedimiento abreviado es premial, y busca despresurizar el sistema de justicia y dar respuesta rápida a la sociedad, a la víctima u ofendido y al imputado, no es a toda costa, deberá siempre enmarcarse en la legalidad y respeto a los derechos humanos, principalmente de la víctima u ofendido. Lo anterior es lo que hace congruente al procedimiento abreviado con el diseño constitucional, instrumental y legal, pues los derechos humanos de la víctima u ofendido se respetan al considerar la reparación del daño como un requisito para la procedencia del procedimiento abreviado y de no ocurrir, bajo un plano de igualdad permite a la víctima u ofendido oponerse y de ser fundada, evita la terminación anticipada.

Oposición de la víctima u ofendido

El juez de control verificará en audiencia que luego del planteamiento acusatorio del ministerio público que la víctima u ofendido no presente oposición. El tema de la oposición de la víctima u ofendido ha sido un tema debatido y sometido a diversas interpretaciones que no han generado consenso ni en la práctica ni en la teoría. La evidente coincidencia es que la oposición de la víctima u ofendido ocurre en temas de reparación del daño, para así, garantizar el derecho humano de ésta, contemplado en el artículo 20 Constitucional, apartado B, fracción IV y como expresamente lo señala el numeral 204 del CNPP: «*La oposición de la víctima u ofendido sólo será procedente cuando se acredite ante el juez de control que no se encuentra debidamente garantizada la reparación del daño*». Entonces, las divergencias radican en sí la víctima u ofendido puede oponerse para la autorización del procedimiento abreviado en aspectos diferentes al de la reparación del daño. Existen posturas que sostienen que sí, no obstante, también hay retractores.

Para nosotros la oposición de la víctima u ofendido esencialmente se relaciona con la reparación del daño, pero señalarlo así, provocaría algunas implicaciones que vulneran sus derechos. Por ejemplo, cuando el fiscal exponga su acusación omitiendo alguna agravante u omitiendo alguna parte de los hechos derivados del auto de vinculación a proceso o del escrito de acusación o, más relevante, cuando haya finalizado la investigación y la víctima u ofendido se haya constituido como coadyuvante, en ese caso, si el planteamiento de procedimiento abreviado del fiscal discrepa de la clasificación jurídica del coadyuvante y el juez de control advierte que la razón es de la víctima u ofendido, no debería autorizarse el procedimiento para garantizar a la víctima u ofendido el acceso a la justicia a través del juicio o, en su caso, el fiscal deberá presentar nueva solicitud subsanando los defectos advertidos.

> El querellante puede oponerse a la tramitación del caso conforme a las reglas del procedimiento abreviado *sólo* cuando en su acusación particular hubiere efectuado una clasificación jurídica de los hechos, atribuido una forma de participación o señalado circunstancias modificatorias de la responsabilidad criminal diferentes de las consignadas por el fiscal en su acusación y como consecuencia de ello la pena exceda el límite señalado en el artículo 406.[91]

La fracción II del artículo 201 y el diverso 204 del CNPP aluden a la oposición «fundada» o «procedente». Lo que implica que no toda oposición de la víctima u ofendido vincula al órgano jurisdiccional para rechazar la solicitud de procedimiento abreviado. Para rechazarlo es necesario que la oposición de la víctima u ofendido se encuentre fundada y resulte procedente, es decir, que goce de méritos. Una oposición se encontrará fundada y será procedente cuando existan méritos suficientes para establecer que la autorización del procedimiento abreviado incumple con uno de sus objetivos: respetar el derecho humano de la reparación del daño de la víctima u ofendido, debido a que dicha reparación no se encuentra garantizada. En los demás casos, su oposición no será vinculante y el juez de control podrá autoriza el procedimiento abreviado, independientemente de que la víctima u ofendido recurran dicha resolución.

Que la reparación del daño se encuentre garantizada implica que bajo alguno de los mecanismos previstos en la ley el Ministerio Público justifica y el juez de control se cerciora de la seguridad de que la víctima recibirá el pago de la reparación del daño.

Uno de los principales problemas entonces que empíricamente ocurren es poder establecer la cuantificación de la reparación del daño durante el desarrollo de la investigación. Desde nuestra óptica,

---

[91] HORVITZ, *op. cit.*, p. 525.

la única forma en que podrá autorizarse un procedimiento abreviado, sin oposición de la víctima u ofendido respecto de la reparación del daño, durante la fase de investigación complementaria, ocurre cuando existe un acuerdo pleno para ello, es decir, cuando la víctima u ofendido está totalmente conforme con la propuesta de reparación del daño, ya sea con su pago, su garantía o con ambas. De otro modo, deberán esperar a que se presente la acusación y la complementación o coadyuvancia, para que el juez de control cuente con datos objetivos para cuantificar las características de la reparación del daño y su monto, pues en cualquier caso, la reparación del daño se cuantifica a través de considerar los elementos de prueba que logren demostrar que el monto de la reparación del daño ocasionado es o no proporcional y justo y que cubre o no los requerimientos legales para la obtención de una reparación integral del daño.

La garantía de la reparación del daño se traduce en alguna de las formas que establece el código respectivo, por ejemplo: a través de fianza, hipoteca, prenda o cualquier otra que a criterio del juez de control cumpla suficientemente con esa finalidad.

Lo señalado hasta aquí, es acorde con la tesis con registro 2023665, emitida en la undécima época por la primera sala de la SCJN, con rubro y texto:

> **PROCEDIMIENTO ABREVIADO. EL ARTÍCULO 204 DEL CÓDIGO NACIONAL DE PROCEDIMIENTOS PENALES, QUE ESTABLECE LA PROCEDENCIA DE LA OPOSICIÓN DE LA VÍCTIMA U OFENDIDO DEL DELITO PARA QUE SE LLEVE A CABO, NO VIOLA LOS PRINCIPIOS DE SEGURIDAD Y CERTEZA JURÍDICA.**
> Hechos: Una persona fue sentenciada en procedimiento abreviado por el delito de lesiones agravadas, se le impuso pena de prisión y se le condenó al pago de la reparación del daño, lo que vía apelación se confirmó, en contra de esa resolución, la víctima del delito promovió juicio de amparo directo en el que planteó como concepto de violación, entre otros, la inconstitucionalidad del artículo 204 del Código Nacional de Procedimientos Penales, al considerarlo violatorio de los principios de seguridad y certeza jurídica, al establecer que la víctima u ofendido del delito puede oponerse a la procedencia del procedimiento abreviado, cuando se acredite que no se encuentra debidamente garantizada la reparación del daño.
> Criterio jurídico: La Primera Sala de la Suprema Corte de Justicia de la Nación considera que el artículo 204 del Código Nacional de Procedimientos Penales debe ser leído en conjunto con los artículos 201, fracción II, 202, 205 y 206 del mismo ordenamiento, los cuales a la

luz del artículo 20, apartado C, fracción VII, de la Constitución Política de los Estados Unidos Mexicanos permiten dar certeza a la víctima u ofendido de delito de la ineludible obligación constitucional y legal del Juez de escuchar y dar respuesta expresa en audiencia a su oposición con relación a la desproporcionalidad del monto o pago de la reparación del daño, determinado por el Ministerio Público en la solicitud de apertura del procedimiento abreviado, así como todo lo relacionado con la debida garantía, mediante el mejor medio posible establecido por la ley, que permita asegurar la entrega real del pago, en el menor tiempo posible.

Justificación: Ello es así, pues de una interpretación conjunta de los artículos mencionados se advierte lo siguiente: A) El Juez de Control es quien autoriza el procedimiento abreviado y en audiencia deberá verificar los diversos requisitos que marca el artículo 201 mencionado; B) El Ministerio Público es quien solicita el procedimiento abreviado; en esa solicitud, entre otras cuestiones, debe señalarse el monto de la reparación del daño; C) La víctima u ofendido del delito puede presentar oposición, pero sólo será vinculante al Juez cuando aquélla sea fundada; y, D) El imputado debe reconocer estar informado de los alcances del procedimiento abreviado y que renuncia al juicio oral, pues deberá admitir su responsabilidad por el delito atribuido y aceptar ser sentenciado con los medios de convicción obtenidos por el Ministerio Público. Luego, a la audiencia del procedimiento abreviado deben ser citadas todas las partes, incluida la víctima u ofendido del delito, así, expuesta la acusación por parte del Ministerio Público, el Juez de Control deberá resolver la oposición que hubiere presentado la víctima u ofendido para llevar a cabo el procedimiento abreviado (artículo 205), cuya oposición se traduce en que esa parte procesal manifieste ante el Juez de Control que no se encuentra garantizada la reparación del daño, lo que significa que el monto de la reparación establecido por el Ministerio Público en la acusación o solicitud de apertura de procedimiento abreviado no es suficiente o proporcional al daño ocasionado, pues no comprende la reparación material, moral, física y psicológica, todo lo que conlleva una reparación integral para la víctima u ofendido, y además, que ese monto debe estar debidamente garantizado, esto es, que debe asegurarse su pago mediante alguna de las formas que establece el código respectivo, como por ejemplo: a través de fianza, hipoteca, prenda o cualquier otra que a criterio del Juez de Control cumpla suficientemente con esa finalidad. Así, de conformidad con el artículo 20, apartado C, fracción VII, de la Constitución General, en relación con el artículo 109, fracciones XXIV y XXV, del Código Nacional de Procedimientos Penales, la víctima u ofendido del delito puede directamente pedir al Juez que se le repare el daño, lo que significa que la propia víctima puede proponer un monto determinado para ello, así como la forma mediante la cual se le garantice que lo va a recibir. Ahora bien, para resolver la oposición de la víctima u ofendido, el Juez de Control deberá considerar los elementos de prueba que logren demostrar que el monto de la reparación del daño ocasionado es o no proporcional y justo, que cubre o no los requerimientos legales para la obtención de una reparación integral y que, además, está garantizado ese monto para que en el menor tiempo posible lo reciba la víctima u ofendido.

Allanamiento del imputado con el planteamiento ministerial

Para que el juez de control autorice el procedimiento abreviado se requiere de un tercer requisito: la afirmación o allanamiento del imputado con el planteamiento ministerial, por lo que para tener por autorizado el procedimiento abreviado, al exponer el fiscal la acusación, el imputado deberá:

a) Reconocer estar debidamente informado de su derecho a un juicio oral y de los alcances del procedimiento abreviado. Como parte del derecho humano de debido proceso y una defensa adecuada, el imputado deberá ser informado que durante el procedimiento abreviado no se desahogarán pruebas de descargo y que el fallo y la sentencia emitida por el juez de control únicamente tendrá como sustento el dato de prueba de cargo, renunciando al contradictorio, es decir, al derecho de desahogar frente a un tribunal de enjuiciamiento sus medios de prueba que, en su caso, prueben su inocencia. En términos del apartado A fracción IV y apartado B fracción V del artículo 20 constitucional, el juicio es un derecho para el imputado, pero, la fracción III del arábigo 201 del CNPP establece que es *renunciable* cuando se opte por el procedimiento abreviado. La renuncia al juicio deberá ser expresa y frente al juez, con la asesoría suficiente que arroje la necesaria información para que el imputado tome la decisión de allanarse al planteamiento del fiscal.

Los alcances del procedimiento abreviado, al menos consideramos, son:

- Que la sentencia —salvo excepciones— será condenatoria.
- Que el fallo y la sentencia se emitan únicamente con los datos de prueba que exponga el fiscal.
- Que no habrá contradicción ni posibilidad de desahogo de medios de prueba.

- Que deberá estar garantizada la reparación del daño.
- Que se le impondrá la pena que el ministerio público solicite y se le condenará al pago de la reparación del daño.

b) *Expresamente renuncie al juicio oral.* Como se adelantó, del apartado A fracción IV y apartado B fracción V del artículo 20 constitucional se desprende el derecho del imputado de tener un juicio que se celebre ante un juez que no haya conocido del caso previamente y en audiencia pública. También se estableció que dicho derecho es renunciable, es decir, que el favorecido por el mismo puede debidamente asesorado por su defensa técnica dimitir el juicio. Una vez informado debidamente el imputado de su derecho a un juicio oral y de los alcances del procedimiento abreviado, deberá decirle de propia voz al juez de control, sin intermediarios o representantes, que no es su deseo que se desarrolle el juicio, es decir, que no continúe el procedimiento ordinario, sino, que renuncia a ello para optar por el procedimiento abreviado.

c) *Consienta la aplicación del procedimiento abreviado.* Luego de expresamente renunciar al juicio, el imputado deberá consentir el procedimiento abreviado, lo que implica que permite y está de acuerdo que el ministerio público proponga el procedimiento abreviado para su autorización ya que dicho órgano de acusación actúa a su gusto. El consentimiento deberá ser frente al juez de control, dentro de la audiencia correspondiente.

d) *Admita su responsabilidad por el delito que se le imputa.* Respecto de dicho requisito también se ha desarrollado debate. Principalmente relacionado con entender la «admisión de responsabilidad» con la «confesión». Hay quienes consideran que efectivamente lo contemplado en el inciso d) de la fracción III del artículo 201 del CNPP es una confesión y, por otra parte, quienes lo distinguen. Para quien escribe, el requisito de aceptar la responsabilidad es diferente a la confesión, pues la *confesión* es la declaración voluntaria realizada por una persona penalmente imputable ante autoridad competente que sirve como medio de prueba para el ditado de la sentencia y con las formalidades legamente exigidas, sobre hechos propios constitutivos de delito, que importa el reconocimiento de la propia culpabilidad derivada de su actuar, mientras que la aceptación del inculpado de su responsabilidad no constituye una prueba ni un dato de prueba, pues se trata del simple asentimiento de la acusación en términos en que la formula el acusador, que cumple con un requisito de procedencia para la tramitación del procedimiento abreviado.

> en la aceptación de los hechos que es lo que requiere el procedimiento abreviado es solo un requisito de procedencia, donde el acusado asiente la acusación en los términos en que la formula el Agente del Ministerio Público y ello se hace con la finalidad de dar trámite a este procedimiento especial y hacerse acreedor a ciertos beneficios como la reducción de la pena, de tal manera que si el imputado quiere obtener ese beneficio, necesariamente tendrá que aceptar los hechos, de otra manera no sería factible que el Juez de control diera trámite al abreviado, pues, representa un requisito esencial de tramitación y si no se colma, no se podrá dar curso al mismo.[92]

Lo anterior es acorde con la tesis con registro digital 2009241, emitida por los TCC, en la décima época, con número II.1o.20 P (10a.), con rubro y texto:

> **PROCEDIMIENTO ABREVIADO. SU ACEPTACIÓN POR EL IMPUTADO NO IMPLICA QUE DEBERÁ CONSIDERÁRSELE CONFESO (LEGISLACIÓN DEL ESTADO DE MÉXICO).** De conformidad con el artículo 20, apartado A, fracción VII, de la Constitución Política de los Estados Unidos Mexicanos, iniciado el proceso penal, podrá decretarse su terminación anticipada en los supuestos y bajo las modalidades que determine la ley, si el inculpado reconoce ante la autoridad judicial su participación en el delito y existen medios de convicción suficientes para corroborar la imputación. Por su parte, los numerales 388, 390 y 385 del Código de Procedimientos Penales para el Estado de México disponen que el procedimiento abreviado se tramitará cuando el imputado admita el hecho atribuido en la acusación y acepte ser juzgado con los antecedentes recabados en la investigación, así como que la sentencia condenatoria no podrá exceder el contenido de la acusación; sin embargo, el que aquél acepte dicho procedimiento, no implica que deba considerársele confeso, pues conforme a las jurisprudencias 105 y 108, sostenidas por el Pleno y la Primera Sala de la Suprema Corte de Justicia de la Nación, publicadas en el Apéndice al Semanario Judicial de la Federación 1917-1995, Tomo II, Materia Penal, páginas 60 y 61, de rubros: «CONFESIÓN DEL ACUSADO". y "CONFESIÓN, VALOR DE LA"., respectivamente, la confesión es la declaración voluntaria realizada por una persona penalmente imputable ante autoridad competente, y con las formalidades legalmente

---

92 LOZANO, *op. cit.*, p. 104.

exigidas, sobre hechos propios constitutivos de delito, que importa el reconocimiento de la propia culpabilidad derivada de su actuar; de lo que se concluye que, para considerar la existencia de una confesión, el dicho del inculpado debe comprender la admisión de que el delito existe, y el reconocimiento de que participó en su ejecución, con la concreción de todos sus elementos típicos, como autor intelectual, material, coautor, copartícipe, inductor o auxiliador (aun cuando con posterioridad se invoque alguna excluyente del ilícito o de la responsabilidad, o bien, una atenuante); aspectos que no se satisfacen, con la única circunstancia de que el imputado acepte ser juzgado conforme a las reglas del procedimiento abreviado.

Además, el criterio con registro digital 2012314, emitido por la primera sala de la SCJN, en la décima época, tesis: 1a. CCIX/2016 (10a.), con rubro y texto:

PROCEDIMIENTO ABREVIADO. DIFERENCIAS JURÍDICAS ENTRE LOS CONCEPTOS "CONFESIÓN" CONFORME AL SISTEMA PROCESAL PENAL TRADICIONAL MIXTO/ESCRITO, Y "RECONOCIMIENTO" O "ACEPTACIÓN" DEL HECHO SEÑALADO EN LA LEY COMO DELITO, ACORDE AL SISTEMA PROCESAL PENAL ACUSATORIO. Para establecer las diferencias jurídicas entre los conceptos referidos, es útil considerar los artículos 207 y 287 del Código Federal de Procedimientos Penales, que regulan la confesión en el sistema procesal penal mixto/escrito, de los cuales se advierte, entre otras cuestiones, que aquélla es una declaración que debe emitirse voluntariamente ante el Ministerio Público o la autoridad jurisdiccional, sobre hechos propios del declarante que constituyan el tipo delictivo materia de la acusación, lo que debe hacerse con pleno conocimiento del procedimiento y del proceso, sin coacción alguna, en presencia de su defensor y con las formalidades legales que regula dicho sistema procesal penal. Por su parte, la "aceptación" en el procedimiento abreviado debe realizarse forzosamente ante la autoridad judicial, con las reglas del sistema procesal penal acusatorio y bajo los términos en que lo haya especificado el Ministerio Público en su escrito de acusación, es decir, en las modalidades y con la calificación jurídica establecida en el escrito correspondiente, la cual, aceptada en sus términos, no admite objeciones o variantes; ello, aunado al hecho de que las referidas figuras "confesión" y "aceptación" de la participación en el delito se dan en niveles distintos; esto es, mientras que la "confesión" constituye un indicio que alcanza el rango de prueba plena cuando se corrobora por otros elementos de convicción, la "aceptación" del inculpado de su responsabilidad no constituye una prueba ni un dato de prueba, pues se trata del simple asentimiento de la acusación en los términos en que la formula el acusador, que cumple con un requisito de procedencia para la tramitación del procedimiento abreviado.

> En efecto, la "confesión" del inculpado no tiene otra finalidad que la de reconocer su participación en la comisión del delito imputado; mientras que la "aceptación" voluntaria de la participación, se hace con el objetivo específico de terminar en forma anticipada el proceso penal; que se tramite en el procedimiento referido, y se disfrute de los beneficios legales que procedan, tales como la obtención de penas menos estrictas. Así, la "aceptación" de la responsabilidad en los ilícitos atribuidos no constituye una prueba, que sólo puede serlo la "confesión" formal de los hechos por parte del indiciado y que, en su caso, deberá rendirse en juicio oral, no en el procedimiento abreviado. Esto es, cuando el inculpado admite ante autoridad judicial su responsabilidad en la comisión del delito atribuido, en las modalidades y circunstancias expuestas por el Ministerio Público en el escrito de acusación, no está propiamente confesando su participación en la comisión de los hechos ilícitos que se le atribuyen, sino que acepta ser juzgado a partir de los medios de convicción en que sustentó la acusación el Representante Social, para dar procedencia al procedimiento abreviado, como forma anticipada de terminación del proceso penal acusatorio ordinario.

La «admisión de responsabilidad», con sus matices, comparte la naturaleza del «*plea*» estadounidense, pues «supone una decisión estratégica dentro del proceso, a la que se llega después de conocer la acusación y de consultar con su defensor. Denota la acción de un actor en el proceso. De esta manera se distingue entre la confesión como prueba en el juicio y la determinación del imputado de cómo posicionarse frente a los cargos».[93]

De no ser admitido el procedimiento abreviado, la «admisión de responsabilidad» carecerá de utilidad en lo subsecuente, es decir, no podrá ser utilizada para argumentar en cualquier subsecuente audiencia o acto procedimental, debido a que expresamente el segundo párrafo del artículo 203 del CNPP ordena la eliminación de los registros, incluidos los que contienen la admisión. Esta es otra característica que diferencia a la confesión, pues si el imputado reconoce haber realizado los hechos que se le atribuyen y narra cómo ocurrió, sólo será de utilidad si lo confiesa frente al tribunal de enjuiciamiento durante la audiencia de juicio.

---

93 PERLIN, *op. cit.*, p. 464. El mismo autor sostiene que la confesión «implica una relación, espontánea y detallada con el imputado».

e) *Aceptar ser sentenciado con base en los medios de convicción que exponga el ministerio público al formular la acusación.* En atención a los artículos 17 y 21 de la Constitución Federal, ser sentenciado implica que el Estado a través de la emisión de una resolución por parte de autoridad judicial, en cumplimiento a la legalidad, precisa al acusado la condena o la absolución del delito que se le atribuye. El diseño procedimental derivado de la Carta Magna y del CNPP se caracteriza por que éste culmine con la emisión de una sentencia, no obstante, en tratándose del procedimiento abreviado también se finaliza con la sentencia, pero de manera pronta es que se emite. Para que eso ocurra, es imprescindible que el imputado decida voluntariamente que la emisión del fallo y sentencia ocurra tomando en consideración el juez de control *exclusivamente los medios de convicción que exponga el ministerio público al formular la acusación.* Es decir, acepta la existencia de los datos de prueba que obran en la carpeta de investigación, indirectamente acepta no desahogar medios de prueba a su favor y desde luego, renuncia a la contradicción de dichos medios de prueba, que, como lo establece la redacción del inciso e) fracción III del artículo 201 del CNPP, son tratados como medios de convicción.

Medios de convicción

En la última parte del párrafo primero del artículo 203 del CNPP el legislador señala expresamente qué son los medios de convicción: «*Serán medios de convicción los datos de prueba que se desprendan de los registros contenidos en la carpeta de investigación*», lo cual es acorde con lo establecido en el párrafo primero del diverso arábigo 261 del CNPP: «*El dato de prueba es la referencia al contenido de un determinado medio de convicción aún no desahogado ante el Órgano jurisdiccional…*».[94]

[94] Aunque la redacción del párrafo primero del artículo 261 sigue: «…*que se advierta idóneo y pertinente para establecer razonablemente la existencia de un hecho delictivo y la probable participación del imputado*», no se dejó asentado dado que en el procedimiento abreviado los medios de convicción no deben ser idóneos y pertinentes para justificar el hecho delictivo y la probable participación, sino al tratarse de una sentencia, lo que deben corroborar es el delito, la responsabilidad penal, la pena y la reparación del daño. En tal virtud, existen diferencias entre «razonabilidad» y «corroboración», pues lo primero implica lo esperable

En consecuencia, los medios de convicción que corroboran la acusación del ministerio público son los datos de prueba con los que es posible afirmar o dar más seguridad al mérito de la causa penal, que se desprenden de la carpeta de investigación, con nuevos razonamientos de los contenidos en el auto de vinculación a proceso.

Trámite

Atendiendo a lo dispuesto por las fracciones II y VII apartado A y fracción V apartado B del artículo 20 constitucional, los artículos 52, 201 párrafo primero, 202 párrafo segundo, 203 párrafo primero y 206 párrafo primero del CNPP, el trámite del procedimiento abreviado es a través de la celebración de una audiencia.

El ministerio público podrá solicitar el trámite del procedimiento abreviado por escrito u oralmente dentro de audiencia. Realizada la petición, en términos del párrafo segundo del artículo 202 del CNPP, se deberá citar a todas las partes, siendo que la incomparecencia de la víctima u ofendido debidamente citados no impedirá que el juez de control se pronuncie al respecto. Lo anterior resulta lógico, púes aún y cuando la víctima u ofendido tiene derecho a oponerse al planteamiento de procedimiento abreviado que realice el fiscal, al mismo tiempo, la víctima u ofendido tiene el derecho de no acudir a la audiencia, en cuyo caso, lo que deberá verificar el órgano jurisdiccional es que la víctima u ofendido haya sido debidamente notificada de la audiencia para que su incomparecencia sea entendida como au-

---

o lo aceptable en atención a la motivación y datos de prueba con que entonces cuente el fiscal y, lo segundo, significa afirmar o dar más seguridad al mérito de la causa penal, con nuevos razonamientos; es decir, durante la vinculación a proceso basta con que se cuente con datos de prueba que establezcan que se ha cometido un hecho que la ley señala como delito cuando existan indicios razonables que así permitan suponerlo (fracción III del artículo 316 del CNPP), mientras que para la autorización del procedimiento abreviado y emisión del fallo y de la sentencia, es necesaria la convicción del órgano jurisdiccional. Así, el estándar de exigencia para cada acto es diverso, uno mínimo (probable) y otro afirmativo (seguro). Para la SCJN los registros de investigación son de orden meramente administrativo y no de carácter jurisdiccional. *Cf*, *Análisis...*, *op. cit.*, p. 225.

sencia de oposición o al menos, que no hay interés de la víctima u ofendido de ser escuchada en audiencia pública.

En la práctica, la audiencia de procedimiento abreviado se desarrolla en dos momentos:

1. *Admisión de la solicitud del ministerio público (primera parte de la audiencia).* Atendiendo a lo previsto por los artículos 201, 203 y 205 del CNPP durante la audiencia de procedimiento abreviado, el ministerio público solicitará al juez de control que verifique la concurrencia de los requisitos del arábigo 201 del CNPP, incluyendo los medios de convicción que corroboren la acusación[95] y que se encuentren debidamente integrados en la carpeta de investigación,[96] para ello, deberá realizar la solicitud a través de la exposición de la acusación con los datos de prueba respectivos. Ya se adelantó que la acusación oral se integra por la enunciación de los hechos, la clasificación jurídica, el grado de intervención, las penas y el monto de la reparación del daño, sustentado todo con datos de prueba.

Expresamente el legislador no alude que luego de la acusación oral del ministerio público se le dará uso de la palabra al asesor jurídico de la víctima u ofendido, sin embargo, en términos del apartado C del artículo 20 constitucional, 109 fracción VII y 110 del CNPP, 25, numeral 1, de la Convención Americana sobre Derechos Humanos, en correlación con los diversos 12, 14 y 124 de

---

95 En realidad el párrafo primero del artículo 203 del CNPP señala: «*En la misma audiencia, el juez de control admitirá la solicitud del Ministerio Público cuando verifique que concurran los medios de convicción que corroboren la* **imputación**...», sin embargo, consideramos que dicha redacción es desafortunada, pues la imputación corresponde a un momento diverso del procedimiento penal acusatorio y oral (audiencia inicial), por lo que proponemos que lo correcto es en el procedimiento abreviado hablar de acusación.

96 Cuando el legislador exige que los datos de prueba se encuentren contenidos en la carpeta de investigación garantiza la legalidad y coadyuva así, a la certeza y seguridad jurídica de todas las partes, principalmente de las no técnicas. Es así ya que la obligación de dejar registro de todas las actuaciones que se realicen durante la investigación de los delitos, en atención al artículo 217 del CNPP, permitirá al imputado decidir la aplicación del procedimiento abreviado, la admisión de su responsabilidad por el delito que se le imputa y, principalmente, aceptar ser sentenciado con base en los medios de convicción que exponga el ministerio público al formular acusación.

la Ley General de Víctimas, el diseño procesal penal acusatorio y oral ha colocado en un rango similar a la víctima u ofendido que, al imputado, por ello, el juez de control cuando el fiscal exponga su acusación, le dará uso de la palabra al asesor jurídico para el efecto de manifestar si hay oposición o no de su representada, pero, principalmente, para, en su caso, que el asesor pueda subsanar algún posible error del ministerio público al señalar la acusación oral, por ejemplo, que haya faltado algún elemento de la acusación o algún dato de prueba.

Luego de lo anterior, el juez de control se dirigirá a la víctima u ofendido (si decidió acudir a la audiencia) y le preguntará si presenta alguna oposición al procedimiento abreviado planteado por el ministerio público, seguido de escuchar a todas las partes, el órgano jurisdiccional resolverá si es fundada y procedente la incidencia opositora, de ser así, el juez de control no admitirá el procedimiento abreviado y señalará que no se tendrá por formulada la acusación oral realizada, lo mismo que las modificaciones que, en su caso, hubiera realizado a su respectivo escrito y se continuará con el procedimiento ordinario, ordenando a la Unidad de Gestión que todos los antecedentes relativos al planteamiento, discusión y resolución de la solicitud de procedimiento abreviado sean eliminados del registro; lo que se traduce en que en el audio y video y en el acta mínima que para el efecto se elabore, no quedará constancia de lo dicho, lo que imposibilita a las partes en acceder a dicha información para ser utilizada posteriormente.

Ante la ausencia de alguna oposición de la víctima u ofendido o de resultar infundada e improcedente, se continuará con la audiencia de procedimiento abreviado, dando uso de la palabra a la defensa. En el apartado correspondiente al procedimiento abreviado, el legislador tampoco alude a la defensa, sin embargo, atendiendo al derecho humano de una defensa adecuada, derivado del apartado B del artículo 20 constitucional, no hay duda que la defensa es imprescindible durante el procedimiento abreviado, pues de su presencia depende la posibilidad de que se cumplan los extremos de la fracción III del artículo 201 del CNPP y, que, frente a una deficiente o desfavorable acusación oral del fiscal u oposición de la víctima u ofendido, técnicamente el acusado se encuentre al mismo nivel que el resto de las partes, para garantizar un real debate público y horizontal, en salvaguarda de sus derechos humanos. La defensa, en términos de las fracciones III y X del artículo 117 del CNPP, tiene la obligación de comparecer y asistir jurídicamente al imputado, además de promover a favor del imputado las formas de terminación anticipadas del proceso penal. Por lo que depende de la defensa que el imputado decida, previo a la audiencia de procedimiento abreviado, optar por el procedimiento abreviado que se le ofrezca o que promueva a su favor la defensa; asimismo, durante la audiencia, la defensa es la responsable de suministrar la información y asesoría jurídica necesaria para que el acusado pueda dar respuesta al juez de control respecto de estar debidamente informado de su derecho a un juicio oral y de los alcances del procedimiento abreviado, de la viabilidad en la renuncia al juicio oral, el consentimiento en la aplicación del procedimiento abreviado, la admisión de su responsabilidad por el delito que se le imputa y la aceptación para ser sentenciado con base en los medios de convicción que exponga el Ministerio Público al formular acusación.

Finalmente, el juez de control dará uso de la palabra al acusado, verificando los extremos de la fracción III del artículo 201 del CNPP, pues a diferencia del derecho comparado, en México el procedimiento abreviado recae sobre el procedimiento y sobre la pena.[97] Para ello, el órgano jurisdiccional constatará en el acusado la adecuada asesoría técnica de su defensa y la carencia de dudas del trámite, desarrollo y autorización del procedimiento abreviado y preguntará directamente a la persona del acusado:

1. ¿Reconoce estar debidamente informado de su derecho a un juicio oral y de los alcances del procedimiento abreviado?
2. ¿Renuncia expresamente al juicio oral?
3. ¿Consiente la aplicación del procedimiento abreviado?
4. ¿Admite su responsabilidad por el delito que se le imputa consistente en… y previsto y sancionado en los artículos…?

---

[97] En chile, por ejemplo, el acuerdo sólo recae sobre el procedimiento y —dicho sea de paso—, la ley no exige el reconocimiento de culpabilidad.

5. ¿Acepta ser sentenciado con base en los medios de convicción que expone el Ministerio Público, al formular acusación, consistentes en...?[98]

El acusado deberá, sin excepción, responder afirmativamente a los cinco cuestionamientos, de no ser así, no podrá ser autorizado el procedimiento abreviado hasta que eso ocurra.

Resolución del juez de control

Finalizado lo anterior, el juez de control verificará en un auto oral que se cumplan los requisitos legales para la autorización del procedimiento abreviado, es decir:

- Que existió solicitud del ministerio público.
- Que el ministerio público formuló acusación oral enunciando los hechos que se atribuyen al acusado, la clasificación jurídica, el grado de intervención, las penas y el monto de la reparación del daño.
- Que la víctima u ofendido no presentó oposición y de hacerlo, que no se consideró fundada y procedente.
- Que el imputado:
  a) Reconoció estar debidamente informado de su derecho a un juicio oral y de los alcances del procedimiento abreviado.
  b) Renunció expresamente al juicio oral.
  c) Consintió la aplicación del procedimiento abreviado.
  d) Admitió su responsabilidad por el delito que se le imputa.
  e) Aceptó ser sentenciado con base en los medios de convicción que expone el ministerio público al formular acusación.

---

98 Expresamente la fracción III del artículo 201 del CNPP nada dice que el juez de control dé ha conocer al acusado el delito, los hechos, el fundamento legal o los medios de convicción que sustentan la acusación verbalizada por el ministerio público, no obstante, consideramos que deberá ocurrir así, para dar certeza y seguridad al acusado de lo que habría eventualmente de aceptar.

El juez de control podrá resolver admitir o no la solicitud de procedimiento abreviado formulada por el ministerio público, luego de verificar los requisitos formales que contempla el CNPP y del análisis de la congruencia, idoneidad, pertinencia y suficiencia de los medios de convicción invocados durante la audiencia. Lo anterior es acorde con la jurisprudencia con registro digital 2018173, emitida por la primera sala de la SCJN, en la décima época, con número 1a./J. 34/2018 (10a.), con rubro y texto:

> **PROCEDIMIENTO ABREVIADO. CUESTIONES QUE PUEDEN SER REVISABLES EN LA APELACIÓN INTERPUESTA EN CONTRA DE LA SENTENCIA DEFINITIVA DERIVADA DE AQUÉL.** En el procedimiento abreviado previsto en el artículo 20, apartado A, fracción VII, de la Constitución Política de los Estados Unidos Mexicanos, no se somete a debate la acreditación del delito ni la responsabilidad del acusado en su comisión, debido a la aceptación de éste a ser juzgado con base en los medios de convicción que sustentan la acusación; de ahí que dichos elementos no admiten contradicción en sede judicial, porque son resultado del convenio asumido por las partes para obtener una pena menos intensa de la que pudiera imponerse como consecuencia del procedimiento ordinario, que incluye al juicio oral. De lo contrario, no existiría firmeza en lo acordado con el acusado, respecto a la aceptación de su participación en el delito a partir de los datos de prueba recabados durante la investigación. Tampoco existiría seguridad jurídica para la víctima u ofendido del delito, quien espera obtener una reparación proporcional al daño inicialmente aceptado por el acusado. Por lo tanto, en el recurso de apelación promovido contra la sentencia definitiva derivada de un procedimiento abreviado, sólo podrá ser objeto de cuestionamiento, la violación al cumplimiento de los presupuestos jurídicos fundamentales para la procedencia de esa forma de terminación anticipada del proceso penal acusatorio, ***lo cual comprende el análisis de la congruencia, idoneidad, pertinencia y suficiencia de los medios de convicción invocados por el Ministerio Público en la acusación***, así como, de ser el caso, la imposición de penas que sean contrarias a la ley, distintas o mayores a las solicitadas por el representante social y a las aceptadas por el acusado, además de la fijación del monto de la reparación del daño. En contraposición, en el recurso de apelación no puede ser materia de análisis la acreditación del delito, la responsabilidad penal del acusado y la valoración de prueba, pues ello no tiene aplicación en dicha forma de terminación anticipada del proceso.

La congruencia, idoneidad, pertinencia y suficiencia de los medios de convicción invocados por el ministerio público en la acusación consiste en el análisis cognositivo por parte del juez de control para cerciorarse que los datos de prueba con que el fiscal dice apoyar su acusación, y con los cuales el resto de las partes está de acuerdo, efectivamente se actualiza, pues las partes han llegado a un acuerdo sobre lo que demuestra la prueba si fuera desahoga en juicio, pero ello no es suficiente para que el juez lo autorice, él deberá advertir que los datos sean congruentes, idóneos, pertinentes y suficientes para el fin perseguido por las partes y así, darle la razón al ministerio público que ha cumplido con la carga de la prueba. «El juez tiende a no cuestionarlo a menos que haya una insuficiencia legal evidente de los alegatos fácticos. El juez se enfoca primordialmente en las garantías mínimas del proceso, y tiende a no meterse en cuestiones de valoración de la prueba, a menos que las partes hagan las solicitudes respectivas de exclusión de pruebas... El sistema de negociación está construido con base en el supuesto de que las partes, y no el Juez, son los que mejor conocen los extremos de la prueba y los hechos. Es decir, si hay un problema con la prueba, se supone que la acusación o la defensa lo señalarán».[99]

De no admitirlo se tendrá por no formulada la acusación oral que hubiere realizado el fiscal, lo mismo que las modificaciones que, en su caso, hubiera llevado a cabo en su respectivo escrito y se continuará el procedimiento ordinario. Asimismo, el juez de control ordenará que todos los antecedentes relativos al planteamiento, discusión y resolución de la solicitud sean eliminados del registro, como expresamente lo señala el párrafo segundo del artículo 203 del CNPP.[100]

---

99 PERLIN, *op. cit.*, pp. 465-466 y 467-468. En Estado Unidos, además, el juez pude negar la autorización del plea bargaining, cuando se atente contra los intereses de la justicia, en nuestro país esa figura no se encuentra contemplada para el procedimiento abreviado.

100 Dicha disposición legal explica por qué una de las causas de exclusión contenidas en la fracción IV del artículo 346 del CNPP, es precisamente en los casos en que los medios de prueba contravengan las disposiciones señaladas en el CNPP. En relación a la no autorización del procedimiento abreviado, en la práctica se ha suscitado una circunstancia que consideramos es importante destacar: para que el juez de control decida negar o conceder los sustitutivos penales, en términos del párrafo tercero del articulo 86 y la fracción III del numeral 89 del CPCDMX, se requiere saber si el acusado cuenta con antecedentes de haber sido condenado en sentencia ejecutoriada, y para ello, se debe contar con las constancias respectivas que el fiscal recabe durante la investigación. En la práctica, un muy importante número de veces el ministerio público incumple

Es acertado establecer el término «acusación oral», pues si bien es cierto durante la audiencia intermedia también se verbaliza la acusación por parte del fiscal, también lo es que en términos del párrafo primero del arábigo 344 del CNPP dicha exposición es un resumen de la acusación y no, como sí ocurre en el procedimiento abreviado, una exposición completa de la acusación. Lo anterior resulta lógico, pues en todos los casos, durante la audiencia intermedia, las partes cuentan con el escrito de acusación, por lo que resulta innecesaria la exposición completa de dicha pieza escritura, en cambio, en el procedimiento abreviado las partes (diversas al fiscal) carecen de documento en que se contenga la acusación, por ello, lo que vincula al órgano jurisdiccional para resolver la admisión o no del procedimiento abreviado es la exposición oral de la acusación, en atención a los principios de inmediación y de publicidad; obligatoriedad que también corresponde al acusado/defensa, pues a partir de ella es que se deberá consentir el abreviado, admitir la responsabilidad por el delito y aceptar ser sentenciado con base en los medios de convicción expuestos; y, del mismo modo, la víctima u ofendido se encuen-

---

en la CDMX con ello y al inicio los jueces negábamos la apertura del procedimiento abreviado para no provocar impunidad y violación a la ley en aquellas personas sentenciadas que no fueran primo delincuentes, no obstante, en la décima época los TCC emitieron la tesis con registro digital: 2018907, con el rubro: «PROCEDIMIENTO ABREVIADO. SU ADMISIÓN DEPENDE DE QUE SE CUMPLAN LOS REQUISITOS ESTABLECIDOS EN EL ARTÍCULO 201 DEL CÓDIGO NACIONAL DE PROCEDIMIENTOS PENALES, POR LO QUE SI EL JUEZ DE CONTROL TOMÓ EN CONSIDERACIÓN QUE EL MINISTERIO PÚBLICO OMITIÓ RECABAR LOS ANTECEDENTES PENALES DEL IMPUTADO, COMO UNO DE LOS SUPUESTOS PARA RECHAZAR SU APERTURA, VIOLA EL DERECHO FUNDAMENTAL AL DEBIDO PROCESO», en la que establecieron que pensar lo contrario viola el derecho fundamental al debido proceso en perjuicio del imputado, previsto en el artículo 14 de la Constitución Política de los Estados Unidos Mexicanos, pues con ese proceder, el juez vulnera los principios de continuidad, concentración e igualdad de las partes ante la ley, al dar a la representación social una ventaja sobre el imputado, que influyó sustancialmente en el pronunciamiento de la sentencia. Entonces —desde nuestra óptica— el responsable de que no se observe la ley en los casos de antecedentes penales, por no recabarlos y exponerlos en la audiencia correspondiente es enteramente del ministerio público y, si el juzgador desea verificar el cumplimiento, puede anticiparse interrogando al fiscal si el imputado cuenta con antecedentes y si ya fueron recabados, antes de plantear el trámite del procedimiento abreviado.

tra vinculado a señalar su oposición o no de la acusación oral que el ministerio público exponga.

El párrafo segundo del artículo 203 del CNPP también señala: «*...lo mismo que las modificaciones que, en su caso, hubiera realizado a su respectivo escrito...*», con lo que no hay duda de lo planteado en epígrafes anteriores, en el sentido de que hay un marco legal para la exposición de la acusación: el auto de vinculación a proceso (en la fase complementaria de la investigación) y el escrito de acusación (durante la etapa intermedia).

Si no se admite la solicitud por inconsistencias o incongruencias en los planteamientos del ministerio público, podrá presentar nuevamente la solicitud una vez subsanados los defectos advertidos, como lo mandata el último párrafo del numeral 203 del CNPP.

Seguido, se desarrollará la segunda parte de la audiencia.

2. *Solicitud del fallo y peticiones finales (segunda parte de la audiencia).* En términos del párrafo segundo del artículo 205 del CNPP una vez que el juez de control haya autorizado dar trámite al procedimiento abreviado, escuchará nuevamente al ministerio público, para el efecto de que solicite la emisión del fallo de condena en contra del imputado, considerando la información que dio origen a la autorización del trámite del procedimiento abreviado, incluyendo la imposición de la pena solicitada y el pago de la reparación del daño.

Seguido, se dará uso de la palabra a la víctima u ofendido/asesor jurídico, quienes también solicitarán el fallo de condena correspondiente.

Se escuchará a la defensa, quién en ese momento, en caso de que procedan,[101] podrá realizar alguna solicitud de sustitutivos penales y

---

[101] Para el CPCDMX los sustitutivos penales son dos: sustitución de la pena (artículos 84 a 88) y suspensión condicional de la ejecución de la pena (artículos 89 a 91) (las reglas comunes se encuentran contempladas en los numerales 92 y 93 del CPCDMX). «Según el Diccionario de Real Academia, sustituir significa poner a una persona o cosa en lugar de otra... Tanto la sustitución como la conmutación de las sanciones tienen relación directa con la individualización judicial y con la individualización ejecutiva o administrativa, y constituyen una forma de combatir las penas cortas de privación de la libertad, trayendo como beneficio la diminución de los hacinamientos en las prisiones». RAMOS ARTEAGA, Elena, *La individualización judicial de la pena*, Porrúa, México, 2009, p. 193.

al finalizar se dará uso de la palabra al acusado para una exposición final, que, de haberse tramitado adecuadamente el procedimiento abreviado, no señalará nada más, salvo adherirse a la petición de sustitutivos penales que realice su defensa.

Concluidos los puntos que anteceden, el juez de control, con fundamento en el artículo 206 del CNPP, emitirá en la misma audiencia, el fallo de condena y dentro de las cuarenta y ocho horas siguientes, citará a las partes a la audiencia pública para la lectura y explicación de la sentencia.

> El fallo es la primera persona del singular sustantivada del verbo fallar: «proviene del latín *affare* "soplar hacia algo", después "husmear" y por influencia del leguaje de la caza, finalmente "encontrar"».
> En términos jurídicos, fallar «involucra principalmente la idea de "hallar la ley aplicable" o "encontrar los hechos"».
> El fallo es la «parte final de la sentencia, en la cual el Juez, luego de relatar en los resultados los antecedentes de la causa y exponer por considerandos los motivos jurídicos de su decisión».[102]

Lectura y explicación pública de la sentencia

Dentro del plazo de las cuarenta y ocho horas de emitido el fallo, se celebrará audiencia de lectura y explicación pública de la sentencia, donde el juez de control dará a conocer a las partes el contenido del acto formal de la sentencia contenida en la respectiva pieza escritural, que contendrá, lo ocurrido durante la audiencia de procedimiento abreviado, así como todos y cada uno de los requisitos de los artículos 201 a 206 del CNPP.

Expresamente el legislador contempla la lectura y explicación, lo que representa dos momentos: el primero, traducido en la lectura íntegra de la pieza escritural de la sentencia a las partes y público asistente a la sala de audiencias y, el segundo, su explicación, es decir, la descripción de lo ocurrido durante la audiencia de procedimiento abreviado y principalmente la justificación de la coincidencia con el fiscal de que concurrieron los medios de convicción que corroboraron la acusación, incluyendo la pena y la reparación del daño (expresando las razones de aceptación o rechazo de las objeciones que en su caso

---

102 GONZÁLEZ, *op. cit.*, p. 646.

haya formulado la víctima u ofendido); particularmente es de interés para el sentenciado, conocer las razones y fundamentos que el juez de control consideró para negar o conceder los sustitutivos penales.

En realidad, lo que contiene la sentencia del procedimiento abreviado, es la judicialización por escrito de lo planteado por las partes y autorizado por el juez de control (verificación de legalidad) durante el trámite de dicho procedimiento.

Aun y cuando el artículo 21 de la Constitución Federal señala que la imposición de las penas, su modificación y duración son propias y exclusivas de la autoridad judicial, en tratándose del procedimiento abreviado existe en el párrafo segundo del numeral 206 del CNPP acotación expresa que imposibilita al juez de control para imponer una pena distinta o de mayor alcance a la que fue solicitada por el ministerio público y aceptada por el acusado, sin embargo ello no representa que el juez de control pierda su facultad de imponer penas, en términos del artículo 21, párrafo tercero, de la Constitución Federal, pero su modificación y duración quedaron supeditadas a lo previsto en la fracción VII del apartado A del artículo 20 constitucional, en el sentido de no imponer pena distinta o de mayor alcance a la solicitada por el ministerio público y aceptada por el acusado. Lo que lleva a concluir que en el procedimiento abreviado, la solicitud de penas por el fiscal deberá ser congruente con el acuerdo pactado con el inculpado y su defensor, respecto del beneficio de reducción de las penas, pero dicha solicitud no puede trastocar la facultad exclusiva del juez de control para imponerlas en ese parámetro reducido y tratándose de un concurso de delitos, la imposición de las penas es una facultad exclusiva de la autoridad jurisdiccional y no de las partes procesales al convenir el procedimiento abreviado, conforme lo ha sustentado la primera sala de la SCJN, en la jurisprudencia con registro digital: 178509, emitida en la novena época, con número 1a./J. 5/93, con rubro y texto:

> **CONCURSO DE DELITOS, FACULTAD EXCLUSIVA DE LAS AUTORIDADES JUDICIALES EN LA IMPOSICIÓN DE LAS PENAS.** Si la autoridad judicial, al analizar los hechos delictivos delimitados por el Ministerio Público en sus conclusiones, se percata que existe un concurso real de delitos, debe aplicar las penas correspondientes con base en dicho concurso, independientemente de que la institución acusadora haga o no expresa referencia en sus conclusiones a la aplicación de

> dicha regla. Sin que ello implique que la autoridad judicial rebase la acusación del Ministerio Público, porque tal regla atañe a la imposición de las sanciones que es facultad propia y exclusiva del órgano jurisdiccional, en términos del artículo 21 constitucional. Máxime que el Juez, al imponer las penas, no realiza un acto meramente mecánico, sino que goza de arbitrio judicial para calificar la gravedad del delito y el grado de culpabilidad del agente, en función a lo cual debe necesariamente determinar la pena, toda vez que ésta, por mandato de ley, debe ser individualizada. Tal individualización que corresponde exclusivamente a la autoridad judicial y de ningún modo puede realizar el Ministerio Público. Así pues, concluir de manera distinta anularía de facto el arbitrio del que está dotada la autoridad judicial para la imposición de las penas, y llevaría al absurdo de dejar que la función jurisdiccional permanecería supeditada a no poder hacer nada fuera de lo expresamente pedido por el representante social, con lo que se le otorgarían a ésta facultades fuera del límite de sus funciones, invadiendo con ello las del juzgador. Lo anterior, con independencia de que el juzgador no puede introducir en sus fallos penas por delitos que no hayan sido motivo de la acusación, ya que con ello no sólo se agravaría la situación jurídica del procesado, sino que incluso el Juez estaría invadiendo la órbita del Ministerio Público, a quien por mandato constitucional corresponde la persecución de los delitos, violando con ello el principio esencial de división de poderes. Es necesario precisar, que el criterio que ahora se establece no se contrapone con el contenido de las garantías de legalidad, seguridad jurídica, defensa y exacta aplicación de la ley, previstas en los artículos 14, 16 y 20, fracción IX, de la Carta Magna, ya que con el mismo no se autoriza al juzgador a actuar con base en atribuciones que no tiene expresamente concedidas en la Constitución y en las leyes secundarias; aunado a que la decisión del Juez de actualizar la existencia de un concurso de delitos y sancionar por el mismo, está supeditada a que funde y motive suficientemente su actuación, aunado a que no podrá imponer pena alguna respecto de un delito que no haya sido materia de acusación; además, de que el acusado tendrá oportunidad de conocer las conclusiones del Ministerio Público y dar respuesta a las mismas al formular las que corresponden a su defensa, todo esto previo al dictado de la sentencia respectiva en la que se le determine la punición de la autoridad judicial, en términos del numeral 21 de la Constitución Federal.

Lo anterior es acorde con la tesis con registro digital 2020807, emitida por los TCC, en la décima época, con número I.6o.P.144 P (10a.), rubro y texto:

> **PROCEDIMIENTO ABREVIADO. LA IMPOSICIÓN DE PENAS EN CONCURSO DE DELITOS, ES UNA FACULTAD EXCLUSIVA DEL JUEZ DE CONTROL QUE NO ESTÁ SUPEDITADA AL CONVENIO**

QUE REALICEN LAS PARTES AL SOLICITAR ESTA FORMA DE TERMINACIÓN ANTICIPADA DEL PROCESO PENAL. El Juez de control en el sistema acusatorio y oral actúa durante las etapas de investigación e intermedia como órgano jurisdiccional garante de los derechos constitucionales, legales y humanos del imputado, de la víctima o del ofendido, con atribuciones de supervisión y control de los actos ministeriales durante la investigación y, en la etapa intermedia, para la preparación de la etapa de juicio, conforme a las facultades y atribuciones previstas en la Constitución Federal y en el Código Nacional de Procedimientos Penales. Por ende, el Juez de control, per se, tiene una naturaleza jurídica diversa a la del Juez de enjuiciamiento, quien dirige, decide y resuelve en el fondo la litis del proceso acusatorio oral, asegurando la efectiva vigencia de los principios de inmediación, publicidad, concentración, igualdad, contradicción y continuidad. Sin embargo, el sistema procesal acusatorio instaurado en México está diseñado para que el Juez de control pueda resolver situaciones procesales que permitan concluir el procedimiento penal, previo a la apertura de la etapa de juicio oral, mediante el procedimiento abreviado, en el que debe verificar que se cumplan sus requisitos sustanciales de procedencia, previstos en el artículo 20, apartado A, fracción VII, constitucional, en relación con el diverso artículo 201 del Código Nacional de Procedimientos Penales. En este sentido, el citado artículo constitucional prevé que una vez verificados los presupuestos sustanciales para la procedencia del procedimiento abreviado "...el Juez citará a audiencia de sentencia", de lo que se colige que esta norma constitucional faculta al Juez de control para emitir la sentencia definitiva en este procedimiento especial, supeditándolo a que la imposición de las penas deba ser acorde con los beneficios otorgados al inculpado por aceptar su responsabilidad, los cuales consisten en una "reducción de las penas que pudieran imponérsele", conforme lo dispone el artículo 202, párrafos tercero a quinto del código citado. Es así, que el Juez de control conserva su facultad de imponer penas, en términos del artículo 21, párrafo tercero, de la Constitución Federal, pero no la de su modificación y duración, pues estas facultades, tratándose del Juez de control, en el procedimiento abreviado, quedaron supeditadas a lo previsto en la fracción VII del apartado A del artículo 20 constitucional, en el sentido de no imponer pena distinta o de mayor alcance a la solicitada por el Ministerio Público y aceptada por el acusado; situación que se refleja en el párrafo segundo del artículo 206 del código referido. Lo que lleva a concluir que en el procedimiento abreviado, la solicitud de penas por el Ministerio Público debe ser congruente con el acuerdo pactado con el inculpado y su defensor, respecto del beneficio de reducción de las penas, pero dicha solicitud no puede trastocar la facultad exclusiva del Juez de control para imponerlas en ese parámetro reducido, pues tratándose de un concurso de delitos, la imposición de las penas es una facultad exclusiva de la autoridad jurisdiccional, conforme lo ha sustentado la Primera Sala de la Supre-

> ma Corte de Justicia de la Nación, en la jurisprudencia 1a./J. 5/93, de rubro: «CONCURSO DE DELITOS, FACULTAD EXCLUSIVA DE LAS AUTORIDADES JUDICIALES EN LA IMPOSICIÓN DE LAS PENAS". Por tanto, es al Juez de control a quien corresponderá decidir y aplicar las penas correspondientes a dicho concurso, y no a las partes procesales al convenir el procedimiento abreviado.

Bajo el contexto descrito, es importante no perder de vista que aún y cuando en el concurso de delitos el facultado para decidir las reglas contempladas en el CPCDMX en la imposición de las penas es el juez de control, es común que en la práctica, el fiscal proponga para el concurso ideal que se imponga la sanción correspondiente al delito que merezca la mayor penalidad, sin aumentarse ni imponer las penas restantes y que en el concurso real, se imponga sólo la pena del delito que merezca la mayor, sin aumentarse. Sin embargo —como se ha insistido— eso no vincula al órgano jurisdiccional, lo único que consideramos, es que se dé certeza y seguridad al acusado, pudiéndole explicar, previo a la autorización del procedimiento abreviado, el criterio que el juzgador habrá de aplicar para que debidamente asesorado el acusado decida si continúa o no con el trámite del procedimiento abreviado y no existan sorpresas ni algún tipo de abuso por parte del Estado.

El artículo 207 del CNPP señala que frente a la existencia de varios coimputados no se impide la aplicación del procedimiento abreviado desarrollado durante el actual epígrafe en forma individual, lo que se traduce en que, ante la pluralidad de acusados, el procedimiento abreviado puede autorizarse por alguno o algunos de ellos, incluso en momentos diferentes.

La misma suerte corren los sustitutivos penales, pues como se adelantó, al tratarse de beneficios contemplados en los artículos 86 y 89 del CPCDMX, atendiendo a lo establecido en el artículo 201 del CNPP, el juez de control tiene la facultad de concederlos o no, independientemente del convenio al que hayan llegado las partes, ya que dichos beneficios no constituyen un derecho fundamental adquirido por el sentenciado, sino que éste debe cumplir los parámetros que condicionen su otorgamiento, esto es, satisfacerlos con los medios probatorios idóneos para tal efecto. Por tanto, la no oposición del ministerio público (o de cualquiera de las otras partes) para la concesión de los beneficios citados, derivado del convenio entre las partes, no es motivo suficiente para que el juez de control decida, en todos los casos, favorablemente su concesión, ya que ésta constituye una facultad discrecional del juzgador cuyo ejercicio deberá cumplirlo con una adecuada fundamentación y motivación, con base en el material probatorio que para tal efecto aporten las partes y las argumentaciones que expresen a favor o en contra de su concesión, como se desprende de la tesis con registro digital 2020284, emitida por los TCC, en la décima época, con número I.6o.P.141 P (10a.), con rubro y texto:

> **SUSTITUCIÓN DE LA PENA DE PRISIÓN Y SUSPENSIÓN CONDICIONAL DE LA EJECUCIÓN DE LA PENA. SU OTORGAMIENTO EN EL PROCEDIMIENTO ABREVIADO, PREVISTO EN EL ARTÍCULO 201 DEL CÓDIGO NACIONAL DE PROCEDIMIENTOS PENALES, CONSTITUYE UNA FACULTAD DISCRECIONAL DEL ÓRGANO JURISDICCIONAL QUE NO ESTÁ SUPEDITADA AL CONVENIO AL QUE HAYAN LLEGADO LAS PARTES (LEGISLACIÓN APLICABLE PARA LA CIUDAD DE MÉXICO).** Si se trata de los beneficios de la sustitución de la pena de prisión o de la suspensión condicional de la ejecución de la pena previstos, respectivamente, en los artículos 86 y 89 del Código Penal para el Distrito Federal, aplicable para la Ciudad de México, dentro del procedimiento abreviado establecido en el artículo 201 del Código Nacional de Procedimientos Penales, el Juez de control tiene la facultad de concederlos o no, independientemente del convenio al que hayan llegado las partes, ya que dichos beneficios no constituyen un derecho fundamental adquirido por el sentenciado, sino que éste debe cumplir los parámetros que condicionen su otorgamiento, esto es, satisfacerlos con los medios probatorios idóneos para tal efecto. Por tanto, la no oposición del Ministerio Público para la concesión de los beneficios citados, derivado del convenio entre las partes, no es motivo suficiente para que el Juez de control decida, en todos los casos, favorablemente su concesión, ya que ésta constituye una facultad discrecional del juzgador cuyo ejercicio debe cumplirlo con una adecuada fundamentación y motivación, con base en el material probatorio que para tal efecto aporten las partes y las argumentaciones que expresen a favor o en contra de su concesión.

No obstante, como lo sostuvimos en el concurso de delitos, en tratándose de los sustitutivos penales, también en la práctica es adecuado que el juez de control, previo a la autorización del procedimiento abreviado, precise al acusado si es candidato o no para los sustitutivos y con base en la asesoría adecuada de su defensa decida de manera libre, voluntaria e informada, si consiente su aplicación con las consecuencias legales que ello acarrearía, entre las que se encuentra, que eventualmente no podrá tener derecho a los sustitutivos penales ni a la suspensión de la pena; por ende, que la pena de prisión impuesta, aunque reducida, tendrá que compurgarse en un centro carcelario, independientemente de que a futuro pueda obtener su libertad, pero ya no con motivo de la sentencia condenatoria dictada en el procedimiento abreviado, sino en virtud de algún beneficio preliberacional previsto en la Ley Nacional de Ejecución Penal, en el procedimiento de ejecución de penas, atendiendo a los principios de igualdad entre las partes y de continuidad de las audiencias que rigen en el proceso penal acusatorio, como lo han incluso señalado los TCC en la tesis con registro digital 2018754, emitida en la décima época con rubro y texto:

> **PROCEDIMIENTO ABREVIADO. PREVIO A LA AUTORIZACIÓN DE SU APERTURA Y ATENTO AL PRINCIPIO DE IGUALDAD ENTRE LAS PARTES, DEBERÁ VERIFICARSE QUE EL IMPUTADO ESTÁ PLENAMENTE ENTERADO SI EXISTIRÁ OPOSICIÓN PARA QUE SE LE CONCEDAN LOS SUSTITUTIVOS PENALES Y LA SUSPENSIÓN CONDICIONAL DE LA EJECUCIÓN DE LA PENA, CUANDO CELEBRA CONVENIO CON EL MINISTERIO PÚBLICO Y LA VÍCTIMA.** Previamente a autorizar la apertura del procedimiento abreviado, el Juez de Control debe verificar, además de que concurran los medios de convicción que corroboren la imputación, en términos de la fracción VII del apartado A del artículo 20 de la Constitución Política de los Estados Unidos Mexicanos, como lo señala el artículo 203 del Código Nacional de Procedimientos Penales, que el imputado esté plenamente enterado tanto de las penas que solicita el Ministerio Público, conforme al artículo 202 del propio código, como del acuerdo que al efecto emita el procurador; sin embargo, si las partes celebran un convenio con el Ministerio Público y la víctima, se le tiene que dar a conocer a aquél si existe o no oposición del representante social para que se le concedan o nieguen los sustitutivos penales y la suspensión condicional de la ejecución de la pena, con base en los datos de prueba en que la autoridad ministerial apoya su decisión, a efecto de que antes de acudir al Juez de Control a allanarse al procedimiento abreviado, decida de manera libre, voluntaria e informada, si consiente su aplicación con las consecuencias legales que ello acarrea, entre las que se encuentra, que eventualmente no podrá tener derecho a los sustitutivos penales ni a la suspensión de la pena; por ende, que la pena de prisión impuesta, aunque reducida, tendrá que compurgarla en un centro carcelario, independientemente de que a futuro pueda obtener su libertad, pero ya no con motivo de la sentencia condenatoria dictada en el procedimiento abreviado, sino en virtud de algún beneficio preliberacional previsto en la Ley Nacional de Ejecución

Penal, en el procedimiento de ejecución de penas. Lo anterior, atento a los principios de igualdad entre las partes y de continuidad de las audiencias que rigen en el proceso penal acusatorio.

Audiencia

La autorización del procedimiento abreviado ocurre durante una audiencia, donde deberán cumplirse los principios de publicidad, contradicción, concentración, continuidad e inmediación.

La audiencia se divide en dos partes, la primera donde se realiza el planteamiento, el allanamiento (u oposición) y la eventual admisión y, la segunda, donde se solicita la emisión del fallo y donde éste se emite.

La audiencia, entonces, ocurrirá de la manera siguiente:

JUEZ DE CONTROL: El día de hoy nos encontramos en esta sala de audiencias en virtud de que el ministerio público solicitó audiencia de procedimiento abreviado. Víctima e imputado les informo que el procedimiento abreviado es una forma de terminación anticipada del proceso que implica que el juez de control dicte de manera rápida una sentencia con datos de prueba, siempre que el fiscal formule acusación, que la víctima u ofendido no tengan oposición fundada y el imputado renuncie al juicio optando por este procedimiento, admitiendo su responsabilidad por el delito que se le acusa y se acepte la pena.

MINISTERIO PÚBLICO: Señoría, en este momento consideramos que estamos en el momento procesal oportuno para la solicitud de procedimiento abreviado pues ya se emitió auto de vinculación a proceso y aún no se ha emitido auto de apertura a juicio, pues nos encontramos en la etapa intermedia, en su fase escrita.

Por ello, señalamos la acusación en los términos siguientes:

Los hechos ocurrieron de la siguiente forma: el día 8 de noviembre del 2023, cuando la víctima caminaba por la calle de Madero, colonia Centro, alcaldía Gustavo A. Madero de la Ciudad de México, el acusado se le acercó y la amagó con un desarmador que le colocó en el abdomen y le pidió sus pertenecías, por lo que la víctima le entregó quinientos pesos en efectivo.

Estos hechos, constituyen el delito de ROBO AGRAVADO que se encuentra previsto y sancionado en los artículos 220 fracción II (hipótesis de al que con ánimo de dominio y sin consentimiento de quien legalmente pueda otorgarlo, se apodere de una cosa mueble ajena), 224, A), VIII (hipótesis de transeúnte) y 225 fracción II (hipótesis de violencia moral), 15 (hipótesis de acción), 17 fracción I (hipótesis de delito instantáneo), 18 (hipótesis de delito doloso), todos del CPCDMX.

Siendo el grado de intervención del acusado en su calidad de autor material, en términos de la fracción I del artículo 22 del CPCDMX.

Los datos de prueba que sirven como medios de convicción para corroborar la acusación son:

1. La entrevista de la víctima, quien narró los hechos señalados.

2. La entrevista del policía captor, quien observó cuando ocurrieron los hechos narrados, realizó la detención en flagrancia y localizó al acusado tanto el desarmador como el numerario.

3. La grabación de C5 donde se observan los hechos descritos.

4. El informe de contabilidad que estableció el monto afecto al apoderamiento.

5. El informe de criminalística de campo donde se concluyen las características del desarmado y su peligro de lesividad.

Así, la pena de prisión que se propone al acusado es la de 4 años y 50 días de multa, no nos opondremos a que se le conceda algún sustitutivo penal, en virtud de que el acusado no tiene antecedentes penales, asimismo, que le sean suspendidos sus derechos políticos, en términos de ley.

Solicitamos además se condene al acusado al pago de la reparación del daño material debiendo pagar quinientos pesos a la víctima, que fue el numerario del que se apoderó, y se le absuelva por el resto de los conceptos.

Por cuanto hace a la medida cautelar impuesta, le informo que actualmente el acusado se encuentra en prisión preventiva justificada, a partir del día 10 de septiembre del año en curso.

JUEZ DE CONTROL: Fiscal, ¿los datos de prueba que señala se encuentran en la carpeta de investigación?

FISCAL: Sí señoría.

JUEZ DE CONTROL: ¿Esto es así?

ASESOR JURÍDICO: Sí señoría.

DEFENSA: Sí.

JUEZ DE CONTROL: Víctima ya escuchó, el ministerio público plantea el procedimiento abreviado, mismo que le he explicado, por lo que le pregunto: ¿tiene alguna oposición con el procedimiento abreviado? Puede consultarlo con su asesor por favor.

VÍCTIMA: No, señoría, no tengo oposición y me doy por satisfecha totalmente del pago de la reparación del daño.

JUEZ DE CONTROL: ¿Esta decisión la toma de manera libre, alguno de los presentes lo obligó para hacerlo?

VÍCTIMA: La tomo de forma libre y nadie me obligó.

ASESOR JURÍDICO: Estamos de acuerdo, y no advertimos alguna oposición.

DEFENSA: No tenemos oposición con el planteamiento del fiscal.

JUEZ DE CONTROL: Ya escuchó también imputado al resto de las partes, están de acuerdo en que se autorice el procedimiento abreviado, ya le expliqué en qué consiste el mismo ¿alguna duda?

ACUSADO: No señoría, entiendo qué es el procedimiento abreviado y sus alcances.

JUEZ DE CONTROL: al no tener dudas entonces voy a formularle algunas preguntas, antes de responderme, puede consultarlas con su abogado:

¿Reconoce estar debidamente informado de su derecho a un juicio oral?

ACUSADO: Sí.

JUEZ DE CONTROL: ¿Reconoce los alcances del procedimiento abreviado?

ACUSADO: Sí.

JUEZ DE CONTROL: ¿Renuncia al juicio oral?

ACUSADO: Sí.

JUEZ DE CONTROL: ¿Consiente la aplicación del procedimiento abreviado?

ACUSADO: Sí.

JUEZ DE CONTROL: ¿Admite su responsabilidad por el delito de ROBO AGRAVADO que se le imputa, previsto y sancionado en los artículos 220 fracción II (hipótesis de al que con ánimo de dominio y sin consentimiento de quien legalmente pueda otorgarlo, se apodere de una cosa mueble ajena), 224, A), VIII (hipótesis de transeúnte) y 225 fracción II (hipótesis de violencia moral), 15 (hipótesis de acción), 17 fracción I (hipótesis de delito instantáneo), 18 (hipótesis de delito doloso) todos del CPCDMX, en relación a los hechos del día 8 de noviembre del 2023, donde señala el fiscal la víctima caminaba por la calle de Madero, colonia Centro, alcaldía Gustavo A. Madero de la Ciudad de México, el acusado se le acercó y la amagó con un desarmador que le colocó en el abdomen y le pidió sus pertenecías, por lo que la víctima le entregó quinientos pesos en efectivo, siendo que el grado de intervención que le atribuyen es en su calidad de autor material, en términos de la fracción I del artículo 22 del CPCDMX?

ACUSADO: Sí, la admito.

JUEZ DE CONTROL: ¿Acepta ser sentenciado con los medios de convicción que expuso el ministerio público, consistentes en las entrevistas de la víctima y del policía captor; la grabación de C5; y los informes periciales en contabilidad y criminalística de campo?

ACUSADO: Sí, señoría.

JUEZ DE CONTROL: ¿Acepta la pena que solicita el ministerio público, consistente en que se le impongan 4 años de prisión, 50 días de multa y se le suspendan sus derechos políticos?

ACUSADO: Sí, acepto la pena.

JUEZ DE CONTROL: ¿Esta decisión la toma de manera libre, alguno de los presentes lo obligó para hacerlo?

ACUSADO: La decisión es libre y nadie me obligó.

JUEZ DE CONTROL: Una vez escuchadas las partes, advierto que existe la oportunidad para el planteamiento que realiza el fiscal, quien ha señalado su acusación, precisando los hechos, los medios de convicción, la clasificación jurídica y el grado de intervención del acusado; asimismo, la pena que solicita respeta los parámetros contemplados en el artículo 202 del CNPP, no se advierte oposición de la víctima, quien se da por satisfecha de la reparación del daño, no hay oposición de alguna de las partes y el acusado debidamente asesorado reconoce su derecho a un juicio, renuncia al mismo optando por el procedimiento abreviado, admitió su responsabilidad por el delito que se le acusa, aceptó ser sentenciado con los datos de prueba señalados por el fiscal y aceptó la pena que le proponen, reconociendo, lo mismo que la víctima, que su decisión es libre. Así, colmados que han sido los requisitos previstos en los artículos 20 apartado A fracción VII y 201 a 204 del CNPP, se admite el cierre del procedimiento abreviado y se apertura el abreviado. ¿Algo más fiscal?

FISCAL: Sí señoría, admitido el procedimiento abreviado le solicito emita fallo de condena al acusado y se imponga la pena señalada.

ASESOR JURÍDICO: Estamos de acuerdo con lo solicitado por el ministerio público.

VÍCTIMA: Nada que decir.

DEFENSA: Solicito se le concedan a mi representado los sustitutivos penales, en virtud de que se ha propuesto una pena menor a 5 años y mi representado carece de antecedentes penales.

ACUSADO: Me adhiero a lo solicitado por mi defensa.

JUEZ DE CONTROL: Dada la incontroversia y tomando en cuenta que han quedado acreditados los elementos de la descripción legal de ROBO GRAVADO, previsto y sancionado en los artículos 220 fracción II (hipótesis de al que con ánimo de dominio y sin consentimiento de quien legalmente pueda otorgarlo, se apodere de una cosa mueble ajena), 224, A), VIII (hipótesis de transeúnte) y 225 fracción II (hipótesis de violencia moral), 15 (hipótesis de acción), 17 fracción I (hipótesis de delito instantáneo), 18 (hipótesis de delito doloso) todos del CPCDMX, y en virtud de que no se actualiza alguna causa de extinción o exclusión del delito, en este momento se emite fallo de condena en contra del acusado por el delito de ROBO AGRAVADO en agravio de la víctima. Por lo que en términos del párrafo primero del artículo 206 del CNPP se señalan las 15:00 horas del día de mañana para la audiencia de lectura y explicación de sentencia.

Fallo absolutorio en el procedimiento abreviado

Respetando el diseño legal del procedimiento abreviado mexicano, no hay posibilidades de que el fallo que se emita sea absolutorio, pues a diferencia del derecho comparado[103] o de legislaciones del país vigentes previas al Código Nacional, en el actual procedimiento abreviado se contempla un «filtro» para que en todos aquellos casos en que no se encuentre verificado que concurran los medios de convicción que corroboren la acusación, el procedimiento abreviado, por la falta de congruencia, idoneidad, pertinencia y suficiencia, no será admitido por el juez de control, como expresamente lo señala el artículo 203 del CNPP.[104] Entonces, si los hechos anunciados en la acusación no se adecuan al tipo penal (atipicidad) o los datos de prueba no corroboran la acusación, el procedimiento abreviado no será admitido y tendrán que esperar ya sea el sobreseimiento en lugar de la acusación del fiscal o el juicio para obtener la sentencia absolutoria y si los hechos anunciados constituyen un delito diferente (reclasificación) no será autorizado el procedimiento abreviado, salvo que el ministerio público sea quien directamente presente una nueva solicitud subsanando las inconsistencias; lo mismo ocurrirá si no se actualiza una agravante o hay materia de debate entre las partes por alguna otra causa legal. En consecuencia, el procedimiento abreviado contenido en el CNPP constituye irrenunciablemente el

---

103 En Chile, por ejemplo, se carece del citado «filtro», por ello, en dicha nación sí pueden emitirse sentencias absolutorias.

104 «...la posibilidad de que el Juez de Control dicte sentencia absolutoria en un procedimiento abreviado es casi nula, pues se restringe a situaciones extremadamente excepcionales, como podría ser la actualización de alguna causa de extinción de la acción penal o de exclusión del delito». PÉREZ, *op. cit.*, p. 26.

allanamiento del acusado con la condena, sin posición fundada de la víctima u ofendido.

El procedimiento abreviado —consideramos— está diseñado por excelencia para las personas imputadas que hayan verdaderamente cometido el delito, pues con su decisión se emitirá un fallo de condena y se impondrá la pena aceptada por el acusado,[105] como resultado de la renuncia al contradictorio y la admisión de su responsabilidad.

Críticas

A pesar de las virtudes del procedimiento abreviado, en su contra recaen variadas críticas. La principal se centra en lo que adelantamos, que a través del procedimiento abreviado puede condenarse a personas inocentes, que prefieren admitir su responsabilidad y renunciar al juicio,[106] para obtener así con mayor rapidez su libertad, en los casos en que se encuentran en prisión preventiva, renunciando a su derecho al contradictorio, para poder obtener una sentencia absolutoria.

> LANGBEIN cita el caso North Carolina v. Alford (400 US 25, 1970), en el cual la Corte Suprema de los EE.UU. admitió condenar sin juicio a un imputado que, en la audiencia de determinación de la pena había manifestado ante el tribunal: «Me he declarado culpable de un homicidio en segundo grado porque me dijeron que había muchas pruebas en mi contra, pero yo no le he disparado a nadie... Yo sólo admití mi culpabilidad porque me dijeron que si no lo hacía, me enviarían a la cámara de gas... No soy culpable, pero me declaré culpable». Luego cita el caso de un burgomaestre de Bamberg del siglo XVII, quien esperando su ejecución a muerte escribió a su hija la razón de por qué

---

105 «Todo esto nos lleva a establecer que el procedimiento abreviado no es para todos, es decir, no para todas las personas que se encuentran sujetas a un proceso, me explico, de acuerdo al análisis que se ha realizado, se desprende que el procedimiento abreviado fue creado para aquellos que han perpetrado un ilícito, que aceptan haberlo cometido, que existen datos de prueba suficientes que así lo indican y que por tanto, por cuestiones de política criminal, legislativa y judicial, resulta eficaz para el Estado, para el proceso mismo y desde luego para las partes, que se dicte una sentencia en los términos más breves y con una pena menor al acusado, garantizando la reparación del daño». LOZANO, *op. cit.*, p. 35.

106 «...la persona inocente es quien teme más las posibles consecuencias del proceso penal y quien estaría más dispuesto al pago de una multa o al trabajo comunitario». PERLIN, *op. cit.*, p. 451.

> se había confesado culpable del delito de brujería: «Es todo falso y una invención, así que, Dios, ayúdame... Nunca habrían dejado de torturarme si no hubiera confesado algo».[107]

También se crítica que, en países en desarrollo, el procedimiento abreviado se convierte para el imputado en un mecanismo de corrupción, pues al proceder únicamente a petición del órgano ministerial, el ofrecimiento puede responder a intereses económicos de los funcionarios de la fiscalía y no a los aspectos de legalidad. Además, en lo tocante a la víctima u ofendido, el procedimiento abreviado puede ser utilizado como un mecanismo de «presión» para el imputado, donde el ofrecimiento y trámite se condicione al desproporcional pago de la reparación del daño.

Molina López sostiene que las principales críticas al procedimiento abreviado son:

a) Va en contra de la dignidad de la persona humana.

b) Vulnera el principio de igualdad.

c) La conformidad desconoce el principio de la presunción de inocencia y consecuencialmente el *in dubio pro reo.*

d) Por su rapidez desconocimiento de los derechos de la víctima.

e) Vulnera el principio de lealtad procesal.

f) Las negociaciones a puerta cerrada van en contra del principio de publicidad.

g) La aceptación de responsabilidad afecta el sistema de recursos.

---

107 HERRERA, Francisco, *Práctica del procedimiento abreviado. Jurisprudencia y casos,* Tirant lo blanch, Ciudad de México, 2022, p. 36. «En efecto, resulta absurdo que los defensores aconsejen a una persona que se declare culpable cuando no lo es, ello si bien podría representar a su cliente una pena mínima y eventualmente la obtención de un sustitutivo de la pena de prisión, para obtener la libertad, empero, dejan de observar que finalmente no se está haciendo justicia, ni por el defensor que recomienda a su cliente admita hechos que no cometió y desde luego tampoco por el órgano jurisdiccional que valida esa aceptación de los hechos y relaciona la misma con los restantes datos de prueba que finalmente decretar una sentencia condenatoria». LOZANO, *op. cit.*, 35.

h) Vulnera la estructura del sistema acusatorio por poner su asiento en la separación de funciones.

i) No toma en cuenta las teorías de la pena.

j) Erosiona la teoría del delito.[108]

Lozano Herrera, por su parte, adjudica también al procedimiento abreviado que el mismo provoca desconfianzas al emitir sentencias «fundadas en el consenso de las partes, por la marcada desigualdad del imputado frente a la persecución penal y las fuertes distorsiones que podían derivarse de ella... Se habla también de una verdad incompleta al permitir la apertura del procedimiento abreviado todavía en la etapa de investigación complementaria, porque al no haberse agotado la verdad también es incompleta, quedando la duda de si lo aceptado por el procesado es la verdad absoluta y real o sólo parcial de lo sucedido».[109]

---

108 *Cf*, MEZA, *op. cit.*, pp. 96-98.
109 LOZANO, *op. cit.*, pp. 30 y 31.

Capítulo II
Comunicación penal

Expresamente el párrafo primero del artículo 20 constitucional dota de dos características al procedimiento penal: de lo *acusatorio* y de lo *oral.* De ambos términos nos hemos hecho cargo en otros textos,[110] no obstante, no profundizamos de la *oralidad como proceso de comunicación* dentro de las salas de audiencias en las diversas etapas, fases y actos desarrollados a la luz del procedimiento penal acusatorio y oral.

La «comunicación penal» no existía y por ello, no ha sido explorada por los juristas, principalmente porque la especialidad en los saberes jurídicos ha provocado que quienes nos dedicamos a la procuración o impartición de justicia, los investigadores y docentes, carecemos de autoridad para desarrollar tópicos de tal naturaleza.

Pensamos —con lógica— que si se requiere saber algún tema relacionado con otras áreas necesitaremos acudir a un comunicólogo, un psicólogo o algún otro perito que nos ilustre de sus conocimiento para que los enfoquemos al derecho, sin embargo, cuando los expertos desarrollan sus explicaciones carecen de instrucción en el derecho penal, por lo que nos enfrentamos a una problemática constante que dificulta el vínculo entre la comunicación en los actos procesales y las reglas y principios del procedimiento penal ahora designado acusatorio y oral.

Esa es la razón que nos llevó a acercarnos a la comunicación, para aportar al jurista un tratado donde el lenguaje utilizado sea dirigido al penalista, y aún más concretamente, para el procesalista penal. Para lograrlo nos hemos valido de tres aspectos: 1). Nuestra formación académica, donde además de haber cursado la licenciatura en derecho lo hicimos en la carrera de Trabajo Social en la UNAM; 2) La «praxis» jurídica que hemos adquirido como impartidores de justicia en la Ciudad de México, tanto en el sistema tradicional como,

---

110 *Cf,* GONZÁLEZ, *op. cit.*, pp. 26-35.

particularmente, en el sistema penal acusatorio y oral; y, 3) El arduo estudio de la comunicación que los expertos en la materia han desarrollado. Aun y cuando no lo marcamos como un cuarto punto, en realidad una ventaja —y tal vez la de mayor importancia en nuestro caso— se constituye en que la mayoría de las personas nacemos y crecemos utilizando la comunicación humana para interactuar con los demás: así de simple, pero, al mismo tiempo, así de complejo, como lo veremos en adelante.

Comunicación humana

Los seres humanos somos sociales por naturaleza. Sin la sociabilidad no hubiera sido posible la consolidación de organizaciones complejas como las actuales.[111] De los subsistemas como la familia hasta organizaciones de mayor complejidad como el Estado, se advierte que las personas no podemos sobrevivir apartados de los otros.

La sociabilidad depende, en gran medida, de la *comunicación humana.* La comunicación humana, a su vez, se basa en dos actividades: *hablar* y *escuchar.* «Se ha calculado que el 74% de nuestro tiempo lo empleamos en hablar y escuchar; por tanto es obvio y, por lo mismo, imprescindible considerar a la expresión oral como la actividad fundamental de todo ser humano».[112]

Alba Palaveccino señala que: «Sólo 10% de nuestra vida social lo dedicamos a leer o escribir; el resto, es decir ¡90%! Lo destinamos a hablar y a escuchar».[113]

Para demostrar lo anterior, durante el primer trimestre del año 2019, apliqué a 400 de mis alumnos de postgrado de la UNAM, un test basado en la siguiente tabla:

---

111 La consolidación de los estados modernos se debe a muchos pensadores, sin embargo, particularmente se atribuye a Montesquieu la división de poderes, que es la estructura que conocemos en países como el nuestro, pues expresamente al menos los artículos 39 y 41 de la Constitución explican la soberanía y su estructura.

112 RANGEL HINOJOSA, Mónica, *Comunicación oral,* Trillas, México, 1990, p. 13.

113 PALAVECCINO, Alba, *Técnicas para hablar en público. Sin medio a equivocarse,* Emusa, México, 2012, p. 8.

Actividad Horarios	Hablar	Escuchar	Escribir	Leer
8-11 horas				
12-15 horas				
16-19 horas				
20-23 horas				

Considerando el horario que se observa en la columna de la izquierda (horarios), los estudiantes debían marcar con una X la actividad que diariamente, durante dicho periodo, realizan (hablar, escuchar, escribir o leer). Los resultados fueron categóricos: en promedio, los alumnos refirieron hablar durante 14 horas al día; porcentaje similar al que escuchan. Escriben en promedio 3 horas al día y leen en promedio 4 horas diarias (tomemos en cuenta que la población muestra, al momento del ejercicio, se integró por estudiantes de postgrado).

Así, es claro que la expresión oral es inherente al hombre y ocupa un importante número de horas diarias en nuestra interacción social, ya que como se corroboró, los estudiantes utilizan la mayor parte del día hablando y escuchando, es decir, llevando a cabo un proceso de comunicación oral. «Las palabras arraigan en la inteligencia y crecen con ella, pero traen antes la semilla de una herencia cultural que trasciende al individuo».[114]

Lo anterior representó una ventaja cuando en el 2008 se reforma la Constitución y se plantea la implementación de un sistema acusatorio, basado en la oralidad, que, para el legislador mexicano dejó de ser un principio para integrarse como característica del procedimiento penal.[115]

Sin embargo (por paradójico que parezca), la tradición educativa y cultural de nuestra sociedad, no prepara a los estudiantes (futu-

---

[114] GRIJELMO, Alex, *La seducción de las palabras*, Taurus, México, 2019, p. 13.

[115] En países como Bolivia, por ejemplo, la oralidad es un principio del procedimiento penal. *Cf*, AMPUERO GARCÍA, Jaime, «Ventajas y desventajas de la oralidad y su instauración en el juicio penal boliviano» en *Jornadas iberoamericanas. Oralidad en el proceso y justicia penal alternativa*, INACIPE, México, 2008, p. 70.

ros licenciados en Derecho) para ser competentes oradores o por lo menos, para comunicarse ordinariamente de forma adecuada. Se utilizan muy pocas horas en los centros de formación académica para la enseñanza de la oralidad, incluyendo a las Facultades de Derecho o las Escuelas de Leyes.

En atención a ello, es necesario recordar que la comunicación es un «proceso por medio del cual emisores y receptores de mensajes interactúan en un contexto social dado».[116] Sin olvidar que un proceso de comunicación básico requiere de emisor, mensaje y receptor (como un estado inicial), posteriormente, el receptor se convierte en emisor, transmite un mensaje y el receptor es ahora quien antes fue emisor (estado final).

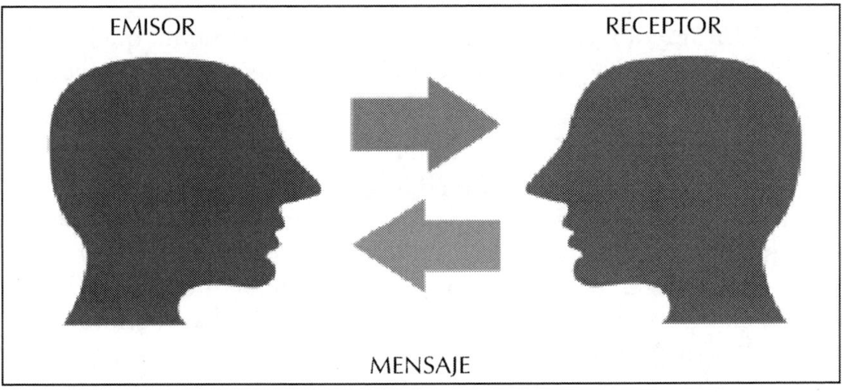

La comunicación humana no sólo es oral, es más compleja: «La comunicación puede ser oral, escrita o gestual, dependiendo del canal o medio que se utilice».[117] Palaveccino, por ejemplo, clasifica la comunicación en verbal y no verbal. La primera que utiliza el lenguaje como recurso, ya sea oral o escrito. La segunda, como signos y señales cuyo significado conocemos, de dichos tópicos enseguida habremos de reflexionar; ambos desde luego, enfocados al procedimiento penal acusatorio y oral.

---

116 RANGEL, *op. cit.*, p. 11.

117 *Ibidem*, p. 13

Retos de la oralidad penal

Participar en una audiencia no es cosa fácil, en una audiencia oral mucho menos. Para cada uno de sus intervinientes, se requiere de un esfuerzo y conocimiento integral que les permita cumplir su rol dentro de una diligencia judicial (pública y oral). A las personas juzgadoras corresponde resolver la controversia, ello atendiendo al derecho y por supuesto, resolviendo incidencias y proveyendo lo conducente para que se desarrolle un debido proceso que respete los derechos humanos de todas las partes (incluyendo a la víctima u ofendido, testigos y peritos). El fiscal deberá demostrar con medios de pruebas el delito de que se trate y la responsabilidad del imputado (o en su caso promover las salidas alternas, las formas de terminación anticipada o los criterios de oportunidad en términos de la ley). A la defensa corresponderá velar que los derechos humanos del imputado sean respetados, esto es: si es inocente, que se le absuelva y si es culpable, que se le imponga la pena justa, como consecuencia de un debido proceso donde sea escuchado y pueda controvertir en igualdad de condiciones las pruebas y alegatos del fiscal. Al imputado, a la víctima u ofendido, a los testigos y a los peritos, corresponderá acudir a los tribunales y conducirse con veracidad (obligación que se extiende a la sociedad en general). Al asesor jurídico corresponderá velar por los intereses de la víctima con apego a la ley. El éxito (o el fracaso) del sistema acusatorio —y en general de cualquier sistema de justicia— es que cada protagonista cumpla con excelencia su papel. Para lograrlo el pilar fundamental es la *preparación.*

La preparación de los partícipes en una audiencia oral y pública se sustenta en la teoría y en la práctica, a lo que Paulo Freire nombra «praxis».

Para la preparación teórica, en términos generales, el sistema de enseñanza aprendizaje que actualmente impera en la formación de los juristas a nivel licenciatura y postgrados en nuestro país, es eficaz, sin embargo, en términos concretos, hubo necesidad de reformar integralmente los planes de estudio para formar histórica, filosófica y metodológicamente profesionistas del derecho con conocimientos del sistema acusatorio. «Resulta fundamental para la correcta aplicación y aprendizaje del Derecho Penal que las escuelas de Derecho den un giro metodológico a su modelo tradicional de enseñanza, haciéndose cargo de los nuevos paradigmas».[118] Ello implicó, por lo menos:

a) Actualizar el derecho procesal penal basado en la metodología del sistema acusatorio y fundamentarlo en la legislación procesal aplicable (concretamente el CNPP).

b) Incluir en los planes de estudio asignaturas relacionadas (y enfocadas al derecho) a la psicología, sociología, argumentación, oratoria, comunicación, entre otras.

c) Las horas clase debieron ser teóricamente suficientes para que el profesionista adquiera los saberes totales para ejercer con responsabilidad su función social como penalista.

d) Las clínicas procesales y la práctica forense asumieron un rol imprescindible, reflejado en horas curriculares impartidas en salones de clase, en salas de audiencias y en los escenarios que se requieran (por ejemplo, en escenas del crimen, embalaje de evidencias, detenciones, etcétera). Para lo anterior, no bastó que las Universidades y las Instituciones Educativas encargadas de formar penalistas y en su caso, capacitar a quienes ya incursionan en el sistema de justicia, cuenten con una buena cantidad de aulas, se requieren verdaderas salas de audiencias, recreaciones de posibles escenas del crimen y prácticas forenses diversas, lo que implica modificar la estructura arquitectónica en el diseño de las instalaciones de las facultades de derecho. «El conocimiento que deben adquirir todos quienes desean intervenir en el nuevo sistema procesal penal supone, asimismo, un cambio profundo en las metodologías de aprendizaje».[119]

e) Profundizar la enseñanza-aprendizaje de la ética y consolidarla como una forma de vida, dentro y fuera del ámbito jurídico y para toda la sociedad.

---

118 BLANCO SUÁREZ, Rafael, DECAP FERNÁNDEZ, Mauricio, MORENO HOLMAN, Leonardo y ROJAS CORRAL, Hugo, *Litigación Estratégica en el nuevo proceso penal*, LexisNexis, Chile, 2005, p. 10.

119 *Idem.*

Con voluntad e inversiones concentradas, lo antes planteado parece posible de alcanzar, es más, en muchos centros educativos dicho proceso de adecuación no sólo ha comenzado sino muestra ya resultados. La dificultad, desde nuestro punto de vista, radica en la preparación empírica.

El razonamiento y la lógica no se desarrollan en un número importante de alumnos en el sistema educativo mexicano. Igualmente, la exposición oral es una de las principales carencias del estudiante y del profesionista. La población es poco tolerante, lo que implica que no sabemos escuchar y pocas veces respetamos la opinión de los demás. Trabajamos deficientemente en equipo y los resultados de calidad muchas veces los pasamos por alto, priorizando la cantidad. Es en ese contexto (cultural y educativo) que se implementó el sistema acusatorio por mandato de ley, basado ahora en la oralidad pública y ya no en la escritura y la secrecía. «Nuestra formación en la escuela, en la universidad, se ha articulado alrededor del lenguaje verbal escrito. Nadie nos ha enseñado la gramática del lenguaje corporal o los recursos vocales que podemos utilizar. En la educación primaria y secundaria se ha priorizado el análisis del lenguaje verbal y su estudio teórico en lugar de fomentar la oralidad, con la intervención correspondiente de la voz y el lenguaje corporal».[120]

Como todas las actividades humanas, de la noche a la mañana nadie puede ser un extraordinario litigante en el sistema procesal penal acusatorio (incluyendo a las personas juzgadoras). Se requieren saberes y una práctica constante. Actos metodológicos repetitivos y basados en la preparación, que al final permitan a los participantes en las audiencias orales cumplir con su rol y su función adecuadamente.

> A parte de un buen cociente intelectual, es muy poco lo que un abogado litigante tiene de hereditario. Las habilidades que son importante en un tribunal se van labrando, asentando y puliendo. Necesitan práctica, mucha práctica. También se requieren confianza, disciplina y determinación. Si en algún lugar dentro del sistema judicial americano hubiera un buen abogado litigante que no hubiese trabajado duro para *llegar a ser* lo que es, esto sería un caso insólito e inaudito.[121]

---

[120] BARÓ, Teresa, *La gran guía del lenguaje no verbal*, Paidós, México, 2013, p. 23.

[121] LEE, *op. cit.*, p. 33.

Lo hasta aquí precisado es la razón por la cual se propone el presente trabajo, para evitar que ocurra el ejemplo que F. Lee Bailey, litigante norteamericano, señala:

> ¡Cuántas veces han acudido a mí algunas de las personas más atribuladas que he conocido, retorciéndose los dedos, porque en medio de un litigio muy largo han llegado a comprender que su abogado es inepto, o está mal preparado o es incapaz de comprender lo que debe de hacer! Han de sentirse como alguien que está consiente durante una operación de vida o muerte y descubre, con horror, que el cirujano no está a la altura de la tarea.[122]

No cabe duda de que, conocer el sistema acusatorio y oral, con un buen curso de más 480 horas, puede lograrse, sin embargo y lo hemos percibido en las diferentes sesiones académicas y de capacitación que impartimos a estudiantes de licenciatura, postgrado y funcionarios públicos ligados al derecho penal, el problema se agudiza con la práctica.

Ponerse de pie y dirigirse a una audiencia, provoca en la mayoría un nerviosismo e inseguridad que muchas veces impide que nos expresemos y en otras tantas, que lo realicemos inadecuadamente. Para evitarlo se nos dan consejos. Se nos dice que cuando hablemos en público evitemos dirigir la vista a la audiencia, que respiremos hondo y despacio. Sin embargo, se ha pasado por alto que la inexperiencia de exponer oralmente se centra en dos problemas: la falta de preparación y la carencia de práctica.

Cuando un orador expone frente a una audiencia es sujeto del escrutinio de sus emisores, lo que se agudiza cuando además se deben cumplir requisitos legales de motivación y de fundamentación. De la preparación de lo que expone depende la seguridad, sin embargo, eso no es suficiente, puede ser un experto en algún tema y al transmitir la información lo hace sin congruencia y sin persuasión.

La falta de experiencia o de técnicas expositivas puede colocar a un aspirante a orador (que no obstante de tener manejo del tema) en los dos odiosos extremos: en la incomprensión argumentativa (basada en un lenguaje simple y vacío) o en la erudición incomprendida

---

122 *Ibidem*, p. 16.

(basada en un lenguaje sumamente técnico que sea incomprensible para la audiencia).

La complejidad de exponer oralmente se agudiza cuando además de ser emisor (y al mismo tiempo) debes ser receptor. El fiscal deberá probar su teoría del caso y ser lo suficientemente agudo para detectar y responder a los alegatos de la defensa, quien controvertirá sus pruebas y sus alegatos. Lo mismo ocurrirá con el fiscal y el asesor jurídico ante la prueba que produzca la defensa y los alegatos que exponga. Por si eso fuera poco —defensa, fiscal y asesor jurídico— deberán exponer su teoría del caso (integrada por sus alegatos y por las pruebas) a un perito en derecho, como lo es el juzgador, a quien difícilmente persuadirán con argumentos débiles y demostraciones endebles (como muchas veces ocurre en el sistema anglosajón basado en un jurado).

La dificultad para las personas juzgadoras no es menor. Deberá ser un extraordinario receptor. Tener la capacidad de sintetizar en pocas líneas la prueba producida, al mismo tiempo en que se garantice el debido proceso y se resuelvan las objeciones o incidencias que las partes interpongan. Deberá ser un excepcional orador para que con razones lógico-jurídicas exponga a los interesados y al público, los motivos que lo llevaron a tomar la decisión a favor de una de las partes. En general todos los intervinientes en las audiencias orales deberán ser expertos en derecho, además de conducirse con honestidad y ética, para garantizar así la legalidad.

En términos generales —desde nuestro punto de vista— los dos principales problemas en la implementación del sistema acusatorio son: metodológicos y culturales.

Metodológicos porque se debe conocer, entender, operar y respetar perfectamente el procedimiento acusatorio (de lo que nos hemos ocupado en otros espacios),[123] de no ser así ¿cómo le explicaremos a la sociedad que un tribunal absolvió a un multi homicida dada la deficiente investigación del fiscal? o que la regla ahora serán las medidas cautelares diversas a la prisión preventiva, es decir, que la persona

---

123 *Cf*, GONZÁLEZ, *op. cit.*

a quien la víctima u ofendido señala como su agresor, la mayoría de las ocasiones enfrentará en libertad su procedimiento.

Cultural porque se debe remar contra corriente, esto es, pensar, actuar y asumir una actitud al menos ética, honesta, de respeto, tolerancia, humildad, profesionalismo, honradez, probidad, preparación, etcétera. Aspectos ajenos a gran número de mexicanos, debido a la formación académica y empírica adquirida.

La clave en el sistema penal acusatorio y oral es que las partes conozcan, manejen y operen estrategias de litigación, durante el desarrollo de la actividad procesal a efecto de aportar al juez información de calidad que le permita dirimir la cuestión que le sea planteada,[124] y este, a su vez, cuente con los saberes y recursos suficientes para emitir sus autos y sentencias de forma sencilla, clara, fundada y motivada.

Para lo anterior, además de conocer plenamente el nuevo sistema penal (sus etapas, fines y naturaleza) la teoría del delito, de la prueba, de las objeciones, del amparo, de los derechos humanos, la convencionalidad, etcétera, se requiere de un esfuerzo superior de organización y razonamiento, que le permita a la fiscalía, a la defensa o a la asesoría jurídica concretizar una teoría del caso veraz y creíble.

Desde la etapa de investigación se requiere de la buena fe de todos los participantes. Ha quedado atrás el oscurantismo que fue frecuente durante la averiguación previa en México (sistema inquisitivo). No tiene cabida la renuencia del personal ministerial en mantener con secrecía su actuación (a excepción de las prohibiciones expresas de la ley).

---

124 Las partes, en el presente trabajo, se entienden a partir del esquema triangular a que alude Ferrajoli, entre acusación, defensa y juez; integrando al imputado, a la víctima u ofendido y al asesor jurídico, como sujetos de interés y protagonismo procesal, en atención al nuevo esquema procesal penal derivado de la reforma constitucional de 2008. «...si la acusación tiene la carga de descubrir hipótesis y pruebas y la defensa tiene el derecho de contradecir con contra hipótesis y contrapruebas, el juez, cuyos hábitos profesionales son la imparcialidad y la duda, tiene la tarea de ensayar todas las hipótesis, aceptando la acusatoria sólo si está probada y no aceptándola, conforme al criterio pragmático del *favor rei*, no sólo si resulta desmentida sino también si no son desmentidas todas las hipótesis en competencia con ella». FERRAJOLI, Luigi, *Derecho y razón*, 9a ed., Trotta, Madrid, 2019, p. 152.

Todos los actos ministeriales deberán ser públicos. Durante la investigación, el ministerio público no puede olvidar que es imparcial y objetivo, que representa a la sociedad y en ese sentido, su investigación (como en general son todas las investigaciones basadas en el método científico) deberá sustentarse en hipótesis que no en todos los casos podrán ser susceptibles de comprobación, cuando eso pase, la fiscalía deberá desistirse de su imputación, para evitar se desarrolle la actividad procesal que implicaría gastos innecesarios a la sociedad y ocuparía a los operadores en asuntos no delictivos, o peor aún, se correría el riesgo de privar de su libertad a personas inocentes.

A su vez, la defensa deberá alejarse de inventar la prueba. Deberá construir su estrategia a partir de hechos ciertos y con base en ella, cuando su defendido sea inocente, buscar su absolución, pero cuando sea culpable, velar porque le sean respetados sus derechos humanos, que la pena que le sea impuesta resulte proporcional (justa) y como resultado de un debido proceso; además de ejercer su garantía de impugnar las resoluciones de primera instancia e incluso, recurrir al amparo cuando sea necesario.

El imputado deberá reconocer la comisión de un delito, cuando así haya sido y en caso contrario, deberá confiar en que el sistema de justicia lo absolverá. Deberá hablar siempre con la verdad (a su defensa y a todas las autoridades) y persuadirse que cuando se comete un delito, nunca es ético guardar silencio. El valor supremo de la justicia deberá siempre ser ponderado por los individuos que cometen un ilícito, en vías de consolidar el bien común.

Las personas juzgadoras deberán resolver los asuntos que les sean turnados única y exclusivamente a partir de las disposiciones legales, apartados de prejuicios o indicaciones. El principio de imparcialidad deberá ser el motor indisoluble en la impartición de justicia.[125] La

[125] Respecto del principio de imparcialidad, Ferrajoli destaca la importancia de haber separado la función investigadora a la de instrucción, es decir, consolidad en autoridades diferentes el papel del Ministerio Público y del Juez. «La separación de juez y acusación es el más importante de todos los elementos constitutivos del modelo teórico acusatorio, como presupuesto estructural y lógico de todos los demás… La garantía de la separación, así entendida, representa, por una parte, una condición esencial de la imparcialidad (*terzietà*) del juez respecto

corrupción no cabe en ningún sistema jurídico,[126] menos en aquellos en que la publicidad es su cimiento.

Testigos y peritos deberán siempre conducirse con veracidad y comparecer ante las autoridades sin prejuicios y con el único objetivo de contribuir con la justicia (no con quien los presente o cubra sus honorarios). Los peritos deberán capacitarse continuamente y reconocer cuando sus conocimientos no sean aptos para intervenir en una experticia. El resto de los testigos deberá ponderar la verdad frente a los intereses personales, de no poder hacerlo, deberá abstenerse en declarar.

La policía tendrá que cumplir con su mandato legal, sin corrupción, sin temor y sin impunidad.

Bajo este esquema, no hay sistema que fracase o sea inoperante, lo que resta es construir adecuadamente una teoría del caso.

> el «arte» del litigio en juicio oral consiste en técnicas que pueden aprenderse del mismo modo en que se aprende cualquier otra disciplina.[127]

Oralidad en el procedimiento penal acusatorio

El párrafo primero del artículo 20 constitucional señala que el proceso penal será acusatorio y oral.[128] El CNPP al menos en los artículos 27, 28 párrafo segundo, 40, 41 párrafo segundo, 44, 63, 66 párrafo segundo, 67 párrafo segundo, 68, 98, 117 fracción XI, 190, 198, 202 párrafo cuarto, 206, 311, 313 párrafo segundo, 342, 344, 353, 354, 359, 371, 372, 373, 374, 390, 394, 396, 397, 398, 399, 401,

---

a las partes de la causa, que, como se verá, es la primera de las garantías orgánicas que definen la figura del juez». FERRAJOLI, *op. cit.*, 567.

126 En alguna sesión académica en la que coincidí con el Magistrado Miguen Ángel Aguilar López, señaló que no sólo se es corrupto cuando se recibe dinero, también se es cuando los funcionarios no se actualizan en su preparación jurídica y ostentan un cargo. Coincido.

127 BAYTELMAN A., Andrés y DUCE J., Mauricio, *Litigación penal, juicio oral y prueba*, FCE/INACIPE, México, 2009, p. 83.

128 «La oralidad no es para nada una novedad de la doctrina procesalista: de ella se empieza a hablar —por ejemplo, en Italia con Chiovenda— ya a inicios del siglo XX, como reacción a la práctica plurisecular del proceso de derecho común, y del siglo XX, que se desarrollaba por medio de la escritura y era lento, complicado, costoso e ineficiente». TARUFFO, *op. cit.*, p. 433.

408, 409, 466 y 476 contempla la oralidad como base de la actividad procedimental. Además, reflejo de la preponderancia oral del sistema penal acusatorio, en el CNPP se pueden contar al menos cuarenta y cuatro audiencias diferentes que conforman el sistema acusatorio y que deberán desarrollarse preponderantemente de forma oral, como se desprende de los artículos 25, 27, 28, 33, 40, 41, 44, 47, 49, 52, 98, 117, 142, 143, 144, 145, 157, 161, 174, 190, 194, 196, 198, 200, 201, 202, 209, 210, 231, 258, 283, 290, 304, 305, 307, 313, 326, 327, 333, 341, 391, 401, 431 y 489.

La oralidad es la piedra angular (metodológicamente) del modelo del sistema penal acusatorio que mandata la Constitución y que se reglamenta en el CNPP. Eso lo explica al reconocer que «La palabra es nuestro medio natural de comunicación, es la herramienta por la cual somos aceptados o rechazados; es nuestra carta de presentación».[129] «El más inteligente de los monos es incapaz de hablar, pero el más estúpido de los humanos podrán hacerlo aunque sea analfabeto, porque el habla forma parte de una esencia innata, y la adquisición del lenguaje, el primer aprendizaje, no tiene relación directa con la inteligencia... La capacidad de hablar se debe a la dotación genética del ser humano y, como explican los psicolingüistas, en lo esencial está impresa en el genotipo de nuestra especie».[130]

> Todos, excepto los que por algún impedimento orgánico no poseen la capacidad de hacerlo, podemos hablar. Esto no significa que lo hagamos bien, que seamos elocuentes, que tengamos ese fuego sagrado que nos permite deleitar, persuadir y conmover, llegando al alma de quien nos escucha, ya que, lamentablemente, la elocuencia es un don que no muchos poseemos... necesitamos de otros recursos, de un bagaje de reglas y preceptos para hablar bien o escribir de manera elegante, más conocidos como retórica. Según la Real Academia Española, la retórica es el «arte de bien decir, de dar al lenguaje escrito y hablado eficacia bastante para deleitar, persuadir o conmover».[131]

Las personas juzgadoras y las partes, durante las audiencias orales, deberán contar con los conocimientos y herramientas necesarias para probar su teoría del caso (y en general todas sus decisiones y

---

129 PALAVECCINO, *op. cit.*, p. 7.
130 GRIJELMO, *op. cit.*, p. 16.
131 PALAVECCINO, *op. cit.*, p. 22.

pretensiones). Por ello, Taruffo reconoce en la oralidad una técnica «más que una solución milagrosa a todos los problemas de la justicia, aplicándola caso por caso, no excluyendo —sobre todo en controversias difíciles y complejas— el recurso al menos parcial al método de la escritura».[132]

> para un abogado litigante de primer orden, la habilidad de hablar de una manera eficiente, no es lo importante, es lo único importante... hablar con elocuencia es una condición *sine qua non* para alcanzar la excelencia en la abogacía, y el camino hacia esa cumbre es empinado y exigente.
>
> La buena noticia es que si usted se empeña en subir hasta allí, encontrará muy escasa compañía. Usted conocerá a muchos otros abogados que se especializan en el campo del litigio y que son buenos, e incluso excelentes, pero no serán capaces de alcanzar la cima porque no tienen la energía, la disciplina, el ímpetu, y la determinación de trabajar de manera constante, dando forma, puliendo, y reforzando sus aptitudes y técnicas discursivas.
>
> Si de lo contrario, es usted un abogado litigante competente y además un orador brillante, se destacará fácilmente del «montón». Tendrá más negocios de los que pueda despachar. Le ofrecerán los mejores casos, con los más pingües honorarios. Los clientes lo buscarán y le pagarán más de lo que le pagarían a sus colegas menos afortunados, porque a los clientes les gusta que sus intereses se defiendan en el lenguaje más elocuente posible. Los jueces también lo apreciarán y, mientras escuchen sus palabras se dejarán convencer, sin darse cuenta de ello.[133]

El artículo 44 del CNPP señala: «*Las audiencias se desarrollarán de forma oral... El Órgano jurisdiccional propiciará que las partes se abstengan de leer documentos completos o apuntes de sus actuaciones que demuestren falta de argumentación y desconocimiento del asunto*». Al respecto los numerales 342 y 396 del CNPP ordenan que la audiencia intermedia y la de juicio, respectivamente, sean en todo momento orales.

> La capacidad de usar el lenguaje de una manera efectiva es de importancia vital para el abogado litigante. Todas sus actitudes se manifiestan a través del uso efectivo de la palabra escrita o hablada, y de su capacidad de entender de una sola pasada lo que otros han escrito.[134]

---

132 TARUFFO, *op. cit.*, p. 433.

133 LEE, *op. cit.*, pp. 60-61.

134 *Ibidem*, p. 34.

Para probar su teoría del caso (presentada y expuesta de forma oral), las partes recurren a las palabras a través de las cuales deberán persuadir a las personas juzgadoras de que sus razones deberán prevalecer respecto de las de su(s) contrario(s) y disuadirlo de los motivos de la contraria (apoyándolo con el derecho y con pruebas). «Las palabras tienen un poder de *persuasión* y un poder de *disuasión.* Y tanto la capacidad de persuadir como la de disuadir por medio de las palabras nacen en un argumento inteligente que se dirige a otra inteligencia».[135]

La persuasión o disuasión pretendida por las partes, deberá basarse en frases y en razonamientos que apelen al intelecto del litigante. Las partes, durante las audiencias orales, plantean hechos de los que pretenden se deriven consecuencias jurídicas favorables a su teoría del caso por parte de las personas juzgadoras, «pero todos los psicólogos saben que cualquier intento de persuasión provoca resistencia»,[136] lo que exige de las partes, una mayor preparación durante su intervención en el proceso penal; «el logro positivo de una audiencia oral presupone un alto nivel de preparación técnica y de experiencia por parte de los abogados, así como de los jueces. Es evidente que una audiencia oral con profesionales no bien preparados y con un bajo nivel resulta en una discusión desordenada y como método para preparar una buena decisión es sustancialmente ineficiente».[137]

> La palabra persuadir proviene de *suadere, suadvis,* y estos vocablos del remoto *suados,* que significa atraer el alma de quien escucha. Persuadir dice fuerza de atracción por medios psicológicos, pues se convence a la razón, y se persuade moviendo la voluntad, consiguiendo una adhesión entusiasta y efectiva a la propia razón... persuasión es convencimiento de una persona a través de reflexiones o argumentos y la persona persuadida actuará sin el miedo a una reacción agresiva u ofensiva, en cambio, la coacción o imposición logra su objetivo por medio de la fuerza.[138]

---

135 GRIJELMO, *op. cit.,* p. 37.

136 *Idem.*

137 TARUFFO, *op. cit.,* p. 433.

138 LONDOÑO JARAMILLO, Laura Alejandra, *Litigación estratégica para el sistema acusatorio en México,* INACIPE/Anaya, México, 2016, p. 39-40.

Las personas juzgadoras, por su parte, deberán estar capacitadas para resolver las controversias de inmediato y de manera verbal en cada audiencia a través de los autos y de las sentencias.[139] Al respecto, el numeral 53 del CNPP señala: «*Los actos procedimentales que deban ser resueltos por el Órgano jurisdiccional se llevarán a cabo mediante audiencias... Las cuestiones debatidas en una audiencia deberán ser resultas en ella*»; en el mismo sentido, el arábigo 63 prevé que *las resoluciones del Órgano jurisdiccional serán dictadas en forma oral.*

En virtud de lo anterior, las personas juzgadoras, el fiscal, el asesor jurídico y la defensa, además de un bagaje de reglas y preceptos para hablar bien o escribir de manera elegante (retórica), deberán ser elocuentes para así cumplir los juzgadores con la debida fundamentación y motivación y las partes, para persuadirlos con la inducción sobre la certeza de sus apreciaciones, consolidadas en su teoría del caso, concretamente a través de la *teoría de los resultados* de Mc Burney y Wrage,[140] y, las personas juzgadoras, deberán ser elocuentes al dirimir la controversia, exponiendo sus motivos oralmente, en concreto, atendiendo a la *teoría de la verdad.*[141]

> El objetivo de la elocuencia no se limita a engalanar, a adornar lo que decimos, sino que enhebra nuestros pensamientos, uno con otro, con los hilos del interés, la coherencia y la credibilidad.[142]

Además de la elocuencia y la retórica, las partes cuentan con la oratoria que es considerada el «arte de hablar con elocuencia» o el «arte que enseña las reglas y preceptos (retórica) para ser un buen

---

139 El párrafo primero del artículo 67 del CNPP, señala: «*La autoridad judicial pronunciará sus resoluciones en forma de sentencias y autos. Dictará sentencia para decidir en definitiva y poner término al procedimiento y autos en todos los demás casos*».

140 Mc Burney y Wrage formulan cuatro teorías en su tratado de la elocuencia, la primera de ellas la llama *Teoría de los resultados*: asegura que la oratoria es buena cuando logra el efecto que se propuso el orador.

141 Otra de las teorías que proponen Mc Burney y Wrage la nombra *Teoría de la verdad*: sostiene que el fin de la oratoria debe fundamentarse en la veracidad. Dicha teoría es también aplicable para las partes, dado que de los artículos 107, párrafo segundo y 397 se desprenden los principios de buena fe y el de legalidad, Mc Burney y Wrage contempla también la *Teoría ética*, de contenido moral y la *Teoría artística*, que tiene como meta lograr la belleza en el estilo.

142 PALAVECCINO, *op. cit.*, p. 23.

orador».[143] «En cuestiones de derecho, la retórica ha sustituido a la espada».[144] El manejo de los tres recursos señalados (elocuencia, retórica y oratoria), permite a los juzgadores y a las partes, cumplir el objeto de esclarecer los hechos a través de la audiencia oral, como lo mandata el párrafo primero del artículo 20 de la Constitución y resolver las controversias o intereses de las partes en cada audiencia con la debida fundamentación y motivación y, aún más importante, con el lenguaje sencillo y claro que pueda ser comprendido por la víctima u ofendido y la persona imputada.

Persuadir al juez de la mejor razón, es resultado del trabajo, de la preparación, jamás ocurrirá a partir de la improvisación,[145] por lo que las partes deberán aprestarse conociendo sus virtudes y sus defectos en la metodología oral de las audiencias, evaluando en qué forma habrán de exponer verbalmente a la persona juzgadora sus pretensiones.

---

143 «Aunque la retórica nace en Grecia, su desarrollo se concretó en Roma, gracias a las exposiciones públicas que tenían lugar en el senado y en el Foro, adonde la gente se reunía para tratar temas de actualidad. De acuerdo con el modelo de elocuencia se distinguen tres escuelas: Ateniense o neo-ática: consideraba que la mejor oratoria era la que describía los hechos con mayor precisión. Se caracterizó por ser espontánea, directa, coloquial, sin artificios ni alardes declamatorios. Está representada por dos grandes maestros: C. Licinio Calvo (82-47 a.n.e.) y M. Junio Bruto (85-42 a.n.e.). Asiánica: así llamada por la influencia que la oratoria griega ejerció en Asia menor, se distinguió por su excesiva ornamentación verbal, su grandilocuencia y su tono brillante y colorido. Su máximo exponente fue Hortensio (114-50 a.n.e.). Rodia: se le denominó de esta manera por el avance que tuvo la retórica en la isla de Rodas a partir del siglo II a.n.e. y por uno de sus principales cultores, Molón de Rodas, maestro de Cicerón. Propone un estilo intermedio entre los anteriores». *ibidem*, pp. 25-26.

144 LEE, *op. cit.*, p. 34.

145 Si bien es cierto la improvisación «impresiona profundamente», también lo es que en términos prácticos requiere de un alto nivel de elocuencia, de personalidad y formación intelectual, aspectos que de ninguna manera lograrán por sí demostrar la teoría del caso ante el juez. La improvisación es para las partes el principal enemigo a vencer en el sistema penal acusatorio y oral, la preparación es la única forma de probar las proposiciones fácticas de la teoría del caso, a través de la producción de prueba. Tampoco es posible dirigirse al juez a través de la lectura (salvo las excepciones de ley), ya que expresamente el artículo 44 del CNPP señala: «*Las audiencias se desarrollarán de forma oral... El Órgano jurisdiccional propiciará que las partes se abstengan de leer documentos completos o apuntes de sus actuaciones que demuestren falta de argumentación o desconocimiento del asunto*».

Cuando las partes estén dotadas de una excelente memoria será sencillo que memoricen todo lo que habrán de decir durante las audiencias orales, aunque recurrir a la memoria puede provocar expresiones sin naturalidad y la existencia, inconsciente, de errores que provocarán en el juzgador y en el público enfado y decepción, particularmente cuando sucedan circunstancias que no fueron planeadas, se corre el riesgo de apartarse del orden en la audiencia, lo que puede llevar a la improvisación que se busca evitar.

No obstante, la memoria nos permite tener presentes los nombres particulares, de las calles, los horarios de los sucesos, entre otros aspectos inherentes al hecho ilícito que se busca por la fiscalía sea delito y del cual el litigante deberá ser el mayor experto en su conocimiento.[146] «La memoria de un abogado litigante debe funcionar de una manera segura y oportuna por una multitud de razones. Sin ella, la capacidad de expresarse de manera eficiente es muy limitada».[147]

> Cicerón consideraba la memoria como el tesoro de todas las cosas y afirmaba que sin ella perecían todas las cualidades de un orador. Ampliando ese concepto, podríamos decir que antes de la escritura ninguna disciplina hubiera podido existir sin la memoria; todas, sin excepción, hubieran caído en el agujero negro del olvido.[148]

Para la memoria y la organización mental de las intervenciones de las partes durante las audiencias orales, resultan útiles las siguientes técnicas:

- *Técnicas de visualización*: implica la creación de imágenes visuales del material que debemos memorizar.

---

146 En el modelo de enjuiciamiento penal acusatorio y oral, las personas juzgadoras no tienen acceso a los registros de investigación, por ello, cuando ingresan a las salas de audiencias lo llevan a cabo únicamente con el conocimiento del derecho pues corresponde a las partes ser sabedores del hecho, del derecho y de la prueba. Entonces, al iniciar la audiencia, las partes tienen ventajas frente al juzgador, pues estas saben cómo ocurrieron los hechos y con qué medios de prueba se cuenta, mientras que el órgano jurisdiccional lo desconoce, no obstante, el derecho los iguala y permite la interacción jurídica en todo el procedimiento penal acusatorio y oral.

147 LEE, *op. cit.*, p. 70.

148 PALAVECCINO, *op. cit.*, p. 80.

- *Técnica de narración:* consiste en crear una historia con los puntos principales de la teoría del caso (la historia son los propios hechos).
- *Técnicas de las iniciales:* se trata de formar una palabra o sigla con las iniciales de nuestro listado (teoría del caso).
- *Técnica de las tres «r»:* resulta útil para la memorización de textos e implica, básicamente revisar, releer y resumir.

Aun cuando las partes dispongan de diagramas, mapas conceptuales, fichas y/o apuntes, deberán memorizar el plan de disertación en su conjunto y la manera en que plantearán cada una de sus partes, «debe tener en claro que escribir no es lo mismo que recordar».[149]

Lo anterior se facilita con la preparación previa a la sala de audiencias. Deberán ser las partes los expertos del tema, quienes más conozcan de la prueba y quienes cuenten con un plan que desarrollarán durante su participación. Deberán descubrir la forma más accesible para memorizar, hay personas a las que se les facilita la memoria visual, a otros la auditiva, etcétera.[150]

La construcción eficaz de la teoría del caso, permite organizar perfectamente el desarrollo de las audiencias orales, pues todos los alegatos, el interrogatorio y el contrainterrogatorio, se encaminarán a su comprobación,[151] por lo que es recomendable tener a la mano los apuntes donde se establezcan mapas conceptuales, cuadros sinópticos, puntos generales, etcétera, para que no se escape detalle alguno al verbalizar durante las audiencias; además de tomar nota de la novedosa información que se genere durante la audiencia, para evaluar cómo contribuye o afecta a la teoría del caso.

En ese sentido, se recomienda un sistema mixto, donde en lo conducente se recurra a la memoria, pero preponderantemente las

---

149 *Ibidem*, p. 83.

150 Steve Bavister y Amanda Vickers (2014), definen la Programación Neurolingüística (PNL) como un modelo de comunicación que se centra en identificar y usar tipos de pensamiento que influyan sobre el comportamiento de una persona como una manera de mejorar la calidad y la efectividad de la vida.

151 *Cf*, GONZÁLEZ, *op. cit.*, pp. 704-737.

partes adopten la forma que les permita aprovechar al máximo sus fortalezas y disimular sus aspectos frágiles.

Una vez establecido el plan de disertación (con base al estudio de la carpeta de investigación y demás datos y medios de prueba), las partes deberán tener las herramientas necesarias para transmitir su plan de trabajo de manera oral con la inmediación de la persona juzgadora.

Diálogo como elemento de las audiencias orales

Comunicarnos oralmente implica expresar un mensaje por medio de palabras y oraciones, para que la comunicación sea recíprocamente oral, el emisor deberá responder de la misma manera, ello se traduce en que, dentro de las audiencias orales se produce un diálogo.

En términos generales, la comunicación oral implica un «diálogo» entre personas. «El diálogo es un proceso de intercambio de información, a través de la comunicación oral, en una relación cara a cara entre dos personas (INMEDIACION)».[152] Dicho diálogo dependerá de la intención y los propósitos de los participantes.

Una audiencia judicial oral penal, responde a lo dispuesto por el artículo 17 constitucional, cuyo fin es que se imparta justicia, resolviendo la persona juzgadora, como autoridad facultada para ello, la controversia (o cuestión) que se le planté. En consecuencia, el tipo de diálogo que se desarrolla durante las audiencias orales es para «resolver problemas y tomar decisiones». Tener claridad de lo anterior evitará situaciones de incomprensión.

Por ejemplo la audiencia intermedia «tiene por objeto principal la preparación del juicio, fijándose de modo preciso su objeto, los sujetos intervinientes, así como la prueba que deberá ser examinada».[153] Identificarlo permitirá a las partes comprender que el debate se desarrollará en relación a dichos aspectos y los ajenos a su naturaleza,

---

152 RANGEL, *op. cit.*, p. 25.
153 BAYTELMAN, *op. cit.*, p. 43.

no deberán plantearse, porque de hacerlo, se violentaría el propósito de la diligencia, además de evidenciar la ignorancia del postulante y crear incomprensión en la persona juzgadora y en la contraparte.

Hinojosa señala que las *condiciones fundamentales* del diálogo son:

Código común. La correspondencia en la terminología es indispensable durante un diálogo. En una audiencia oral este aspecto está parcialmente resuelto. Los protagonistas (jueces, ministerio público, asesor jurídico y defensa) son peritos en derecho y por ello, su lenguaje es homogéneo. Las palabras utilizadas, en términos generales, son comprendidas por todos. Utilizan una misma terminología. El fiscal (y el asesor jurídico) entiende lo que argumenta la defensa, la defensa lo que refiere el fiscal y el juez lo que ambos alegan. Sin embargo, lo anterior no ocurre con la víctima u ofendido, el imputado y el público que presencia la audiencia. Entonces se vislumbra una «eterna» discusión: ¿para quién hay que exponer en las audiencias orales? Técnicamente el ministerio público, el asesor jurídico y la defensa deberán dirigirse al juez, que es quien finalmente resolverá la controversia. No obstante, tanto fiscal, asesor jurídico como defensa, tendrán frente así a personas de todo tipo.

Fungen como testigos los jornaleros, los obreros, los estudiantes, las amas de casa, los políticos, los doctos, etcétera.

Cada testigo o perito cuenta con un lenguaje concreto (basado en su cultura y educación), de quien además se deberá obtener información de calidad que escucharán las personas juzgadoras.

La mayor parte de los testigos no es perito en derecho por lo que corresponde al ministerio público, al asesor jurídico y a la defensa, preparase adecuadamente para realizar eficientemente su interrogatorio y contrainterrogatorio. *Previo a la audiencia,* quien pregunta, deberá conocer el lenguaje del testigo (basado en su nivel académico, su condición cultural, socioeconómica, religiosa, geográfica, etcétera), con base en ello, deberá elaborar y desarrollar un interrogatorio acorde al código que sea común al emisor y al receptor, lo que implica, sin duda, una *ardua investigación y preparación previa a la audiencia oral.*

Al respecto existen varias posibilidades. Si son nuestros testigos, bastará con entrevistarse con ellos previo a la audiencia. Llevar a cabo en el despacho la simulación de audiencia y evaluar el lenguaje en que se pretende interrogar. Si se trata de testigos de la contraria, se deberá realizar una minuciosa investigación para conocer su nivel académico, su condición cultural, socioeconómica, religiosa, geográfica, etcétera y con base en ella, estructurar el contrainterrogatorio. La información se puede obtener de la propia carpeta de investigación (de las entrevistas), del trabajo de campo o incluso, de las fuentes abiertas. Alejarse de un código común provocará que el testigo no comprenda lo que se le pregunta, por lo que el juez no recibirá la información de calidad y el que interroga evidenciará que no se preparó.

> Por ejemplo, una frase como «enseñar es un arte» puede provocar diversas reacciones: si para una persona, arte es «un conjunto de reglas para hacer bien una cosa», la frase no provocará reacción negativa alguna, mientras que si para otra persona, arte es un «orden gratuito que busca la distracción y el goce estético», inmediatamente argumentará en contra de la implicación de que la enseñanza es «arte».[154]

Persuadido estoy de que las alegaciones de las partes durante una audiencia oral deberán dirigirse y ser entendidas, por jurisconsultos y por quien no lo sea. Sólo así se respeta el principio de publicidad en una sociedad democrática basa en el Estado de derecho.[155] Dar la

---

154 RANGEL, *op. cit.*, p. 27.

155 Respecto del principio de publicidad *Cf*, GONZÁLEZ RODRÍGUEZ, Victor Hugo, *Sistema de justicia para adolescentes en el Distrito Federal*, CUEDEC, México, 2012, p. 196. Sin soslayar que FERRAJOLI sostiene que uno de los efectos de la publicidad es «personalizar» a los jueces. «...uno de los principales factores de la irresponsabilidad de los jueces, es el anonimato en el que a veces se esconde su actividad. Con la personalización de las funciones judiciales, la paternidad de los juicios no estaría referida a entidades anónimas como el tribunal, la Corte de Apelación, la Corte de Casación, la Sección Instructora, la Magistratura y otras abstracciones similares, sino a los magistrados concretos que toman las decisiones, o que participan en ellas, y que, así, quedarían expuestos personalmente al juicio y a la crítica de la opinión pública». FERRAJOLI, *op. cit.*, pp. 602-603. «El principio de publicidad se desdobla en dos dimensiones, una que se relaciona con todo procedimiento jurisdiccional, por lo que atañe propiamente a las partes, ambas deben tener acceso a la información que se vaya generando para poder hacer valer sus derechos en litigio conforme más les convenga; siendo la

posibilidad a cualquier ciudadano de que presencie una audiencia oral, entre muchas otras cosas, es abrirle la puerta para que ingrese a la casa de la justicia, donde los cimientos son la verdad ¿y qué verdad puede haber en un lenguaje que le es ajeno?

Francisco José Huber Olea Contró, magistrado del Poder Judicial de la Ciudad de México, refiere: «es indispensable que todas las personas comprendan por qué estamos emitiendo las sentencias que pronunciamos; cuáles son los motivos que nos han llevado a nuestras conclusiones; cómo hemos valorado las pruebas que se nos dieron; pero, sobre todo, esto lo debemos hacer con un lenguaje coloquial, alejados de los tecnicismos que únicamente pueden ser comprendidos por abogados y que tanto nos han alejado de las personas que acuden a nosotros con la esperanza de que los problemas que los aquejan sean resueltos».[156]

Marco de referencia recíproco. El marco de referencia se encuentra resuelto durante una audiencia oral. El CNPP señala las reglas del debate y previo a este, los protagonistas *no pueden tener duda alguna (o desconocimiento) de lo que ocurrirá en la sala de audiencias.*

Las partes argumentarán y demostrarán con pruebas sus pretensiones. Las personas juzgadoras resuelven. Los testigos o peritos declaran con veracidad y el imputado decide si desea o no hacer uso de la palabra.

Lo trascendente y que de nueva cuenta tiene que ver con la *preparación previa,* es que el fiscal, el asesor jurídico y la defensa, centren sus esfuerzos en la audiencia que habrá de celebrarse. Alegando lo conducente a la diligencia y no dispersarse en aspectos ajenos. El juez, desde luego, deberá tener la capacidad suficiente para dirigir el debate a partir de la *naturaleza de la audiencia,* resolviendo las objeciones que en su caso las partes le propongan:

En una *audiencia de judicialización de medidas de protección* impuestas por el fiscal, el juez de control las cancelará, ratificará o modificará

---

otra, en donde terceros tienen interés en acceder a la información respectiva». *Análisis..., op. cit.,* p. 266.

[156] OLEA CONTRÓ, Francisco José Huber, «Sin justicia no habrá paz social» en *El mundo del abogado,* año 15, número 177, enero 2014, México, p. 35.

mediante la imposición de las medidas cautelares correspondientes. En *audiencia de ratificación de detención,* el marco referencial es si se acredita o no la flagrancia o el caso urgente. En la *formulación de imputación* el fiscal hace de su conocimiento al imputado que se la investiga. En la *audiencia de medidas cautelares* la necesidad de cautela, en busca del normal desarrollo del proceso. En la *audiencia intermedia* las causas de previo y especial pronunciamiento o en su caso, la depuración de la prueba y en la *audiencia oral* el desahogo de medios prueba para que el tribunal emita su fallo de condena o de absolución.

Cada diligencia tiene un objetivo específico y naturaleza distinta. Corresponde a las partes identificar perfectamente cada una de ellas y desarrollar su actividad litigiosa (por cuanto hace a las partes) y sus resoluciones (en lo tocante al juez) para respetar un marco referencial reciproco, que, en resumen, es un marco legal, basado en lo dispuesto por los párrafos segundo de los artículos 14 y 17 constitucionales.

En términos generales, los participantes en una audiencia oral comparten los sistemas de valores y las suposiciones básicas.[157]

Es claro que durante el desarrollo de una audiencia oral el propósito es que la persona juzgadora obtenga información de calidad (ya sean datos o medios de prueba), que le hacen llegar las partes y no información de tipo «emotivo-subjetivo». El principio de legalidad y el de certeza jurídica, inciden en un acuerdo que comparte el mismo propósito: recurrir a la autoridad judicial (personalizado en la figura del juez) para que se imparta justicia, en contraposición a la venganza privada, prohibida por el artículo 17 constitucional.

Las partes deberán ser capaces de dejar a un lado los propósitos emotivo-subjetivos, para evitar que el diálogo sea imposible. Si se dis-

---

157 RANGEL plantea un ejemplo de suposiciones básicas. «Los casos de accidentes automovilísticos son ejemplos ilustrativos de las consecuencias que pueden tener las suposiciones básicas. Cuando manejamos un automóvil, partimos de la suposición de que ante la luz roja los conductores harán alto; pero bien puede suceder, como en tantas ocasiones nos ha tocado observar, que intempestivamente alguien no respete el alto y provoque, sino una colisión, un buen susto. Lo mismo sucede en un diálogo: si partimos de suposiciones básicas y la otra persona, por error o distracción, no las respeta, puede provocar un conflicto». RANGEL, *op. cit.*, pp. 27-28.

cuten *medidas cautelares*, ministerio público, asesor jurídico y defensa deberán centrarse en el propósito informativo-objetivo de la audiencia, para que el juez tenga información de calidad y resolver respecto de la necesidad o no de la cautela. Lo anterior no obstante que ocurra el supuesto de que fiscal, asesor jurídico o defensor, previo a ingresar a la sala de audiencias, acaban de ver un accidente y lo que les importa es compartir la experiencia (propósito emotivo-subjetivo).

Otro aspecto relevante para considerar durante una audiencia es evitar los puntos de vista impregnados de subjetividad. Por ejemplo, esto ocurriría si el interrogatorio (atendiendo a la teoría del caso) buscará proporcionar a la persona juzgadora información objetiva relacionada con un asunto teológico y llamamos al estrado a un fanático religioso. Esta persona no podrá ser imparcial en su juicio, ya que tenderá a justificar las cualidades de la religión y justificar u omitir sus defectos y, en consecuencia, el testigo será blanco de objeciones o peor aún, arrojará información subjetiva que le reste credibilidad a su dicho y a la propia teoría del caso de quien lo ofertó. Máxime que «cuando una persona sostiene una opinión cargada de emotividad, no resiste la crítica y generalmente se enfurece cuando alguien no comparte su opinión»,[158] lo que la contraria aprovechará para arremeter en contra del testigo. La subjetividad, desde luego, deberá también ser ajena durante las audiencias orales a las personas juzgadoras, al ministerio público, al asesor jurídico y a la defensa.

Durante el diálogo puede haber problemas en el emisor o en el receptor. Del primero podemos destacar:

Emotividad excesiva. Es frecuente que se tenga la apreciación de que un buen expositor en una audiencia oral es aquel que emite sus alegatos emotivamente. La emotividad es adecuada siempre y cuando no sea excesiva, porque de serlo puede ocasionar la destrucción del mensaje, en virtud de que el receptor (persona juzgadora, contraparte, testigo y público) se concentrará en las manifestaciones exteriores del exponente y no en el contenido de su mensaje.

> su nivel de emotividad y apasionamiento provocará que nuestra atención se desvié hacia sus gestos, sus movimientos o tono de voz, de

158 *Ibidem*, p. 28.

> manera que el mensaje esencial no alcanzará a ser captado por la intensidad con que éste es emitido en forma verbal o no verbal.[159]

Sin duda, durante la exposición que realicen el ministerio público, el asesor jurídico y la defensa, es recomendable recurrir a la emotividad. Ingenuo es pretender que, al transmitir pensamientos e incluso sentimientos, sea posible abstenerse de ser emotivo. Lo principal es que la emotividad corresponda con el contenido de los alegatos o de la intensión de la pregunta que se formule durante el interrogatorio.

Con base en lo anterior, es claro que la emotividad es exclusiva del fiscal, el asesor jurídico y la defensa, no obstante, ello no implica que las personas juzgadoras sean insensibles y carezcan de emotividad, sin embargo, en su investidura de juzgadores (particularmente a partir de los principios de imparcialidad y objetividad) deberán abstenerse de expresar cualquier indicio de emotividad, porque de lo contrario, evidenciarán elementos cognoscitivos al ministerio público, al asesor jurídico y a la defensa, de lo producido durante la audiencia.

Ejemplo. El Fiscal le pregunta a un testigo ¿Le parece justo que, en su restaurante, todos los días tiren toneladas de comida mientras hay niños muriendo de hambre? El testigo responde: si, me parece justo. Como el juez no comparte la opinión (en ocasiones sin darse cuenta), realiza movimientos con la cabeza, negando. Dicha expresión todos en la sala de audiencias la notaron, por lo tanto, el fiscal, el asesor jurídico y la defensa sabrán que en adelante deberán ser cuidadosos con el tema del hambre de los niños, porque el juez no evitó su emotividad y ello puede representar alguna ventaja para la teoría del caso de una de las partes.

El lado opuesto de lo antes dicho es la falta de emotividad. Tan perjudicial para la exposición del fiscal, del asesor jurídico y de la defensa es la emotividad excesiva como la limitada.

La emotividad limitada provocará perdida de interés del receptor para con el mensaje. Principalmente porque el emisor evidenciará que carece de interés en lo que dice. Si se advierte desinterés del

---

159 *Ibidem*, p. 31.

ministerio público, del asesor jurídico o de la defensa en su mensaje, se correrá el riesgo de que la persona juzgadora, el testigo, el perito y la audiencia, pierdan atención de lo que se les expone o pregunta, reduciendo eficacia a la presentación y demostración de su teoría del caso, que afectará la calidad de la información producida durante la audiencia.

Dentro de una audiencia oral es imprescindible saber el momento en que se deberá intervenir y cuándo guardar silencio, esto se conoce como *sincronización efectiva.*

El desarrollo de las audiencias orales se encuentra determinado por la ley. El CNPP establece la mecánica en que habrá de desarrollarse la intervención de las partes, durante las diversas audiencias. Ello representa un orden metodológico dado por la propia ley, es decir, jueces, fiscales, asesores jurídicos, defensores y testigos, intervienen respetando los mandamientos legales, sin embargo, existen casos donde el hablar oportunamente o guardar silencio, es vital para la demostración o no de la teoría del caso.

Las objeciones son el mejor ejemplo de que las partes deberán ser oportunas al hablar. Si durante el interrogatorio, el fiscal o la defensa no detectan las preguntas objetables y las interponen, los testigos aportarán información que el juez tomará en consideración al resolver la controversia, no obstante que sea nociva para alguna de ellas. Es posible que dicha información sea obtenida por la contraparte violentando las reglas del interrogatorio y, no obstante, ante la ausencia de objeción (porque la contraria no habló oportunamente) proporcionará información que dañe la demostración de la teoría del caso o desacredite a nuestros testigos.

Por el contrario, durante el contrainterrogatorio, uno de los testigos de la contraria aporta información útil a los propósitos de quien pregunta y sin saber la respuesta del testigo (por no saber guardar silencio), formula una pregunta de más y con ello permite que el testigo aclare aspectos que de no haberlo hecho, favorecía a nuestra teoría del caso.

Ejemplo. Durante el interrogatorio el fiscal (deficientemente preparado) pregunta: – ¿En este momento se encuentra en aptitud de reconocer a su agresor?

El testigo responde:

– No.

¿Con esta respuesta no queda claro para el juez si la víctima vio o no a su agresor durante el evento (lo cual favorece la teoría del caso del fiscal), sin embargo, ante la carencia de una sincronización efectiva, es decir, porque el fiscal no se preparó y no sabe guardar silencio, insiste:

– ¿A qué distancia el día de los hechos tuvo a la vista a su agresor?

– En ningún momento lo vi —dice la víctima. En este caso, si el fiscal se hubiese abstenido de formular la segunda pregunta, en su alegato de clausura o final, pudo haber dicho «su señoría que la víctima refiriera que en este momento no se encontraba en aptitud de reconocer a su agresor, no implica que no lo haya visto».

Muchas veces la pregunta del contrario no cumple con las reglas del interrogatorio y, no obstante, la respuesta del testigo en nada denota o afecta nuestra teoría del caso o incluso, su respuesta favorece la acreditación de nuestras proporciones fácticas, entonces, es un buen momento para no objetar, dejar que el testigo responda libremente, no obstante, de haber detectado la violación a las reglas del interrogatorio. La decisión que se ejemplifica también puede ser tomada en cuenta cuando no obstante que la respuesta no favorezca nuestra teoría del caso, tampoco la afecta, y entonces, dejar que el testigo responda abunda en celeridad de la diligencia y evita riesgos de que la persona juzgadora pueda creer que una de las partes es conflictiva o busca obstaculizar el desarrollo de la audiencia.

En ese sentido, como un ejercicio estratégico, con frecuencia se puede guardar silencio durante una audiencia, cuando lo procedente era hablar y viceversa, se insiste en hacer uso de la voz, cuando resultaba útil guardar silencio.

Lograr lo anterior (como hemos insistido) dependerá de la concentración que las partes tengan durante el desarrollo de la audiencia y de su preparación previa. Mayor atención de lo que ocurre durante la audiencia, facilitará la decisión acertada de objetar o de guardar silencio, para lo que es necesario que defensa y fiscal conozcan a la perfección su teoría del caso.

Emisor extraviado. La falta de preparación del ministerio público, el asesor jurídico o de la defensa, provocará alejarse del mensaje que se quiere transmitir. Con la improvisación, lo único que se conseguirá es alejarse del mensaje que se quiere emitir.

La falta de preparación provocará en el expositor el intento de demostrar ser elocuente y en su afán de «decir algo», puede extraviar sus alegatos mediante asociaciones no pertinentes a su teoría del caso, o en muchas ocasiones, lo único que logrará emitir es un cantinfleo que evidencie su falta de concentración (o carencia de preparación) en el mensaje básico. Al respecto, el artículo 394 del CNPP señala que el alegato de apertura deberá ser concreto.

Por cuanto hace a las personas juzgadoras la exigencia anterior resulta aplicable. El juez, sobre todo al emitir el fallo (de manera oral), deberá exponer el mensaje básico de la controversia planteada. Deberá evitar a toda costa alejarse del mensaje sustancial. No pocas veces el juzgador puede caer en la tentación de argumentar de más sus resoluciones, para que las partes y público conozcan su erudición o para hacer énfasis en el sentido decidido, sin embargo, su función es dirimir los asuntos que le son turnados, en palabras claras, sencillas y contundentes. En virtud de lo anterior, la fracción III del artículo 401 del CNPP señala que el juez relator al comunicar el fallo deberá señalar la relación sucinta de los fundamentos y motivos que lo sustentan, mismos que, además, no podrán ser diferentes a la motivación que quede expresada en la sentencia escrita.

Demasiado lento o demasiado rápido. La manera adecuada de intervenir en una audiencia oral es exponer a un ritmo adecuado. Ni demasiado lento ni demasiado rápido. «Quien habla demasiado rápido pasa de un punto a otro o de una idea a otra, hasta que el receptor se pierde por la cantidad de mensajes que su cerebro debe analizar un muy poco tiempo».[160]

Es cierto que el juez, la defensa, el asesor jurídico y el fiscal están capacitados para recibir la información generada durante la audiencia (y que a mayor experiencia mayor capacidad para escuchar, retener, interpretar y responder la información recibida), sin embargo,

---

160 *Ibidem*, p. 32.

el fiscal, el asesor jurídico y la defensa deberán exponer a un ritmo que coloque al juez (y al público que asiste a la sala de audiencias), en un sitio de receptores cómodos. Proporcionando el tiempo necesario para digerir las ideas principales sin que ello sea demasiado lento para que se dispersen, pero bajo un ritmo adecuado que le permita recibir el mensaje con el peso o valor que se pretende dar.

Segundo, la persona juzgadora deberá resolver las controversias que se le planteen con un ritmo adecuado, ello redunda en el entendimiento de su mensaje y sobre todo, en la legitimidad de lo que expone, hacerlo demasiado lento constituye una barrera, con rapidez provoca incomprensión.

Además de lo anterior, es imprescindible que cuando se realiza algún alegato deberá evitarse repetir las ideas que son de fácil comprensión. Ser en ello repetitivo conduce a la perdida de interés.

Ejemplo. Caín asesinó a Abel. En ese sentido, es claro que lo privó de la vida. Que el día de los hechos lo mató…

Como puede observarse, lo que el expositor quiere transmitir es que Caín mató a Abel, lo que desde la primera frase quedó claro. Lo que el expositor siga diciendo deja de tener interés para el receptor.

En contraposición, al emitir ideas complejas, se deberá exponer aportando palabras diferentes y de ser necesario, explicar la idea desde por lo menos dos puntos de vista, antes de pasar al siguiente tópico.

Ejemplo. El lucro indebido que se obtuvo con el engaño es equivalente al aumento de la inflación durante la última década. Es decir, en el grado en que los precios aumentaron durante diez años, se obtuvo una ganancia indebida. Es como comprar el día de hoy una casa que vale un millón de pesos y en diez años la vendemos en diez millones, ganando indebidamente nueve millones.

En el ejercicio anterior se expuso primero la idea técnica (quizás resultado de un dictamen contable), luego se interpretó en palabras menos técnicas y finalmente, se ejemplificó el evento con una compraventa que muchas personas entendemos sin necesidad de conocimientos contables.

También en el diálogo ocurrido con motivo de las audiencias orales se actualizan *problemas del receptor*. Juez, fiscal, asesor jurídico y defensa, además de ser emisores durante las audiencias orales, deberán ser receptores. En ese carácter, entre otros, se presentan los siguientes problemas:

Actitudes contrarias. El desarrollo de una audiencia oral tiene como componente indispensable la adversariedad, es decir, la existencia de dos posturas (la mayoría de las veces opuestas) que pretenden prevalecer respecto a su contraria. El fiscal y el asesor jurídico durante el juicio oral buscarán una sentencia condenatoria y en su caso, la defensa la absolución. Para ello, expondrán, y tal vez una de ellas demuestre su teoría del caso, argumentos radicalmente opuestos.

Las diferencias en los argumentos (basados en la teoría del caso) e incluso su oposición, no deberá incidir en el receptor una postura reticente o intolerante. Cierto es que todos tenemos actitudes, prejuicios y predisposiciones, no obstante, al formar parte de una diligencia oral, estos rasgos deberán abandonarse y el fiscal, el asesor jurídico y la defensa deberán concentrarse en desarrollar y probar su teoría del caso y evidenciar y resaltar las debilidades de su contraria. La persona juzgadora a su vez, deberá ser un ejemplo de imparcialidad e independencia. Nada fuera de lo producido dentro de la audiencia deberá orientar su decisión (artículo 407 del CNPP). Deberán ser características del juez, fiscal, asesor jurídico y defensa, la tolerancia, la comprensión y la calma. Su ausencia «impide percibir adecuadamente el mensaje y de este modo bloquean el dialogo».[161]

Establecer conjeturas. Uno de los principales problemas a los que se enfrentarán las personas juzgadoras (y no menos las partes) durante el desarrollo de las audiencias orales, es su objetividad plena. El principio de objetividad implica que el juez resuelva a partir de lo producido durante la audiencia oral, sin prejuicios y sin tomar en cuenta aspectos subjetivos o ajenos a la prueba producida (la objetivad opera también para el fiscal en etapa de investigación).

Sin embargo, los jueces (y todos los participantes de una audiencia oral) no dejan de ser personas con prejuicios, opiniones, vicios e inclinaciones. Dichas características no deberán —por muy difícil que esto sea— influir en sus resoluciones.

---

[161] *Ibidem*, p. 33.

> Si el que escucha no está dispuesto a oír o revisar los hechos y sólo hace juicios a *priori* de lo que va a decir, no podrá captar el mensaje básico. Todos tendemos a establecer conjeturas antes de conocer todos los hechos, aventurando un juicio que sólo puede ser parcial mientras no se capte la totalidad de lo que se quiere comunicar.[162]

En un curso que impartí a personas juzgadoras, se les relató un hecho real, extraído de una causa judicial. Al haber dado lectura a los primeros dos párrafos, la mayoría de los asistentes ya tenía una opinión de la forma en que resolvería jurídicamente el hecho. Cuando se les preguntó a qué se debía, la mayoría respondió «a la experiencia».

La experiencia es muy útil para todas las actividades humanas, pero no deberá considerarse que la experiencia resuelva cada asunto criminal, ya que cada hecho reviste características específicas (singulares) que únicamente pueden ser descubiertas al contar con todos los elementos necesarios (o con toda la información proporcionada por las partes).

Incluso cuando el artículo 254 del CNPP refiere que las pruebas deberán valorarse recurriendo a las reglas de la experiencia, no implica que los juzgadores deban valorar la prueba producida durante la audiencia oral a partir de los cientos de asuntos parecidos que antes han conocido, ya que «son las reglas conocidas por todos; es experiencia común, como conducir vehículos, usar ascensores, abordar un avión, cosas muy elementales que tienen su límite cuando se requiere prueba pericial».[163]

Lo anterior quizás explica, atendiendo al derecho comparado, que durante la reforma penal en Chile se prefirió a jueces jóvenes que los mayores, para evitar que los prejuicios incidieran en la toma de decisiones de los impartidores de justicia en el nuevo modelo de enjuiciamiento penal. En el estado de Chihuahua se procuró que ocurriera lo mismo, verbigracia.

---

162 *Ibidem*, p. 34.

163 DALL' ANESE, Francisco, «Juicio oral» en Jornadas Iberoamericanas. Oralidad en el proceso y justicia penal alternativa, INACIPE, México, 2008, p. 103. Respecto de las máximas de la experiencia *Cf*, GONZÁLEZ, *Procedimiento...*, pp. 666-697.

Falta de aceptación hacia el emisor. El respeto hacia cada uno de los intervinientes en las audiencias orales es un requisito y una de las funciones de las personas juzgadoras es hacer que eso se cumpla (párrafo segundo del artículo 107 del CNPP). El respeto, entre otras cosas, representa escuchar a los otros. El juez, sin excepción, habrá de escuchar al fiscal, al asesor jurídico/víctima u ofendido, a la defensa/imputado y a los testigos o peritos. El fiscal, el asesor jurídico y la defensa harán lo mismo con el juez y con el resto de los participantes.

En ese sentido, la falta de aceptación hacia el emisor se convierte en una barrera comunicativa que, de ocurrir, producirá sendos problemas. Un juez que desestime lo que una de las partes alegue, se encontrará imposibilitado para emitir su fallo, ya que, en atención al principio de contradicción, siempre deberá escuchar a ambas partes.[164] Lo mismo ocurrirá en el caso del fiscal, el asesor jurídico y de la defensa. Demeritar al contrario puede ser el inicio de no demostración de la teoría del caso.

Lo anterior ocurre cuando alguna de las partes considera a la otra no calificada, no apta, nulamente preparada, inexperta, cuando la demerita o subestima.

> La barrera causada por la suspicacia o la falta de aceptación es básica y presenta un problema crítico: todos estamos dispuestos a escuchar las opiniones de personas a las cuales aceptamos y en quienes confiamos, pero no las de aquellas de las cuales sospechamos o no consideramos calificadas.[165]

No hay duda de que una de las cualidades necesarias de jueces, fiscales, asesores jurídicos y defensores es el ser extraordinarios escuchas, además, es su obligación durante las audiencias orales. La atención que se ponga a cada interviniente durante la audiencia deberá hacerse notar.

Imaginemos a un testigo que acude a una audiencia oral y al exponer su dicho al interrogatorio, nota que el fiscal, asesor jurídico o la defensa carecen del mínimo interés en lo que dice (muchas veces porque conocen de antemano la información que el testigo aporta-

---

164 *Cf*, GONZÁLEZ, *Sistema...*, *op. cit.*, pp. 114-116.
165 RANGEL, *op. cit.*, p. 35.

rá). Un testigo ignorado se sentirá solo durante la audiencia, rodeado de licenciados y jueces a quienes no les interesa lo que dice, perderá la solemnidad que debe regir las actuaciones judiciales y redundará en desconfianza para quien lo ofertó y sobre todo, la información que aporte no podrá ser canalizada con eficacia a la teoría del caso, porque recordemos que el juez desconoce lo que el testigo vio y que es a través del interrogatorio que habremos de presentarle los hechos o por lo menor parte de estos.

Igualmente, imaginemos que cuando el fiscal, el asesor jurídico o la defensa exponen sus alegatos, el juez tiene la mirada fija en los apuntes de su escritorio, mantiene una postura semi acostado sobre su silla y no se advierte mínima respuesta a las frases que se emiten.

De ocurrir lo anterior, se violenta el principio de inmediación, ya que no basta la presencia física del juez durante las audiencias. Su presencia responde precisamente a la obligación que tiene de escuchar con entera atención lo que se expondrá, ya que es con base en ello, que habrá de emitir cada una de sus resoluciones.

De la misma forma, es obligación del fiscal, del asesor jurídico y de la defensa escuchar a testigos, a la contraria y a la persona juzgadora, de ello dependerá el éxito de sus pretensiones.

Para concretizar, Rangel propone que al respecto se deberán atender tres aspectos:

1. *Poner atención a la otra persona.* Como ya se sugirió, no basta con hacerlo, además, deberá darse a notar a quienes se encuentran en la sala de audiencias. Dicha atención se refleja por medio de:

   a) Contacto visual mirando a la persona a los ojos;

   b) Gestos, movimientos y posturas; y,

   c) La respuesta verbal al mensaje (esto último no se actualiza en el caso de la persona juzgadora, es decir, éste no deberá expresar respuestas ni corporales —como afirmar o negar con la cabeza— ni verbales, dada su imparcialidad, sin embargo, si se encuentra obligado a escuchar con atención a todo el que interviene, porque se insiste, esa es la única fuente de información con que cuenta para emitir sus resoluciones).

2. La posibilidad de actuar como espejo. Esta habilidad implica situarse en el lugar del otro (del emisor) para comprender y asimilar las experiencias. Lo anterior se actualiza, en el caso del fiscal, el asesor jurídico y la defensa principalmente en dos efectos:

   a) Para beneficiar su teoría del caso, y,

   b) Para controvertir la de la contraria.

   Deberán actuar como espejos a efecto de poder comprender a los testigos que pretenden expongan su versión ante el tribunal. Un defensor difícilmente defenderá eficazmente a una persona a la que no comprende, e incluso subestima. Lo mismo ocurre con el ministerio público y el asesor jurídico, no colocarse en la posición de la víctima o de los testigos, redundará en desconfianza de que se le aporte la información que requiere para probar su teoría del caso, además de que no creará vínculos profesionales con sus testigos y eso consolidará barreras comunicaciones que se evidenciarán durante el desarrollo de las audiencias orales. Si las partes logran actuar como espejos, podrán detectar que su contrario se encuentra nervioso, incomodo, enfadado, etcétera, y de esa forma, aprovechar su posición para actuar con ventaja debida dentro de la audiencia; dichos principios operan con los testigos. Una herramienta útil para saber si un testigo miente es colocarse en su posición, de hacerlo, nos daremos cuenta de que su versión no es verosímil, pues carece de congruencia, lo que muchas veces únicamente es posible establecerlo a partir de colocarse en su lugar.

   La persona juzgadora no deberá colocarse en el lugar de ninguno de los testigos ni de los litigantes, sin embargo, natural y socialmente se encuentra dotado para ser sensible ante ciertos hechos o ante algunos grupos vulnerables (mujeres, niños, personas mayores, etcétera). En estos casos, el litigante deberá recurrir a la habilidad de actuar como espejo (frente al juez) para identificar dichas tendencias y lograr que el juez las supere y resuelva con total imparcialidad. De ser necesario, se puede hacer notar al órgano jurisdiccional, sutilmente, que la comprensión de un testigo no siempre corresponde a su percepción personal (el ejemplo más común es lo que coloquialmente llamamos recurso de «rogatoria», que implica que alguna de las partes, ante la carencia de razones lógico-jurídicas, recurre a la súplica para con el juez).

3. Habilidad para expresarse directa, clara y oportunamente. Dicho tópico fue analizado durante el apartado correspondiente a la «Sincronización efectiva».

Ya hemos reflexionado en torno al emisor y el receptor de la discusión, ahora nos concentraremos en un tercer protagonista conocido como coordinador.

Al reconocer que las audiencias son en términos generales una discusión, ello requiere de un coordinador, que en la especie lo son las personas juzgadoras, quienes deberán tener la capacidad de analizar y percibir el desarrollo de las audiencias.

Todo juez deberá tener habilidad para:

a) *Captar ideas significativas.* Al dejarse atrás la escritura en una audiencia oral, el juez ya no cuenta con legajos a los que pueda recurrir cuantas veces sea necesario para emitir sus resoluciones (como ocurría en el sistema tradicional o mixto). Ahora deberá ser un extraordinario escucha para dirimir las controversias que se le planteen, con base, única y exclusivamente, a la información expuesta dentro de la audiencia (artículo 407 del CNPP). El juez deberá ser un extraordinario sintetizador de los relatos de testigos y peritos y organizar en pocas líneas detalles como las horas, nombres, fechas, distancias, cifras, etcétera; el resto de la información deberá mantenerla en su memoria (al menos hasta que dicte su resolución). Para lograr lo anterior, resultan útiles todos los recursos didácticos: se pueden elaborar tarjetas, mapas conceptuales, gráficos, entre otros. Es erróneo creer que se deberá transcribir todo lo que las partes argumenten, porque además de que es imposible, es innecesario, porque de ser así, además de convertirse el juez en mecanógrafo de las partes, violenta el principio de inmediación previsto en la fracción II del apartado A del artículo 20 constitucional y el artículo 9 del CNPP. En caso de que presida la audiencia oral un órgano jurisdiccional colegiado, es factible trabajar en equipo y establecer que cada integrante tome notas de un testigo mientras el resto aprecia la expresión corporal de éste y otro el uso de la voz y demás aspectos que tienen relación con la inmediación y el orden en las audiencias. En resumen, la persona juzgadora necesita estar alerta; entrenarse para pensar rápidamente y analizar las diferencias para presentarlas con claridad. Esta capacidad deberá acompañarse de un sentido de imparcialidad, autonomía, legalidad y objetividad durante las audiencias orales, un buen juzgador no se molesta con facilidad, ni provocará el enojo de los demás integrantes.[166]

El juez tiene *responsabilidades específicas* dentro de la audiencia oral, pues además de ser el facultado para dirimir la controversia que se le plantee, preside el desarrollo legal de cada acto procedimental y se encarga del orden. Para eso queda a su cargo aperturar la audiencia, haciendo una breve explicación del desarrollo de cada una de ellas. Información dirigida principalmente al imputado, a la víctima u ofendido y al público que asista a la audiencia. En dicha explicación habrá de señalar la naturaleza de cada audiencia, es decir, si se trata de una audiencia para judicializar providencias precautorias, de calificación de detención, de formulación de imputación, de medidas cautelares, intermedia, de juicio o de individualización de la pena.

Iniciada la audiencia el juzgador deberá mantener la discusión dentro de los parámetros de la ley, sin intervenir en el fondo, únicamente resolviendo las incidencias que se le planteen y manteniendo el orden. Provocar que las audiencias se desarrollen en términos de los principios de imparcialidad, igualdad y contradicción.

Emitir oral e inmediatamente sus resoluciones, de manera clara y precisa (cuando sea un acto de molestia, deberá fundar y motivar por escrito).

En resumen, las características de las partes durante la audiencia oral al menos deberían ser:

1. *Alto conocimiento sobre el problema y tema.* Las partes son quienes deberán conocer mejor los hechos, a través de la información

[166] La litigación oral y la actuación de las personas juzgadoras durante un procedimiento penal acusatorio y oral deberá ser semejante a las virtudes aristotélicas: un hábito; pues la virtud es precisamente en todos los casos hacerlo bien, para lo cual se deberá practicar hasta lograrlo.

que datos o medios de prueba les aporten, desde un punto de vista exclusivo que atienda a su teoría del caso. Además, las partes deberán conocer perfectamente el procedimiento penal y en virtud del cual, deberán manejar y respetar la metodología del sistema acusatorio y oral mandatado en la Constitución y en el CNPP, con respecto a los derechos humanos y en atención a los tratados internacionales.[167]

2. *Información pertinente sobre cada protagonista de la audiencia.* El fiscal, el asesor jurídico y la defensa, deberán llevar a cabo un trabajo de investigación previa a las audiencias. Deberán conocer perfectamente a la persona del juez, de su contrario y, sobre todo, de los testigos y peritos que habrán de interrogar durante la audiencia respectiva. Deberán conocer su criterio, aptitudes, nivel intelectual, etcétera. Las partes, previo a las audiencias, han estructurado sus alegatos, han seleccionado sus movimientos corporales y han desarrollado su interrogatorio y contrainterrogatorio (todo con base a su teoría del caso), por lo que, al celebrarse las audiencias, únicamente culminan el trabajo previo en la etapa más importante que será frente al juez. En términos comunes, el desarrollo de alegatos e interrogatorio se practica (previo a la audiencia) una y otra vez en el despacho, para que el día de las audiencias orales, lo único que se haga sea «lucirse», como reflejo de la preparación ardua y previa.

3. *Habilidad para pensar rápido y claramente.* Durante el desarrollo de la audiencia oral la mayoría de las cosas que ocurran son planeadas por las partes, sin embargo, existirán aspectos que por más que se puedan prever, ocurrirán de manera diversa a la planeada (o imaginada), cuando eso ocurre, las partes deberán tener la habilidad necesaria para pensar cómo lo novedoso

---

167 «Hay que "volver a pensar el derecho procesal penal después de la irrupción de los tratados internacionales". El Derecho internacional de los derechos humanos "tiene un fundamental papel para la reformulación del proceso penal a partir del nuevo paradigma de los derechos humanos". Existe "un nuevo paradigma para el proceso penal a partir de la incorporación de los tratados sobre derechos humanos"». GARCIA RAMÍREZ, Sergio, *El debido proceso, criterios de la jurisprudencia interamericana*, Porrúa, México, 2014, p. 7.

abona o no a su teoría del caso, y, sobre todo, si es necesario intervenir objetando o alegando al respecto. En estos casos la preparación es nuevamente el sustento para salir abantes, en virtud de que una teoría del caso sólida y una estrategia de litigación previamente elaborada, provocará en las partes la habilidad necesaria para resolver las incidencias que eventualmente surjan durante las audiencias orales.

4. *Capacidad para escuchar y prestar atención.* Todos los sentidos de las partes deberán concentrarse y optimizarse durante las audiencias orales. Una de las bases para el litigante del sistema acusatorio es que sea o desarrolle la habilidad de un excelente escucha. Sólo el que escucha puede responder, de no ser así, la contraria saldrá adelante ante nuestra falta de atención y evidente ineptitud.

5. *Capacidad para disentir con diplomacia.* Muchas de las cosas ocurridas durante las audiencias orales no serán por todos aceptadas ni compartidas, no obstante, se deberá ser totalmente profesional y tolerar las discrepancias, con actitud respetuosa y tolerante, máxime que es deber de las partes, a quienes interesa la resolución a su favor de la controversia, hacer notar al juez las violaciones al debido proceso por parte de la contraria, a través de las objeciones y los alegatos correspondientes.

6. *Habilidad para preguntar.* Las partes deberán desarrollar enormes habilidades para el interrogatorio y el contrainterrogatorio. Es únicamente a través de este que las personas juzgadoras imparciales conocerán la información que testigos y peritos poseen en relación el hecho materia de la controversia. Un deficiente o improvisado interrogatorio, redundará en el fracaso en la demostración de la teoría del caso. El interrogatorio no puede ser improvisado, se elaborará previamente por las partes; se revisará con calma en el despacho; de ser necesario se perfeccionará; se practicará con los compañeros de despacho; se evaluará; se aplicará —fuera de audiencia— al testigo y una vez perfeccionado —y hasta entonces— se realizará frente al juez, dentro de la audiencia. El contrainterrogatorio es por su parte, el mecanismo metodológico más importante para controvertir la prueba de la contraria. Cierto es que no se puede

planear un contrainterrogatorio con la misma perfección que el interrogatorio, dado que se trata de testigos de la contraria, sin embargo, atendiendo a que ningún dato que obre en la carpeta de investigación puede mantenerse ajeno a las partes, máxime que el CNPP prevé el descubrimiento probatorio, el contrainterrogatorio deberá ser organizado atendiendo a la información que para la contraria habrá de producir el testigo y en torno a su desvalor o desvirtuación, se deberá plantear una estrategia para atacar la credibilidad personal del testigo, atacar la credibilidad de una o más partes del testimonio del testigo, atacar la credibilidad de otro testigo (de la parte contraria), dejar evidencia de las inconsistencias del testigo, obtener un testimonio que apoye nuestras proposiciones fácticas u obtener el testimonio del testigo para introducir una prueba documental o determinados objetos u otros medios electrónicos aptos para producir fe.

7. *Capacidad para distinguir la información importante de la superflua.* Las objeciones son la forma en que las partes le advierten a la persona juzgadora las incidencias que ocurren durante las audiencias orales, sin embargo, muchos aspectos que evidentemente no corresponden con las reglas del método del sistema acusatorio (como un deficiente interrogatorio o un alegato con aspectos ajenos a éste), pueden dejarse pasar si no trascienden al fondo de la teoría del caso de alguna de las partes, lo que lejos de representar falta de preparación, evidencia que se tiene la capacidad para distinguir la información importante, además de redundar en celeridad durante el trámite de las audiencias orales que favorece al sistema de justicia en su conjunto.

8. *Paciencia.* Esta es una de las virtudes medulares para las partes, sin ella, se obtendrán mínimos resultados durante la actuación en las audiencias orales.

9. *Honestidad.* La honestidad es un conjunto de atributos personales, como la decencia, el pudor, la dignidad, la sinceridad, la justicia, la rectitud y la honradez en la forma de ser y de actuar. En ese sentido, Aristóteles en su tratado de Retórica señaló: «Un orador efectivo debe ser una persona efectiva. El éxito de un conferen-

ciante depende no sólo de su vocabulario amplio y preciso, de su voz agradable o de sus movimientos coordinados: para tener éxito, el orador debe ser inteligente, conocer profundamente su materia y los problemas humanos en general. Si una persona quiere lograr la aceptación pública de sus ideas, debe ser respetado y considerado como individuo de calidad humana y moral».[168] Las partes deberán ser totalmente honestas en su actuación e intervenciones. De ninguna manera intentarán sorprender al juez y a la contraria, de hacerlo, además de destruir su propia integridad humana, basarán su teoría del caso en falsedades que no podrán ser sostenidas ante el escrutinio de su contrario (con las objeciones y el contrainterrogatorio) y desde luego, ante la experiencia y preparación de un experto en las audiencias orales, como lo es el juez. La deshonestidad se asemeja el árbol del fruto envenenado de Porfirio: si las raíces tienen veneno todos los frutos que se obtengan contendrán veneno. En términos netamente jurídicos, la deshonestidad al menos puede reflejarse en la prueba ilícita (toda aquella obtenida fuera de los lineamientos de ley). Los artículos 97 y 98 del CNPP prevén la nulidad de los actos realizados con violación a los derechos humanos, es decir, en términos generales, llevados a cabo con deshonestidad sin apego a la ley. Aunado a lo anterior, el fiscal se encuentra obligado a llevar a cabo todos los actos de la investigación (principalmente la preliminar) obteniendo datos que apoyen la imputación de una persona, pero también de los que no lo hagan y le sean, en su caso, favorables a la teoría del caso de la contraria. Han quedado atrás los tiempos en que las partes inventaban pruebas (con teorías del caso falsas). El sistema procesal acusatorio y oral cuenta con la contradicción como principio fundamental, lo que provoca que las partes cuestionen fundadamente el quehacer de su contraria y todos sus datos y medios de prueba. El objeto del procedimiento es el esclarecimiento de los hechos, lo que implica que las partes deberán investigar y desarrollar la actividad procesal respectiva atendiendo siempre a la honestidad, para que así, se proteja al inocente y el culpable no quede impune; a cuyos objetivos se adhiere, sin duda, la sociedad.

---

168 RANGEL, *op. cit.*, pp. 64-65.

10. *Conocimiento.* Un juez, un fiscal, un asesor jurídico o un defensor ignorantes son el principal enemigo de la justicia. ¿Qué justicia puede impartirse con operadores y partes ignorantes? La ignorancia implica desconocimiento, el desconocimiento temor y el temor corrupción. Las partes deberán ser eruditos de la ciencia jurídica y de la sociedad en que desempeñan su labor. El conocimiento del sistema acusatorio y oral es la espina dorsal para su eficiente operatividad y desde luego, para la legitimidad del sistema en una sociedad acostumbrada a desconfiar de sus autoridades. Las partes son peritos en derecho, sobre todo, son responsables de que un culpable tenga la pena que merece y el inocente su libertad. Nada más preciado como la vida y la libertad. De la vida se ocupan los médicos y de la libertad los juristas, pero sólo los preparados, los ignorantes deberán ser evidenciados y relegados; ellos obstaculizan la impartición de justicia y ensucian un oficio tan honorable como el de jurista. El conocimiento se concretiza a través del estudio y la honesta práctica profesional.
11. *Confianza en sí mismo.* El juez, el fiscal, el asesor jurídico y la defensa que son seguros de sí mismos, «se caracterizan tanto por su actitud física como por su disposición mental. Entre otras cosas su postura es erecta, pero no rígida sino confiable; sus movimientos son naturales; mantienen el contacto visual con sus receptores; su voz es vital y enérgica».[169] La manifestación de nerviosismo es una forma de inseguridad, que además de obstaculizar la participación de las partes durante las audiencias orales, dificulta la posibilidad de convencer al juez de sus pretensiones.

Algunos aspectos que pueden reducir el nerviosismo, reforzando la serenidad y seguridad de las partes, son:

a) *Conocer el tema de fondo.* Cuando las partes tienen profundos conocimientos del asunto a debatir durante las audiencias orales y del marco jurídico, se sentirán más seguros que si improvisan o acuden a una audiencia sin prepararse suficientemente. «La

---

[169] *Ibidem*, pp. 65-66.

conciencia de que ninguna persona conoce tan bien el tema como usted le dará seguridad y confianza».[170]

Se cuenta que a Edward Bennett Williams, uno de los grandes litigantes de ahora y, tal vez el más grande de ellos, al felicitarle por su brillante táctica en cierto juicio le dijera un admirador: «**¡fue como sacar el conejo del sombrero!**». «Sí», contestó Williams, «pero para sacarlo se necesita llegar al tribunal con cincuenta conejos, cincuenta sombreros, y mucha suerte. Entonces, si se tiene fortuna, se puede utilizar un conejo y un sombrero».[171]

b) *Estudiar, preparar y presentar la teoría del caso adecuadamente.* La presentación de la teoría del caso deberá ser resultado de un proceso sistemático y planeado desde la etapa de investigación hasta la audiencia de juicio. Para la presentación de la teoría del caso, las partes deberán organizar perfectamente el método que les sea más conocido y que manejen a la perfección (desde sus alegatos hasta el desahogo de la prueba ofertada), como resultado de un arduo trabajo previo. Deberán contar con material de apoyo, con fichas de trabajo, ayuda de colegas y asesores. Deberán prepararse.

c) *Hablar en público siempre que tengan oportunidad.* La única forma para ser excelentes oradores es la práctica. No saberlo hacer provoca inseguridad, por eso, las partes no se expresarán correctamente sólo durante las audiencias, en general, también en su vida cotidiana deberán expresarse oralmente sin dificultades. «Cada vez que usted tenga la oportunidad de hablar en público aprovéchela: así tendrá mayor seguridad y aplomo. La confianza en uno mismo funciona de igual manera que los músculos, que se desarrollan por el uso y la práctica».[172] Saber que lo que hacemos lo llevamos a cabo de manera correcta, reducirá el nerviosismo «cada vez que hable en público su seguridad será mayor y se afirmará su propia confianza».[173]

---

170 *Ibidem*, p. 66.
171 LEE, *op. cit.*, p. 97.
172 RANGEL, *op. cit.*, p. 68.
173 *Ibidem*, p. 67.

d) *Concentrar la atención en las partes.* Comunicar ideas y proporcionar información a la persona juzgadora es el objetivo primordial de las partes durante las audiencias orales, para ello es menester estar atentos a las reacciones de las partes durante la audiencia, ello permite saber que lo que se dice es suficientemente claro para ser comprendido y asimilado, especialmente por la persona juzgadora, pero en general por todos los asistentes a la sala de audiencias. «Si logra concentrarse más en el público, en sus reacciones y en el impacto que su presentación está provocando, tendrá menos tiempo de sentirse inseguro».[174]

e) *Moverse con propiedad dentro de la sala de audiencias.* Utilizar adecuadamente los movimientos de las partes dentro de la audiencia, sirve para: a) comunicar y demostrar la teoría del caso, y b) liberar la tensión generada por el nerviosismo. Hablar en público genera cierta cantidad de nerviosismo (sobre todo considerando la tradición educativa de México), lo que lejos de ser un enemigo puede convertirse en un aliado de las partes cuando se mueven con propiedad dentro de la sala de audiencias. Moverse con propiedad implica además exponer la teoría del caso (a través de los alegatos y de los medios de prueba) con movimientos y gestos que ayuden a las partes a describir y presentar sus ideas clara y apropiadamente. «Cuando presente una nueva idea, camine de un lado a otro o mueva la cabeza un poco. Esto le servirá para relajarse y atraerá la atención…[del juez], pues indicará que se va a exponer una nueva idea».[175] «Por medio de los movimientos y los gestos, su…[exposición] será vital y vívida y le ayudarán a que su mensaje sea claramente captado».[176]

En resumen: «la seguridad, el control de la voz y los movimientos coordinados del cuerpo caracterizan al buen…[litigante]. Estas cualidades, combinadas con la honestidad, el conocimiento del tema y la seguridad en sí mismo representan las metas que deben alcanzar [las partes en la audiencia oral]».[177]

---

174 *Idem.*

175 *Idem.*

176 *Ibidem*, p, 68.

177 *Idem.*

Discusión durante las audiencias orales

Durante de desarrollo de las audiencias orales y públicas, se actualiza una discusión de dos posturas contrarias, sostenidas por una parte por el fiscal, el asesor jurídico y por otra, la defensa. Dicha circunstancia exige, entre muchas otras cosas, conocer el papel que dentro de la discusión (desarrollada durante las audiencias orales) deberán tener los partícipes activos (fiscal, asesor jurídico y defensa) y el moderador (juez).

Una discusión es el proceso relativamente sistematizado, mediante el cual el fiscal, el asesor jurídico y la defensa exponen alegatos y proporcionan información al juez, con el propósito de que comprenda su postura y resuelva a su favor la controversia.

Considerando la clasificación de Monroe y Ehninger, una discusión se caracteriza por:

a) *La atmósfera.* Durante el desarrollo de las audiencias orales, la atmósfera se mantendrá mayormente formal, dadas las exigencias jurídicas (previstas en la ley) y las exigencias sociales (la sociedad y el imputado exigen a sus autoridades que sus asuntos se resuelvan con la seriedad debida).

b) *Los límites de tiempo se fijan por la complejidad del asunto.* No existe dentro del CNPP disposición alguna que señale un tiempo concreto para las intervenciones de las partes, esto responde a que, no obstante, de la formalidad que rige en las audiencias orales, cada asunto deberá establecer los tiempos necesarios para cada intervención de las partes, un asunto complejo requerirá, sin duda, mayor tiempo para el desarrollo de la audiencia que otro de menor dificultad.

c) *Se evitan opiniones fuera de lugar.* Las partes deberán estar preparadas para evitar intervenciones ajenas a la naturaleza de las audiencias; es a través de las objeciones que las partes deberán hacer notar a la persona juzgadora dicha circunstancia. En consecuencia, el órgano jurisdiccional, a petición de parte o incluso de oficio, deberá dirigir el debate centrándolo en la naturaleza de la audiencia (artículos 53 y 107 del CNPP).

d) *Los objetivos de los implicados son evidentes.* No existe duda alguna de que los objetivos que el fiscal, el asesor jurídico, la defensa y el juez persiguen durante el desarrollo de una audiencia son diferentes. Es claro que fiscal, asesor jurídico y defensa buscarán que sus pretensiones sean resultas a su favor, mientras que el juez habrá de resolver los asuntos que se le planten, atendiendo a sus atribuciones legales. De la misma forma, el papel de testigos es claro: exponer a debate lo que apreciaron a través de sus sentidos, proporcionado información de calidad al juez, con una narración realizada en la sala de audiencias de cara a la sociedad (donde se incluyen las partes); los peritos interviniendo en la ciencia o arte de la que son expertos, cuando la lógica o las máximas de la experiencia no sean suficientes para conocer circunstancias concretas e integrantes de la teoría del caso de las partes.

e) *Los papeles de emisor y receptor se intercambian constantemente.* Con base a los principios de contradicción e igualdad, fiscal, asesor jurídico y defensa fungen, durante el desarrollo de las audiencias orales, como emisores y receptores indistintamente. Lo mismo ocurre con el juez: es receptor cuando las partes, testigos y peritos intervienen y al resolver la controversia se convierte en el emisor.

En esa tesitura, participar en una audiencia oral (que ha quedado establecido cumple con las características de una discusión) requiere, sin duda, de un trabajo en equipo, es decir, que cada participe comprenda y ejecute su función legal adecuadamente. Por ello, fiscal, asesor jurídico, defensa y juez, deberán conocer claramente:

1. *El objetivo de la diligencia.* Durante el desarrollo del actual trabajo se ha insistido en que fiscal, asesor jurídico, defensa y juez deberán perfectamente conocer la naturaleza de la audiencia en que intervengan y desde luego, todos los fundamentos legales para su desarrollo, ello entre muchas otras cosas, reduce los tiempos y eficientiza los recursos de los presentes, lo que genera confianza y certidumbre a la víctima, al imputado y a la sociedad en general.

2. *Fiscal, Asesor Jurídico y Defensa, previo a la audiencia, deberán estar suficientemente preparados*, no pueden llegar a «pescar» (improvisar). Su trabajo es previo a la entrada de la sala de audiencias. Desde la etapa de investigación los intervinientes preparan su teoría del caso y con base en sus testigos y demás pruebas, construyen, simulan y evalúan sus interrogatorios y sus alegatos, para demostrar con la inmediación del juez su posición. Asimismo, deberán detectar las debilidades de su teoría y las fortalezas y debilidades de la teoría del caso de su contraria y con dicha información organizar su contrainterrogatorio. La persona juzgadora de antemano se encuentra capacitada para dirigir el debate y dirimir la controversia, con motivos y fundamentos legales.

3. *Fiscal, asesor jurídico, defensa y juez deberán ser expertos en derecho penal, procesal, constitucional, amparo, etcétera.* Las puertas de la sala de audiencias deberán permanecer cerradas a la ignorancia y al desconocimiento de la ley. Quien carezca de los conocimientos necesarios para el desarrollo de una audiencia oral, deberá, mínimamente por ética, abstenerse en participar en una audiencia cuya relevancia es esencial, al encontrarse de por medio los bienes jurídicos de mayor importancia de una sociedad.

4. *Delinear un plan de trabajo.* Nada de lo que ocurra durante las audiencias orales, la fiscalía y la defensa deberán desconocerlo, la preparación de la audiencia implica que lo que en esta ocurra es previsible y únicamente de manera excepcional ocurrirán incidencias que no fueron planeadas; por el contrario, si durante el desarrollo de la audiencia lo que más ocurre con la defensa, el fiscal y el asesor jurídico son aspectos que no previeron, lo único que demostrarán es su falta de preparación. Para una adecuada preparación se requiere un plan, organización y orden. La Ley prevé los lineamientos a respetarse durante las audiencias, es obligación de sus participantes prepararse y desarrollar ejemplarmente su intervención.

Por cuanto hace al desarrollo de las audiencias (discusión), fiscal, asesor jurídico y defensa deberán organizar, con base en el procedimiento de ley y en atención a su teoría del caso, sus alegatos e interrogatorios, además de estar preparados para las incidencias que ocurran, ya sea para que objeten o respondan las de la contraria. Asimismo, es una de sus obligaciones conocer los recursos que deberán interponerse durante las audiencias orales, para hacerlos valer.

En ese sentido, lo que las partes necesitan es *disciplina.* La disciplina dentro de una audiencia se encuentra enmarcada por la ley. El marco jurídico señala los lineamientos que deberán seguir los jueces, fiscales, asesores jurídicos, defensa, testigos e incluso el público que acuda a la sala de audiencias. Ello implica que deberá saber cada uno el papel que le corresponde y el momento en que deberán intervenir, siempre respetando al resto y cumpliendo sin excepción la ley.

Dentro de los lineamientos legales y con base a la teoría del caso de las partes, defensa, fiscal y asesor jurídico, deberán revisar los datos con que cuentan, organizarlos y preparar cada intervención (alegatos e interrogatorios), de no hacerlo, tendrán nulas posibilidades de discutir y peor aún, de obtener del juez una resolución favorable.

Adminiculado a lo anterior, las partes deberán ser los más conocedores del asunto (cada uno desde su teoría del caso). En la sala de audiencias nadie conoce con mayor exactitud el tema a discutir como ellas. Cada prueba, cada detalle, cada alegato, cada intervención, deberá ser analizado por las partes; todo acompañado del conocimiento integral de la ley y de los criterios jurisprudenciales que en relación al tema sean adecuados.

Para un buen desarrollo de una audiencia, no basta la preparación de nuestra propia teoría del caso, además, se deberá anticipar a conocer la del contrario. Asimismo, se deberán advertir debilidades y virtudes de nuestra teoría y de la de la contraria para saber la manera en que presentaremos nuestros alegatos y peticiones al juez, y en esa tesitura, no escapará a nuestro actuar detalle alguno. Las reacciones y repuestas de nuestros testigos deberán ser conocidas antes de ingresar a la sala de audiencias. Los errores y detalles negativos a nuestra teoría del caso —que se desprendan de nuestros testigos— deberán ser perfeccionados previo a la audiencia, y las de la contraria, tendrán que ser previstos y al efecto construir una estrategia para resaltarlos —si así nos conviene— frente al juez.

Aspectos persuasivos en las audiencias orales

La preparación previa para las audiencias orales implica una concienzuda tarea en la que las partes deberán, tanto a nivel verbal como fáctica, producir en la persona juzgadora un efecto persuasivo, que favorezca su teoría del caso.

Para ello se propone atender a lo siguiente:

- *Agilidad.* Las partes durante las audiencias orales deberán utilizar un lenguaje directo. Señalar en breve tiempo lo que quieren transmitirle a la persona juzgadora. Los alegatos no son ejemplos de retórica, discursos políticos ni exposiciones de oratoria, son el medio a través del cual motivarán sus peticiones, para persuadir al órgano jurisdiccional de que su posición prevalece respecto de la de la contraria, para lo que argumentarán para disuadirlo. Sus alegatos deberán ser ágiles, interesantes, atractivos y novedosos, priorizando el sentido de la brevedad (a excepción de que eso no sea posible por la complejidad del asunto, en cuyo caso se puede recurrir a la separación de acusación que contempla el párrafo segundo del artículo 343 del CNPP, por ejemplo).
- *Veracidad.* Todo lo que las partes señalen en una audiencia oral deberá ser cierto. Las mentiras no deberán, *bajo ninguna circunstancia,* incorporarse a una sala de audiencias. El veneno dentro del vaso de la justicia es la mentira. Las partes, además, en sus alegatos no deberán caer en ambigüedades, su mensaje deberá ser concreto y no dejar lugar a eventuales dudas.
- *Adaptación.* Las partes deberán amoldarse a cada circunstancia surgida durante las audiencias orales: *a)* a la contraria (a sus pasiones, personalidad, preparación, temperamento, profesionalismo, etcétera); *b)* al lugar físico (sala de audiencias) (a las condiciones inmobiliarias, climáticas, tecnológicas, acústicas, etcétera); y, *c)* al juez (su personalidad, dinámica, método para llevar las audiencias, etcétera). Se deberán acomodar las palabras y los tonos de voz a cada caso en particular. Deberá atenderse a la idiosincrasia del emisor, sea la persona juzgadora (como perito en derecho) o los testigos (sean peritos o no lo sean).

- *Cortesía.* Desde el punto de vista lingüístico, los alegatos de las partes deberán ser amenos, agradables de escuchar. Comunicacionalmente deberán ser correctos y con respeto a los presentes.
- *Flexibilidad.* No obstante que los alegatos (el interrogatorio, el contrainterrogatorio y todas las intervenciones de las partes) requieren de preparación, es necesario que, al exponer frente al juzgador o testigos o peritos, se deberán manejar dosis de ductilidad para transmitir convicción acerca de los motivos alegados; además de adaptarse a las objeciones e intervenciones de la contraria (o del propio juez) que ocurran durante las audiencias orales. Requiriendo las partes la rapidez mental y capacidad de «improvisación» suficiente (sin perder de vista la teoría del caso) para salir abantes de cada planteamiento, intervención u oposición.
- *Sinceridad.* Las intervenciones de las partes durante las audiencias orales deberán representar el pensamiento del orador, esto es: deberá ser coincidente lo que se siente con lo que se dice. Si las partes no creen en lo que sostienen, difícilmente las personas juzgadoras lo creerán. Un aspecto que abona a favor de la sinceridad es consolidar una teoría del caso veraz. Si la teoría del caso se basa en mentiras, la sinceridad de las partes se dificultará y la contraria, muchas veces, lo evidenciará frente al juez y el público en la audiencia.
- *Claridad.* Las intervenciones orales de las partes deberán reflejar la precisión de sus ideas (teoría del caso), de otra manera el juez no comprenderá en absoluto lo que se le pretende trasmitir. «El vocabulario a elegir deberá ser muy preciso para el tipo de audiencia: entre una terminología tecnicista o demasiado rebuscada y otra nítida y conmovedora no hay mucho que escoger, si lo que realmente deseamos es convencer o dar una cátedra de pedantería».[178]
- *Belleza.* La belleza es la elegancia en el decir. «En el ámbito científico la belleza habitará en su sobriedad, en su orden y su

---

178 PALAVECCINO, *op. cit.*, p. 75.

claridad».[179] La belleza de lo alegado durante las audiencias orales implica una acertada sintaxis y correcta elección de palabras, descartando banalidades, indiscreciones, vulgaridades, tecnicismos o extranjerismos; su adecuada pronunciación, entonación y moderación.

- *Vigor.* «Las palabras deben ser cálidas y pujantes, además de transmitir vitalidad y fuerza; lo contrario es una disertación fría, abúlica y desapasionada cuyo contenido, por importante que sea, pasará sin pena ni gloria entre... [el juez y el público]».[180] Las intervenciones de las partes durante las audiencias orales deberán alejarse de la monotonía, deberán tener «color», sorpresa, ritmo, profundidad y emoción.
- *Ritmo.* Las manifestaciones orales de las partes durante las audiencias deberán ser fluidas. Los aspectos que llamen a la exaltación deberán llevar ritmo rápido, un discurso de índole religioso o lamentable, admite ritmo calmo o pausado. La preparación, de nueva cuenta, es la única forma de evaluar el ritmo que se pretende imprimir en las intervenciones orales.

Paralingüística, kinesia y proxemia

La comunicación penal se apoya en tres ramas o disciplinas, conocidas en la comunicación y en la semiótica como paralingüística, kinesia o kinésica y proxemia o proxémica. Su vínculo con las audiencias orales aporta saberes y herramientas que coadyuvan a la adecuada litigación de las partes y a un mejor control y desarrollo de las audiencias por parte de las personas juzgadoras.

Además, la información expuesta en el epígrafe que finalizó y en el que inicia, también son de utilidad para la policía y los peritos, pues con ellos, los primeros cumplirán su deber de investigar los delitos con eficiencia y eficacia, al contar con mayores recursos para ello y los segundos, complementarán su experiencia cuando el área en que se desempeñen no se relacione con la comunicación.

---

179 *Ibidem*, p. 76.

180 *Idem*.

Paralingüística

La oralidad como mandato legal y metodología de audiencias en el sistema penal acusatorio, permite una diversa cantidad de recursos utilizables para las partes y para las personas juzgadoras: silencios, repeticiones, exclamaciones, ritmos, entre otros, que son impensables en el lenguaje escrito[181] y que los estudia la paralingüística. «Cuando hablamos de paralenguaje nos referimos a lo que está más allá del lenguaje, a todos aquellos factores que se relacionan y complementan con lo verbal y que posibilitan el proceso de la comunicación... Dicho de otra manera: no convencemos al otro con lo qué decimos, sino cómo lo decimos».[182]

A diferencia de algunos animales, el hombre es el único que ha logrado perfeccionar la utilización de los sonidos a través de la voz. «La voz es la herramienta en particular de que se vale la paralingüística, y se halla condicionada por tres factores: el orgánico, el cultural y el temperamental. El primero se refiere a las posibilidades que provienen de nuestra constitución y estado físico. El factor cultural incluye el ambiente que nos rodea, que nos contagia por así decirlo, de un modo de hablar, una tonada y un acento propio de ese lugar. Y por temperamental se entiende todo aquello que nos individualiza; nuestra personalidad, inteligencia y carácter».[183]

La voz de cada persona cuenta con características natas, conocidas como *cualidades primarias*, como son: el *tono*, el *timbre* y el *volumen*. Otras características adquiridas de la voz son el *ritmo* y la *duración*.

> El sonido no es solo el contorno de las palabras. En nuestra vida cotidiana solemos quitarle valor porque nos parece periférico. Pero representa la fachada que vemos en ellas antes de conocer sus habitaciones... El lenguaje, pues, constituye en primer lugar un hecho sensorial, que recibimos con el oído o la vista. La primera impresión de lo que escuchamos nos llega con los golpes de la voz, y en ese momento el

---

181 Con frecuencia ejemplificamos las bondades de la oralidad en las sesiones académicas y de capacitación que impartimos, señalando: cuando alguna persona lee un libro, una sola es la mirada que descubre lo mágico de la palabra escrita, pero cuando se habla, decenas o centenas de oídos, al unísono, pueden escuchar la palabra, saberte, conocerte, ¡eso es extraordinario!

182 PALAVECCINO, *op. cit.*, p. 94.

183 *Ibidem*, p. 95.

> cerebro humano decodifica fonéticamente una clave que le permite adentrarse luego en las ideas.[184]

Tono. Es la altura de la voz: grave, media o aguda, con sus variantes intermedias. El tono varía con el sexo y su importancia radica en las variaciones que las partes durante sus intervenciones en las audiencias orales le den a su voz, para transmitir a las personas juzgadoras una dinámica adecuada y coherente con el sentido de sus alegatos y lo que estos pretenden.[185]

Por ejemplo, si durante un alegato una de las partes dice:

– La señora FERNÁNDEZ le gritó «déjame», «por favor, te lo suplico».

Si al exponer lo anterior el litigante mantiene un tono de voz continuo, no transmitirá correctamente al juzgador el sentir de la señora FERNÁNDEZ. Es indispensable que al exponer su alegato y el litigante diga «¡déjame!», utilice un tono más alto que el resto de la frase, pero sobre todo diferente a las manifestaciones de «por favor, te lo suplico», donde el tono de voz deberá ser más bajo, logrando así, a través del tono de voz, emitir un mensaje correcto de lo que se quiere decir al juzgador, al recurrir en una sola frase a un tono medio (que es con el que regularmente nos expresamos), uno alto (con la manifestación «¡déjame!») y uno bajo (con la manifestación «por favor, te lo suplico»). Leamos nuevamente la frase tomando en consideración las recomendaciones y advertiremos la diferencia cuando se utiliza o no el tono de voz.

Timbre. Es el color de la voz que individualiza a cada persona. Varía con el sexo, la edad y procedencia geográfica. La importancia

---

184 GRIJELMO, *op. cit.*, p. 43.

185 Para la entonación se recomiendan los siguientes ejercicios: 1.- Lea un párrafo de cualquier texto jurídico con voz natural; reléalo nuevamente bajando la voz, como susurrando; finalmente léalo con la máxima potencia de su voz. 2.- Lea las siguientes oraciones respetando los signos con que aparecen:
¡Cómo litigas! (aprobación)
¡Cómo litigas! (crítica)
¡Cómo litigas…! (burla)
¿Cómo litigas? (pregunta)
¿Cómo? ¿Litigas? (sorpresa, duda)

del timbre durante las intervenciones orales de las partes radica en que esa característica es lo que hace ameno o no lo que se alega. «En el aspecto anímico, el timbre es brillante cuando el que habla está contento; es opaco, cuando está triste o con temor; es limpio en la cotidianidad; apagado, cuando trata asuntos confidenciales y rotundo cuando intenta difundir autoridad».[186]

Durante los alegatos e intervenciones de las partes se deberá matizar el timbre atendiendo al mensaje que se quiera emitir a la persona juzgadora.

Ejemplo [Cuando lea las siguientes frases, trate de cumplir con el tono de voz que se propone]:

– ¡Había recibido una gran noticia! —quien lo dice está contento, utiliza tono brillante.

– Es la peor situación a la que me he enfrentado —quien lo dice está triste, utiliza tono opaco.

– En ese orden de ideas su señoría, hoy demostraré… —utiliza tono limpio, dado que es la forma cotidiana de hablar del litigante.

– Entonces supe que mi esposa me engañaba —quien lo dice quiere que la información pase desapercibida, utiliza un tono apagado.

– ¡Orden!, ¡orden en la sala! —quien lo dice demuestra autoridad, utiliza un tono rotundo.[187]

Volumen. Es la fuerza de la voz. Las partes deberán recurrir al volumen de la voz para demostrar ser enérgicos o débiles. La persona juzgadora, por ejemplo, deberá aumentar el tono de voz cuando busque imponer orden en la sala de audiencias. Un recurso para lograr un buen volumen de voz es que las partes abran más la boca y respiren

---

186 PALAVECCINO, *op. cit.*, p. 99.

187 Ejercicios para controlar el volumen de voz: 1.- respire con normalidad y al exhalar diga la letra «a» un par de veces, prestando atención a que suene siempre igual y la cantidad de aire que emplea. 2.- Respire profundamente y al exhalar nuevamente diga «a»; note cómo a mayor cantidad de aire espirado, mayor es el volumen de la voz. 3.- Con la respiración normal, abra lo más que pueda los labios y los maxilares y vuelva a decir «a». Podrá observar cómo varía la intensidad, a la vez que el timbre suena más brillante, más limpio.

correctamente, tomando el aire suficiente, dado que el volumen depende de la fuerza con que se expulse el aire de los pulmones.

Ejemplo [una de las partes al iniciar su alegato de apertura refiere]:

– ¡Asesinar a sangre fría, no se justifica!, por lo anterior, el día de hoy le demostraré su señoría...

Durante el alegato anterior se advierte que la frase *¡Asesinar a sangre fría, no se justifica!* deberá ser expuesta con un mayor volumen de voz, para llamar la atención de la audiencia y, sobre todo, para destacar la idea principal de la teoría del caso, al concluir el resto de la frase: «*...por lo anterior, el día de hoy le demostraré su señoría...*», que se expondrá en un volumen común.

Ahora revisemos un ejemplo en el empleo de volumen bajo. Durante su alegato, una de las partes refiere:

– La miró a los ojos y le dijo: eres lo único que necesito.

Para destacar que las palabras señaladas son sinceras, la frase «*La miró a los ojos y le dijo...*», deberá expresarse en un volumen común y su continuación: «*...eres lo único que necesito...*», en un volumen bajo.

Ritmo. Cadencia con que se emite el mensaje. Puede ser lento o demasiado rápido, ambos extremos no recomendables; puede ser sostenido o irregular. Demasiado lento provocará en las personas juzgadoras, las partes y el público aburrimiento. Demasiado rápido será ininteligible evitando que el juez, las partes y el público capten lo que se dice. La voz suave agrada al oyente (aunque en exceso puede asociarse a la musicalidad) y la voz irregular se vincula con lo emotivo, lo que favorecerá a las partes cuando requieran de ese rasgo en sus alegatos. «Así, una persona que en la vida cotidiana habla con un ritmo lento denota cierta frialdad y necesidad de mantener distancia con su interlocutor; de evitar la interacción. Por el contrario, si se comunica en forma fluida, vivaz, animada, indica que está dispuesta a entablar un diálogo».[188]

Duración. Extensión del sonido. Depende de los hábitos de cada idioma y localismos, y pueden ser largos y breves; lo que deberán cuidar las partes ya que dicho elemento depende del aire que se acumu-

---

[188] *Ibidem*, p. 100.

la y se exhala mientras se habla, debiendo ser controlado para evitar respirar a la mitad de una frase y eso redunde en eliminar sentido a lo expuesto.

Además, las partes deberán tener cuidado con la articulación, que es la «facultad que tenemos los seres humanos de mover los órganos articulatorios para formar palabras a través de la exhalación. Es la base de la comunicación oral».[189]

Cotidianamente al hablar construimos frases de manera que nuestro interlocutor entienda en general lo que queremos decir, sin embargo, dicho acto dentro de una audiencia oral no es tan simple, las partes deberán articular frases de forma tal que sus alegatos lleguen con el sentido exacto por el que fueron expresados, es decir, deberán ser emitidos con buena dicción y pronunciación (conocidas como *articulaciones*).

Dicción. Buen modo de pronunciar las vocales y consonantes, abriendo la boca y respirando correctamente. «Con esta cualidad, que podemos traer desde la cuna o adquirir con el especialista indicado, le otorgamos belleza y elegancia a los pensamientos».[190/191]

Pronunciación. Forma en que se expresan los alegatos, caracterizado por la claridad y pureza. «La claridad: una voz clara es aquella que permite que se escuche bien cada palabra, aun las pronunciadas en tonos bajos o con menor intensidad. Se refiere a la forma de articular espontáneamente, sin saltarse letras o palabras al hablar. La pureza: guarda relación con el punto anterior y se refiere a la necesidad de que la voz se muestre libre de vicios orgánicos o adquiridos, como tartamudeo, voz nasal, muletillas o seseo. Cuando estos se encuentran instalados en el futuro orador se debe proceder a su corrección, ya que no son compatibles con la disertación pública».[192/193]

---

189 *Ibidem*, p. 101.

190 PALAVECCINO, *op. cit.*, p. 101.

191 Ejercicios para la dicción: 1.- Hablar con un lápiz entre los labios. 2.- Practicar con trabalenguas. 3.- Silabear exageradamente, abriendo bien la boca.

192 *Ibidem*, pp. 102-103.

193 Ejercicio de vocalización: abra la boca lo más que pueda, permanezca así durante diez segundos y ciérrela. Repítalo cinco veces por la mañana y otras cinco por la noche, durante cinco días, no más.

Los expertos señalan que los atributos de una voz *virtuosa* son la *colocación*, la *calidad*, la *fuerza*, la *flexibilidad* y el *énfasis*.

La *colocación* (o impostación) se refiere a la manera en que se apoya la voz para lograr más matices o amplitud, lo que evitará que la voz sea forzada al exponer dentro de las audiencias orales, sobre todo cuando las audiencias se prolonguen por algunas horas, lo que se adminicula a la resistencia de la voz, para lo que se deberá saber colocarla en un estado que mantenga un adecuado desarrollo y evite su desgaste y provoque alguna afectación. Al expresar una resolución o un alegato, las personas juzgadoras y las partes no deberán gritar todo el tiempo para que los escuchen (cuenten o no con micrófono), deberán apoyar la voz para lograr su permanencia durante toda la audiencia.

La *calidad* se refiere a la estética de la voz, la fuerza a la proyección de la voz, considerando las variaciones (volumen bajo y alto), atendiendo las condiciones tecnológicas y acústicas de la sala de audiencias. Al respecto la preparación cobra nuevamente relevancia: previo a las audiencias orales, las partes deberán conocer la acústica y cerciorarse de la existencia o no de micrófonos y el sonido que estos emiten.

La *flexibilidad* es la facultad de producir variaciones en el tono de la voz (velocidad y pausas), evitando la monotonía en los alegatos de las partes, para que el juez y el público no se cansen y desconcentren. «La flexibilidad es lo que permite que los mensajes no sean meros elementos informativos sino que transmitan sentimientos».[194]

En el *énfasis* se resaltan con la voz las palabras o frases que las partes consideran importantes en sus alegatos (no se deberá exagerar el énfasis, porque se corre el riesgo de perder credibilidad).

La *velocidad*, la *pausa* y el *silencio* en la voz, durante las audiencias orales y públicas, son también de importancia para las personas juzgadoras y para las partes (estos se conocen como *recursos* de la voz). Las partes y los juzgadores deberán exponer sus alegatos y resoluciones, respectivamente, evitando hacerlo lenta o rápidamente.

---

194 *Ibidem*, p. 105.

Deberán llevarlo a cabo con una velocidad adecuada y recurriendo a la lentitud cuando sea necesario (cuando se trate de temas complejos, por ejemplo) y rápido cuando así sea estrictamente necesario (en temas de fácil comprensión). La velocidad puede depender de la edad, el estado físico y el ámbito social de las partes, no obstante, una adecuada preparación coadyuvará en la velocidad adecuada.

La *pausa* es el intervalo que las personas juzgadoras y las partes hacen durante el desarrollo de sus intervenciones, para puntualizar las ideas y agruparlas. Deberán ser bien utilizadas, es decir, deberán ser pausas planeadas no improvisadas o inconscientes (por nerviosismo o pérdida de memoria, por ejemplo). Cada pausa realizada dentro de las audiencias deberá atender, en la medida de lo posible, a la estrategia preparada para emitir los alegatos, para realizar cambios en el tono de la voz y/o la intensidad, brindando al juzgador y al público, una mejor comprensión de lo que se expresa. Las pausas permiten a las personas juzgadoras y a las partes:

- Tomar aire.
- Organizar sus pensamientos.
- Atraer la atención.
- Verificar la atención o la falta de atención.
- Dar matiz a la voz.
- Imprimir ritmo propio a los alegatos.

Para Palaveccino, los tipos de pausa son: *lógicas* (impuestas por los signos de puntuación o la finalización de los alegatos); *efectivas* (empleadas con propósito para provocar determinado efecto); y, *respiratorias* (con el fin de tomar aire, lo deseado es que estas pausas coincidan con las dos anteriores).

Las personas juzgadoras y las partes podrán recurrir a las pausas al iniciar sus resoluciones o alegatos, así lograrán que los presentes en la sala de audiencias guarden silencio y presten atención plena a lo que habrán de exponer; también puede realizarse una pausa como preludio de una idea que se busca destacar; cuando ocurra una interrupción del público, el juzgador, el testigo o la contraria, una pausa es necesaria; lo mismo antes de concluir los alegatos o peticiones verbales, para destacar la idea o petición trascendental. En los alegatos de apertura y clausura, por ejemplo, las pausas son imprescindibles cuando se cuenta con una frase que describe la teoría del caso de las partes.

En cuanto al *silencio* planeado, lejos de resultar una falta de comunicación, se convierte en un recurso efectivo para las personas juzgadoras y para las partes; con él se permite que el órgano jurisdiccional, por ejemplo, reflexione unos instantes la información proporcionada por los testigos, peritos o por las partes, durante sus testimonios, peritaciones o alegatos, sobre todo cuando lo que se acaba de decir en la sala de audiencias acredita o destaca las proposiciones fácticas de la teoría del caso o desvirtúa las de la contraria.

Ejemplo: en un interrogatorio el testigo dice:

– ...entonces yo vi cuando el señor CHÁVEZ mató al señor CASTRO...

– ¡Hasta ahí!, gracias —interrumpe el litigante y guarda silencio unos segundos para que todos en la sala procesen la información aportada en que el señor CHÁVEZ es el asesino, que es lo que se destacará durante el alegato de clausura.

Kinesia

Además de la expresión oral, las personas nos comunicamos también (o casi siempre a la par) con el resto del cuerpo. La kinesia o kinésica se «ocupa de estudiar el lenguaje que "habla" nuestro cuerpo a través de las posturas y de los movimientos que realiza con los brazos, las manos, las piernas, los pies y la cara».[195]

Cada parte del cuerpo integra lo que somos y lo que sentimos. Por eso, dentro de la sala de audiencias, las personas juzgadoras y las partes no pueden dejar de comunicarse a través de su cuerpo. Los peritos y testigos hacen lo mismo.

---

195 *Ibidem*, p. 117.

> Todos hemos pasado por el largo proceso de aprendizaje del lenguaje corporal, que empieza en el momento en que nacemos y que nunca deberíamos dar por concluido.[196]

Para un juez y para un litigante, es imprescindible conocer lo que su cuerpo y el cuerpo de los demás comunica, ya que ello proporcionará información imprescindible durante las audiencias orales y de su conocimiento dependerá en gran medida, su utilización adecuada, e incluso, para las personas juzgadoras, la valoración de la prueba, a partir del principio de inmediación.

La postura. La postura es la forma en que las partes colocan el cuerpo durante las audiencias orales. De acuerdo con la idea que transmiten, la postura —para Palaveccino— se clasifica en:

- De *acercamiento.* Inclinación hacia adelante del cuerpo. Cuando las personas juzgadoras o alguna de las partes se encuentre sentado e incline el cuerpo hacia adelante, denota interés en lo que se dice y busca acercamiento con su interlocutor. Lo mismo hacen los peritos y testigos.

  Durante los alegatos de las partes, si el juzgador mantiene una posición hacia adelante, denota interés en lo que se dice, lo que facilitará que el mensaje emitido por el litigante sea adecuadamente recibido. Con frecuencia las personas juzgadoras se colocan en una posición neutra y confortable durante la audiencia (que en términos generales es recta, sin inclinarse al frente ni hacia atrás, lo que se explica dado el tiempo que puede permanecer sentado en la sala de audiencias), sin embargo, en la medida de que lo que ocurra en la sala de audiencias sea de su interés, el juzgador adoptará una postura hacia el frente y de no ser de su interés lo que se alega, permanecerá recto o en el peor de los caso, su postura será hacia atrás (deslizándose un poco de la silla —si la inclinación es mucha, las partes están en problemas).

  Con los testigos ocurre lo mismo. Cuando al testigo interesa lo que se le pregunta, modificará su posición *vase* y se inclinará

---

196 BARÓ, *op. cit.*, p. 27.

hacia adelante, es ese el mejor momento para preguntar la información más relevante.

- De *retirada o de rechazo*. Retroceder o girar el cuerpo hacia otro lado implicará rechazo de las partes, respecto de lo que se dice dentro de las audiencias orales. Cuando lo llevan a cabo los testigos (sobre todo de la contraria) evidenciarán rechazo hacia las preguntas que se le formulan o la información que se le solicita. Si se tratará de los testigos propios, se deberá tranquilizar al testigo para que el juez no advierta dicho rechazo y en caso contrario se podría argumentar testigo hostil; si es el testigo de la contraria, el retiro o rechazo puede aprovecharse para demostrarle al órgano jurisdiccional que el testigo no se conduce con probidad.

Las partes deberán ser cuidadosas para abstenerse durante las audiencias orales de expresar posturas de retiro o rechazo, ya que las personas juzgadoras lo percibirán y demeritarán sus alegatos e interrogatorio, a través del principio de inmediación. Lo mismo aplicará para las personas juzgadoras: un tribunal ansioso por marcharse no es aconsejable para la adecuada impartición de justicia.

Es necesario precisar que la sala de audiencias, de algún modo, representa un espacio donde se deberán tomar en cuenta algunas premisas que operan para los actores de teatro. Las partes deberán ser sumamente cuidadosas en nunca dar la espalda a la persona juzgadora y deberán dirigir sus alegatos hacia él. Tampoco deberán dar la espalda al testigo (únicamente si es necesario y forma parte de la estrategia de litigación). Para evitar dar la espalda al juez y al testigo, las partes pueden colocar su cuerpo ligeramente de lado. En la medida de lo posible deberán evitar también dar la espalda al público que asiste a la sala de audiencias, aunque si se tiene que dar la espalda a alguien, es preferible hacerlo con el público o con el testigo, antes que con la persona juzgadora.

Recordemos que, en la práctica, en nuestro país, las partes permanecen sentadas durante las audiencias, lo cual reduce los recursos de expresión no verbal, pero, en cambio, facilita la organización en el trabajo, pues al alcance quedan los apuntes, notas, tarjetas y esquemas que contienen la teoría del caso.

Cuando las partes decidan ponerse de pie durante los alegatos y/o el interrogatorio y decidan desplazarse de un extremo a otro de la sala de audiencias, deberán girar para evitar dar la espalda a la persona juzgadora y si por alguna razón lo hacen, reivindicarse lo más rápido posible. De incumplir lo anterior, se enviará un mensaje de rechazo, desinterés y peor aún, falta de experiencia o de preparación. Si las partes intervienen sentados, las reglas que preceden no son aplicables, a excepción de siempre dirigirse a la persona juzgadora y al testigo con el rostro hacía ellos.

- De *expansión*. Expresa arrogancia o desprecio, se caracteriza por que las partes (o testigos) sacan el pecho (particularmente los varones), colocan el cuerpo recto, levantan los hombros y la cabeza la mantiene erguida. En términos generales la postura de expansión es adecuada para las partes e incluso para las personas juzgadoras, sin embargo, de asumirla por periodos largos de tiempo resulta cansada y evita que los movimientos corporales se desarrollen con soltura, lo cual tanto el juez como la contraria lo advertirán, corriéndose el riesgo de parecer fingido o forzado dentro de la sala de audiencias.

  La expansión también se advierte cuando las personas juzgadoras, las partes, los testigos o peritos se sientan con los hombros extendidos a los lados o las piernas estiradas o cruzadas hacia los lados. Ninguna de las características anteriores es recomendable dentro de una audiencia.

- De *contracción*. Comunica abatimiento o depresión de las partes (o testigos o peritos). Se caracteriza por doblar el tronco hacia adelante, los hombros caídos y el pecho y la cabeza hundidos.

  La contracción es regularmente la postura de las víctimas durante una audiencia oral (por obvias razones). Las partes deberán cuidar no expresar dicha postura y si los testigos lo hacen, se deberá propiciar en ellos confianza para que la corrijan. Evidentemente el testigo no se dará cuenta de la postura que con su cuerpo asuma, es tarea de las partes advertirlo y provocar su corrección o en caso de que sea testigo de la contraria, aprovechar dicha circunstancia durante el contrainterrogatorio.

Cuando las partes ingresan a la sala de audiencias (y en general cuando se comunican con otros) envían indicios de su sentir, que se expresa en la posición, la orientación y movimientos del cuerpo.

- *Posición.* La posición de las partes y de los testigos durante las audiencias orales, es el instrumento que su cuerpo emplea para expresar la aceptación o no de lo que se discute o se dice dentro de la diligencia penal.

  La posición puede ser abierta o cerrada: «es abierta cuando los brazos y las piernas no constituyen un obstáculo en la comunicación; es cerrada cuando piernas, brazos y manos se disponen a modo de barrera simbólica, para protegerse de alguien que provoca sentimiento de inseguridad, de amenaza o de rechazo».[197]

  La posición abierta de los partícipes dentro de las audiencias orales facilita el debate y el desarrollo de las audiencias. Cuando las partes se encuentran en posición abierta (sin entrelazar los dedos de las manos, cruzar los brazos o cruzar las piernas), reflejan interés en lo que sucede y asimilarán la información e incidencias que ocurran dentro de la sala.

  La posición abierta se caracteriza por evitar cruzar brazos o piernas. Los brazos se colocan de forma relajada en los costados del cuerpo, si se encuentran las partes de pie o relajados sobre el escritorio si se permanecen sentados, o únicamente tocando ambas manos con la punta de los dedos (posición VASE). Las partes deberán evitar cruzar las piernas y colocarán su cuerpo recto, pero no tenso. Si la persona juzgadora mantiene dicha postura será receptivo a la información proporcionada por las partes y testigos; lo mismo ocurrirá con el testigo o perito: si mantiene una posición abierta responderá fluida y

197 PALAVECCINO, *op. cit.*, p. 118.

correctamente lo que se le pregunte, una posición contraria provocará el efecto opuesto.

La posición cerrada se caracteriza principalmente por cruzar brazos y/o piernas, cerrar los puños, rascarse el cuello con la mano del lado opuesto, abrocharse la chaqueta, cruzar los brazos y apoyarlos sobre la mesa, manos en los bolsillos, tirar de las mangas, manos cruzadas delante de los genitales, mano que sujeta la muñeca o antebrazo en la espalda, un abrazo colgando y el otro agarrándolo, entre otras. Las partes deberán evitar hacerlo y al notar que los testigos presentan dicha posición se deberá provocar su apertura a través del interrogatorio (la preparación del testigo facilitará enormemente este cometido).[198]

Si las personas juzgadoras o el testigo o el perito asume una posición cerrada, se deberá tener cuidado de producir información relevante o hacer preguntas imprescindibles para la teoría del caso, se recomienda primeramente provocar en la persona de posición cerrada que evidencié apertura, lo cual puede llevarse a cabo con el juez, acercándose más al estrado, mirándolo a los ojos, subir la voz o hacer alguna pregunta como ¿puedo continuar su señoría? o ¿me permite su señoría?

Con los testigos o peritos se pueden alargar las preguntas de individualización, suavizar la voz o utilizar frases como: «tranquilícese señor GARCÍA», «relájese, se encuentra en esta sala para decirnos únicamente lo que vio», «si en algún momento se siente usted mal o incomodo, hágamelo saber», entre otras. La posición cerrada es también un indicio para poder alegar testigo hostil.

La posición de la cabeza es también significativa para las partes y de las personas juzgadoras, durante su intervención o la de los testigos o peritos en las audiencias orales. La cabeza del expositor deberá mantenerse en posición neutral, centrada entre los hombros y erguida sobre la espalda, con el cuello recto y vertical. Levantar la cabeza representa autoridad o altanería, por el contrario, bajarla con la barbilla hundida, casi tocan-

198 *Cf*, GONZÁLEZ, *Procedimiento...*, *op. cit.*, pp. 745-754.

do el pecho, muestra desacuerdo, duda, desconfianza o agresividad. Desplazar la cabeza hacia adelante refleja cansancio, desgana o poco interés en lo que se dice en la sala de audiencias. «Cuando ladeamos la cabeza hacia la izquierda, estamos bajo la influencia de una emoción positiva, que nos provoca una cercanía afectiva, mientras que cuando lo hacemos hacia la derecha estamos reflexionando de manera racional porque estamos ante un problema de tipo lógico que tenemos que resolver».[199]

- *Orientación*. Es la posición en que el cuerpo se coloca frente a su interlocutor, cuando las partes o las personas juzgadoras exponen durante las audiencias orales. Todo aquel que interviene en una audiencia oral coloca su cuerpo ya sea de frente a su interlocutor, de lado o de espalda, esto depende del grado de intimidad que se tenga y el compromiso que se asuma durante las audiencias orales.

  Se recomienda que las partes, durante las audiencias orales, permanezcan de frente a los testigos y de frente a la persona juzgadora. Cuando expongan sus alegatos, las partes deberán buscar una orientación de frente al juzgador (ya sea que se encuentren de pie o sentados), porque así evidenciarán su compromiso con lo que sucede en la audiencia.

  Percatarse de la posición que las personas juzgadoras asuman cuando se dirigen a una de las partes, es un indicador también del compromiso o interés que estos y las partes tienen con la teoría del caso o información expuesta; entre más de frente coloquen el cuerpo (o el tórax o la cabeza) mayor el compromiso (aunque también se ha observado que esa misma orientación se adopta cuando se percibe el interlocutor como amenazante). Lo anterior es aplicable con la parte contraria y los testigos. Deberá evitarse que den la espalda a la persona juzgadora o a quien lo interroga.

  Cuando las partes se encuentran sentadas (incluyendo a las personas juzgadoras), si se colocan de frente se advierte com-

---

199 BARÓ, *op. cit.*, p. 85.

petencia, si se sientan juntos cooperación y cuando se trata de una conversación habitual (como se deberá buscar establecerlo con los testigos) la posición adecuada es en ángulo recto, dar la espalda implica discontinuar la comunicación.

Las partes y testigos deberán abstenerse de sentarse con las piernas estiradas, ya que eso impide que los demás se incorporen al debate o respondan correctamente los cuestionamientos durante el interrogatorio. Las personas juzgadoras regularmente no se enfrentan a ese problema, debido a que el estrado con frecuencia cuenta con protección por debajo del estrado, que impide ver la posición de sus pies; no obstante, no se puede pasar por alto que el cuerpo es reflejo del estado de ánimo y de lo que el cerebro está pensando, por lo que no obstante que la audiencia no se pueda percatar de la posición de los pies, los juzgadores deberán ser cuidadosos de no estirarlos, cruzarlos o jugar con ellos, porque inconscientemente provocarán en su pensamiento una actitud contraria a la que requieren para el adecuado desarrollo de las audiencias.

Es en cambio recomendable que las personas juzgadoras asuman una posición cómoda desde el inicio de las audiencias orales, ya que no es posible saber el tiempo que deberán permanecer dentro de la sala de audiencias y su orientación deberá ser cómoda, para no sufrir de una lesión y para que los asistentes (incluyendo a las partes) no utilicen a su favor la posición corporal de la persona juzgadora.

- *El movimiento.* El movimiento del cuerpo es el elemento que dinamiza las alegaciones de las partes, siempre y cuando sea planeado y no exagerado, porque de lo contrario se convierte en un distractor para la persona juzgadora y para los testigos. Los movimientos de las partes dentro de la sala de audiencias deberán ser planeados y no resultado de su nerviosismo. Para que sean planeados deberán ser preparados y practicados previamente y deberán corresponder con lo que se expresa, es decir: si el litigante refiere que el imputado salió corriendo de la escena del crimen, bien puede dar algunos pasos rápidamente hacia el frente. Si una de las partes señala que el ofendido antes de que lo agredieran se hizo para atrás, el litigante puede ilustrarlo cuando lo exponga dando uno o dos pequeños pasos hacia atrás.

Los movimientos exagerados denotan ansiedad, nerviosismo, mientras que la limitación de movimiento evidencia monotonía y exceso de formalismo, lo que redunda en debilidad en la exposición, el movimiento deberá ser exacto, preciso, adecuado y estratégico: un andar firme, elegante y seguro, las partes deberán aspirar a convertir sus movimientos dentro de la sala de audiencias en su forma habitual de andar. Jamás deberán arrastrar los pies, ni dar pasos largos o muy cortos.

El CNPP nada dice respecto a si las partes deberán permanecer de pie o sentadas durante sus alegatos e interrogatorio, sin embargo, desde el 2008 en el país se ha optado porque las partes intervengan en las audiencias permaneciendo sentadas, no obstante que ello limita la expresión corporal (en el modelo de enjuiciamiento anglosajón es común que los intervinientes expongan de píe).

De mantenerse dicha tradición es claro que las partes no pueden leer documentos completos, por lo que su participación deberá ser oral y para ello se recomienda la posición VASE[200] de las partes al estar *sentados*:

a) Mantener el cuerpo erguido (buscando formar con el cuerpo un «4» sobre la silla), sin volcarlo hacia la mesa ni tendido sobre el respaldo de la silla, manteniendo el cuerpo a una distancia de veinte centímetros de la mesa, lo cual evitará que ante la falta de experiencia (o más grave aún, ante la falta de preparación) se termine dando lectura a los documentos que se coloquen sobre la mesa. «La posición del torso y las piernas al estar sentados nos indican el grado de estrés del individuo y la relación que mantiene con su compañero. Si el 4 del que hemos hablado se inclina al frente, de tal forma que adelanta el tronco y retira los pies hacia atrás, debajo de la silla, vemos una actitud de atención

200 Al referir la posición «VASE», nos referimos a las iniciales de «verticalidad", «apertura», «simetría» y «estabilidad»; en el modelo anglosajón se le conoce como posición de «listo».

positiva. Si el movimiento es el contrario, es decir, el cuerpo se relaja con tendencia a la posición horizontal, brazos cruzados sobre el pecho y piernas cruzadas, hay un mensaje de falta de interés y de cierre ante el mensaje del otro».[201]

b) No exagerar los movimientos de las manos y en todo caso regresar siempre a la posición VASE cuando no se tiene el uso de la palabra, evitando tomar objetos como plumas, marcadores, monedas, llaves, etcétera, cuando se cede la palabra, momento en que la mano derecha deberán permanecer levemente adelantada (si se es diestro) para darle libertad de acción.

c) Para destacar el sentido de las frases o llamar la atención de la persona juzgadora o testigos o peritos se puede mover el cuerpo hacia el frente o girarlo a los costados (además del tono de voz, explicado en epígrafes anteriores).

d) Evitar hundirse en la silla o quedar escondido detrás del escritorio, ya que eso evidenciará inseguridad, temor o en los testigos falsedad de su dicho. Si durante el desarrollo de las audiencias se pierde seguridad, las partes deberán evitar que su contrario y la persona juzgadora lo noten, deberá mantener una posición corporal adecuada (posición VASE). Antes de iniciar la audiencia, las partes deberán ajustar la silla (si es de ese tipo) en proporción al tamaño de sus piernas y, sobre todo, evitando quedar demasiado abajo o demasiado arriba, a menos que el litigante sea de talla muy baja, se puede colocar más alto de lo común, y viceversa, nunca se coloque la silla demasiado bajo si el litigante es muy alto (lo anterior también aplica para las personas juzgadoras).

e) Evitar cruzar las piernas, colocándolas levemente separadas y que los pies se apoyen con la totalidad de la planta del calzado sobre el piso (no con las puntas ni que queden flotando en el aire).

Si las partes intervienen de pie, deberán mostrar al tribunal y a los presentes en la sala de audiencias simetría, es decir, con su cuerpo deberán reforzar la sensación de estabilidad y seguridad con una

---

201 *Ibidem*, p. 73.

posición de «poder». «Recuerde que la mente descifra los mensajes en relación a la información que tiene almacenada en su disco duro. Las cosas simétricas nos sugieren orden, control, equilibrio y estabilidad».[202]

En consecuencia, la posición VASE para las partes cuando se encuentran de *pie* es la siguiente:

a) Dirigirse a la persona juzgadora y a los testigos con naturalidad y paso firme, ni muy rápido no muy despacio.

b) Ubicarse preferentemente al centro de la sala de audiencias (a excepción de que las condiciones tecnológicas lo impidan), enfocando la mirada a la persona juzgadora o testigo, según corresponda.

c) Mantener verticalidad en el cuerpo,[203] con ambos pies abiertos a la altura de los hombros (si son damas y calzan zapatillas pueden colocar uno de sus pies al frente del otro y otro detrás ligeramente cruzado, pero únicamente cuando se tenga experiencia en esa posición y no se encuentren nerviosas, de lo contrario trastabillarán durante su exposición o incluso perderán el equilibrio y caerán al piso), de estar muy nerviosos, flexionar ligeramente las rodillas (lo que evitará el movimiento no planeado o de nerviosismo de las piernas). El cuerpo deberá trasmitir que está bien asentado en la sala de audiencias, se encuentra firme. «Aunque sople viento, aunque nos empujen, no nos caeremos».[204]

d) Colocar los brazos al frente del cuerpo (entre la cintura y los hombros) con los codos relajados rozando ambos costados, provocando que las yemas de los dedos de ambas manos se encuentren (a mayor nerviosismo se puede imprimir más fuerza en las manos, para reafirmar y/o convencer). Dicha posición canalizará los nervios que regularmente se traducen en movi-

---

202 *Ibidem*, p. 65.

203 «Para estar en una posición vertical real y que así lo perciban los espectadores, deberías imaginar que estás unido al techo por un hilo, desde la parte superior de tu cabeza». *Idem.*

204 *Idem.*

mientos inconscientes de las manos (y evitará se tomen objetos para regular la tensión), sobre todo si se acompañan con el pecho abierto, hombros relajados y cabeza en posición vertical neutra. Si se deberá tomar el micrófono con una de las manos, la otra deberá permanecer relajada al costado del cuerpo y ser utilizada conscientemente para poyar lo que se expresa de manera oral.

e) Evitar pasear por la sala de audiencias si no se prepararon los movimientos (de no haberse preparado adecuadamente, es preferible que las partes se mantengan en un solo sitio), si se planeó desplazarse deberá llevarse a cabo de manera lenta, armónica y tranquila (nunca rápida o bruscamente), procurando no hablar cuando se realizan los movimientos y hacerlo una vez que se coloca el litigante en la posición VASE.

f) No dar la espalda a la persona juzgadora ni al testigo ni al perito, al único que en un momento dado puede darse la espalda es al público, para evitarlo se puede colocar el cuerpo ligeramente en forma diagonal.

g) Manejar con naturalidad los ademanes que las partes decidan realizar durante los alegatos, que sin excepción deberán corresponder con el contenido de la exposición oral.

Además, los *gestos* son importantes para que las partes se comuniquen durante una audiencia oral. Los «gestos son los movimientos que realiza el cuerpo a través de las manos, los brazos y la cabeza. Con ellos enriquecemos y completamos el mensaje verbal, ya que son una forma más sutil e intuitiva de comunicación».[205]

De acuerdo con Ekman y Friesen, podemos reconocer cinco tipos de gestos:

- *Gestos emblemáticos o emblemas.* Son aquellos que las partes durante las audiencias orales llevan a cabo intencionalmente y que pueden traducirse en palabras, al tener un significado muy claro, por ejemplo: hacer una escuadra con el dedo índice y el pulgar mientras el resto de los dedos se contraen hacia

---

205 PALAVECCINO, *op. cit.*, p. 121.

la palma de la mano, para ilustrar que se porta un arma de fuego; agitar la mano para ilustrar una despedida; levantar el dedo pulgar para pedir un «aventón» en la carretera; estirar la palma de la mano para advertir un saludo; frotarse las manos, indicando que hace frío; señalar una silla, para indicar que se sienten; taparse la nariz, indicando que huele mal, entre otros.

Knapp refiere: «los emblemas son los actos no verbales que tienen una traducción verbal específica conocida por la mayoría de los miembros de un grupo de comunicación».[206]

Estos gestos apoyan lo que con palabras dicen las partes, redundando en una mayor compresión para la persona juzgadora con sus alegatos. Es posible que las personas juzgadoras no recuerden cómo la víctima solicitó ayuda a la policía, pero difícilmente lo olvidarán si el litigante al decir: «la víctima atrae la atención de los policías», lo ejemplifica moviendo los brazos de la manera en que la víctima pidió ayuda el día de los hechos.

- *Gestos ilustrativos o ilustradores.* Son aquellos que las partes (e incluso los testigos o peritos) emplean en forma consciente durante sus alegatos orales o durante el interrogatorio para aclarar lo que dicen, recalcando, enfatizando y/o ilustrando, dan un marco a sus palabras que ellas por sí mismas no poseen, pero no les dan significado. Según Knapp: «los gestos no se producen al azar durante la corriente del habla; la conducta del habla y la conducta del movimiento están estrictamente ligadas: son constitutivas del mismo sistema».[207]

Para acreditar lo anterior, realicemos el siguiente ejemplo: colóquese frente al espejo y diga: «el cuchillo que el imputado introduce en el pecho de la víctima era muy grande», al mismo tiempo utilice ambas manos al frente de su cuerpo y sepárelas con los dedos índices aproximadamente vente centímetros, luego repita la frase y separe ahora cuarenta centímetros las

---

206 *Cf,* MARK L. KNAPP, *La comunicación no verbal, El cuerpo y el entorno,* Barcelona, Paidós, Barcelona, 1980.

207 *Idem.*

manos, y ahora, a partir de lo que apreció a través de las imágenes en el espejo ¿cuál de los dos cuchillos era el más grande? Regularmente mis alumnos sostienen que es más grande el segundo, aunque en realidad es el mismo cuchillo acompañado de gestos ilustrativos.

- *Gestos patógrafos o que expresan estados de ánimo.* Se asemejan a los ilustrativos, salvo que a través de ellos se refleja el estado de ánimo de las partes, lo cual no deberá tomarse literalmente, sino deberá entenderse que estos gestos deberán reflejar el estado de ánimo que los testigos mantenían durante los hechos, para que las partes logren transmitir a la persona juzgadora que se sentían tristes, temerosos, alegres, deprimidos, nerviosos, serenos, comprometidos, inquietos, ansiosos, agresivos, etcétera.

  Ejemplo: si una de las partes oralmente dice: «la presencia del imputado le molestó mucho», el litigante deberá «torcer» la boca, para que el tribunal de enjuiciamiento además de conocer oralmente lo alegado por el litigante, advierta, a través de la inmediación, la molestia de la víctima.

- *Gestos reguladores de la interacción.* Son los movimientos que las partes utilizan regularmente en toda interacción (incluso fuera de la sala de audiencias), como mover la cabeza negativa o afirmativamente. Knapp asegura que «los reguladores son actos no verbales que mantienen y regulan la naturaleza alternante de hablante y oyente entre dos o más interactuantes. Los reguladores también desempeñan un papel muy importante en el inicio y fin de las conversaciones».[208]

  Ejemplo: durante el interrogatorio uno de los testigos al responder lo que se le pregunta hace una pausa, por lo que el litigante mueve en una ocasión la cabeza hacia arriba, indicando (sin palabras), que el testigo continúe con su relato.

- *Gestos de adaptación o adaptadores.* Son los que las partes utilizan cuando necesitan disimular aquellas emociones que no desean

---

208 *Idem.*

manifestar durante las audiencias orales. Dichos gestos no se relacionan directamente con la comunicación oral, pero son comunicativos porque proporcionan información involuntaria sobre el momento que viven las partes durante las audiencias orales, por ejemplo: rascarse la cabeza, tocarse o pellizcarse la nariz, rascarse el cuello, hurgarse la oreja, frotarse el escote, rascarse la nuca o peinarse el pelo con los dedos.

> Identificar los gestos de esta categoría nos dará una información muy relevante acerca de las personas que los realizan. Serán la clave para leer más allá de las apariencias y desenmascarar emociones disimuladas o prever posibles reacciones a pesar del esfuerzo del otro para controlarlos. Conocer estos gestos nos permite jugar con ventaja en todos los escenarios. Y además, en gran medida, podemos evitar hacerlos nosotros mismos, a base de autocontrol y entrenamiento. Se trata, una vez más, de jugar con ventaja tanto en la emisión de mensajes como en la descodificación.[209]

Dichos adaptadores son frecuentes para las partes durante las audiencias orales, en virtud de que se sienten observadas y muchas veces en una situación de tensión; también los testigos recurren a dichos adaptadores, sobre todo cuando mienten.

Palaveccino distingue tres clases de gestos de adaptación:

Autoadaptadores o autodirigidos. Son aquellos a los que las partes recurren durante las audiencias orales manipulando su cuerpo como manifestación de su nivel de angustia, como morder las uñas, tocarse el cabello o la barba, acariciar el bigote, además de gestos faciales como morderse el labio inferior o pasarse la lengua por los labios, entre otros.

Heteroadaptadores. Son aquellos que las partes dirigen a su contraria, a la persona juzgadora o a los testigos o peritos, que suponen un contacto físico, como son los movimientos incesantes de las manos y de los pies, fijar la mirada sobre uno de los intervinientes en la audiencia oral, entre otros.

Objetoadaptadores. Son los gestos que las partes llevan a cabo durante las audiencias orales manipulando un objeto para regular su ten-

[209] BARÓ, *op. cit.*, p. 59.

sión, como jugar con el bolígrafo, la corbata, las hojas sobre la mesa, entre otros; en el mismo sentido, las partes recurren a colocarse y quitarse un anillo, un dije de la cinta que porta en el cuello, quitarse las gafas, beber agua (sin tener sed), entre otros. En este sentido es aconsejable que durante las audiencias orales las partes y las personas juzgadoras eviten todo ese tipo de objetos para no recurrir a ellos (a excepción de los anteojos si se usan con fines médicos).

Los *ademanes* son durante las audiencias orales parte importante para los litigantes. Los ademanes son los movimientos que las partes llevan a cabo esencialmente con las manos y con los brazos. Durante la exposición de los alegatos y el interrogatorio, los ademanes para las partes son relevantes, siempre y cuando se ejecuten de forma natural. El buen uso de los ademanes depende de la preparación. Ensayarlos, previo a la audiencia, suavizará los ademanes bruscos y dinamizará las frases que se expongan frente a las personas juzgadoras.

> Las extremidades superiores son las que participan más activamente en la comunicación y sus movimientos son, con la expresión del rostro, los más observados.[210]

Con base a lo anterior, las *manos* son las que mejor reflejan la información que las partes exponen de manera oral, en términos generales éstas se mantienen en reposo cuando las partes guardan silencio, sin embargo, al exponer oralmente las manos acompañan el discurso, marcando el ritmo de sus pensamientos. Por ejemplo: el puño con la mano en alto expresa determinación, cruzarse de manos bajo el abdomen indica timidez, brazos caídos significa depresión, etcétera.

Frotarse las manos lentamente puede ser interpretado como alegría o placer; hacerlo rápido implica malicia o intencionalidad; colocarlas en los bolsillos soberbia; si las mantienen en los bolsillos y hacen movimientos con los dedos (como tintinear monedas) refleja ansiedad o desasosiego; colocar las manos sobre la cadera representa desafío, altanería o enfado; cruzar las manos por la espalda denota timidez o sumisión y tocar la barba o la boca nerviosismo o ansiedad.

---

210 *Ibidem*, p. 76.

La colocación de la palma de la mano también aporta información y envía mensajes a las partes. Mostrarla refleja confianza, modestia, sumisión o sinceridad; colocarla hacia abajo implica lo contrario, desconfianza, altanería, arrogancia o autoritarismo. Si se trata de un saludo lo mejor es colocar la palma de la mano horizontalmente (dentro de una audiencia oral es inusual —y poco deseable— saludar de mano a la persona juzgadora, a los testigos o a la contraria), no obstante, es frecuente que coloquemos las manos sobre el escritorio, la forma de hacerlo dice mucho de las partes.

Cuando se tiene la experiencia suficiente, las partes se olvidan de las manos y estas se mueven con soltura, mientras no sea así, es aconsejable recurrir a la posición VASE que ha sido previamente descrita. Reiterando que deberán las partes alejar objetos que distraigan a la audiencia (como bolígrafos, punteros, etcétera). Si se hacen anotaciones en un rotafolio o pizarrón o si se dirige una gráfica con un señalador de luz, en cuanto deje de ser utilizado deberá colocarse en su sitio, evitando que dichos objetos permanezcan en las manos, para no distraer al tribunal o a los testigos.

Por otra parte, los *brazos* reflejan la sensación de seguridad que a las partes les producen sus alegatos o intervenciones durante las audiencias orales. Caídos naturalmente a ambos lados del cuerpo indican tranquilidad, sin embargo —como se sostuvo en apartados anteriores— lo recomendable es que durante las exposiciones orales los brazos permanezcan al frente con las yemas de los dedos tocándose (posición VASE). Los brazos cruzados reflejan una barrera (actitud defensiva o nerviosa), sobre todo si además se suman los puños, ello evidenciaría incluso (en uno de sus extremos) una posible agresión verbal o física.

Para concluir, durante el desarrollo de las audiencias orales y considerando lo expresado en el presente epígrafe, las partes y las personas juzgadoras deberán cuidar los siguientes aspectos:

- Gestos o tics que no tengan congruencia con los alegatos o resolución que expresan como rascarse la cabeza, acomodarse la corbata, tomar los botones de la blusa o del saco o los anteojos, frotarse la barbilla o la nariz, comerse las uñas, etcétera.

- Evitar apoyar las manos sobre la cadera, la cintura o el abdomen, entrecruzarlas por la espalda o en los bolsillos.
- Los brazos deberán caer sobre el cuerpo de manera natural (si se es un orador experto), o en su caso, recurrir a la posición VASE.
- Evitar contraer las manos o crispar los dedos o «tronar» los dedos.
- Los movimientos que se realicen deberán ser elegantes y arqueados y no mecánicos y tajantes.
- Evitar ademanes reiterados (que muchas veces responden a los nervios) porque provocarán cansancio a las personas juzgadoras.
- Descartar movimientos nervios (se corre el riesgo de contagiar a la contraria, a los testigos y a la persona juzgadora, además de que redunda en la memoria y eficiencia de la intervención de las partes).
- No excederse en la gesticulación ni llevar a cabo ademanes a ritmo acelerado.
- Evitar movimientos distractores como jugar con plumas, marcadores, llaves, papel, garabatear, etcétera.

Los *pies* también representan y forman parte de la comunicación dentro de la sala de audiencias. El control en los movimientos corporales deberá también ser cuidadoso en relación con los pies del orador. «Todo esto tiene una explicación: el papel vital que las extremidades inferiores han tenido en nuestra supervivencia. Ante un peligro, nuestros antepasados tenían tres posibilidades: detenerse, huir o atacar. Las piernas se preparaban para actuar según la mejor opción».[211]

Como se señaló en la posición VASE, si se encuentran las partes de pie, deberán separar las piernas para así tener una posición más estable, fuerte y poderosa.

---

211 *Ibidem*, p. 68.

Cuando las partes o los testigos se sientan amenazados, separan las piernas, como indicador de empezar a correr en caso de una incidencia desagradable o peligrosa (esto es inconsciente). «En muchas ocasiones podrás observar que la gente adelanta, a veces de forma muy sutil, un apierna con la rodilla un poco flexionada, iniciando el gesto de salir a la carrera. Este pie adelantado no está bien apoyado en el suelo y al observarlo le da la sensación de inestabilidad y falta de consistencia».[212]

Si las partes cruzan las piernas de forma simétrica y con los muslos apretados, darán la impresión de inseguridad, timidez o ganas de orinar. Si se cruza una pierna por detrás de la que se mantiene vertical, comunica disgusto, incomodidad, intensiones de retirarse de la sala de audiencias. Si las puntas de los pies se cierran (tratan de encontrarse), muestran las partes o los testigos ansiedad, timidez, miedo o duda.

Si las partes exponen sentados —como ocurre en la práctica—, deberán evitar cruzar las piernas, tanto el cruce americano como el europeo,[213] las mujeres además, deberán evitar enroscar las piernas o inclinarlas en paralelo.

Por cuanto hace a los movimientos de la cara, las partes y las personas juzgadoras deberán atender a la *expresión facial*, que aunado a la mirada constituyen el estado de ánimo de las partes y, sobre todo, el sentido en que quieren exponer sus alegatos o peticiones.

> Es a través de esta parte del cuerpo, más que con ninguna otra, que establecemos relaciones: la sonrisa y la mirada son canales directos que en momento cruciales de la relación no necesitan ni siquiera palabras. Expresamos las emociones básicas y otras más complejas al mover los músculos de la cara en un repertorio de combinaciones. A través del rostro nos evaluamos: sintonizamos u observamos el abismo que se abre ante nosotros. Todo este potencial comunicativo y, por lo tanto, de relación, queda también anulado si el rostro está cubierto.[214]

---

212 *Ibidem*, p. 69.

213 El cruce americano se realiza apoyando un tobillo encima del muslo opuesto, mientras que el europeo se realiza cruzando juntas las piernas.

214 *Ibidem*, p. 92.

Es a través de los movimientos de la cara que se regula durante las audiencias orales la interacción de las partes con testigos y con las personas juzgadoras. Resulta importante que las partes e incluso la persona juzgadora, consideren la expresión facial de los testigos al ser interrogados, ya que atendiendo al principio de inmediación pueden incidir en conceder o no valor a su dicho, además de que los movimientos de la cara se van modificando durante el desarrollo de la audiencia oral, de acuerdo a lo ocurrido.

En la cara se pueden advertir con certeza seis gestos: tristeza, miedo, interés, enojo, asco y alegría.

Por ejemplo, una sonrisa acompañada por movimientos ascendientes y descendientes rápido de las cejas, indica alegría por el encuentro de alguien. En ese sentido, si durante el interrogatorio a la víctima de acoso sexual se le pregunta: ¿Qué fue lo que sintió cuando vio a su agresor? y esta responde: «incomodidad y miedo», realiza el movimiento antes precisado, lo que dice no es lo que realmente sintió durante los hechos.

Si las partes, la persona juzgadora o los testigos o los peritos fruncen el ceño y aprietan los labios, es probable que se encuentren enfadados por algo que pasó o con lo que se está diciendo. Si además de lo anterior, se añade enrojecimiento de la cara y de los ojos y un leve temblor en la boca, la persona está muy enfadada.

Parte de la expresión facial es la mirada, a través de ella se expresa interés, emociones y se complementa la expresión oral. Las miradas pueden significar humillación, perdón, compasión, seducción, obediencia, admiración, amor, súplica, orden, aprobación, desaprobación, etcétera.

Según Knapp, la mirada tiene cuatro funciones básicas:

1. *Regulación de la corriente de comunicación.* Las partes pueden objetar con tan solo ver a su contrario o a la persona juzgadora, sin levantar la mano o la voz, como es más común hacerlo.

2. *Retroalimentación por control de las relaciones del interlocutor.* Con las miradas de las partes, testigos y personas juzgadoras, la comunicación dentro de la audiencia oral se retroalimenta.

3. *Expresión de emociones.* La mirada es reflejo de lo que los testigos, por ejemplo, sienten durante el interrogatorio de las partes; lo mismo ocurre con las personas juzgadoras, cuando las partes expresan sus alegatos.
4. *Comunicación de la naturaleza de la relación personal.* A través de la mirada las partes pueden percatarse del tipo de relación que existe entre éstas, los testigos e incluso la persona juzgadora, ya que es posible observar relaciones de poder, afecto, complicidad, intimidación, entre otras.

La mirada juega un papel imprescindible para las partes cuando se dirigen en el interrogatorio a los testigos y cuando expresan sus alegatos a las personas juzgadoras. «Dominar el lenguaje de las miradas nos asegura una correcta interacción con los demás y aumenta nuestra capacidad de persuasión y seducción. Las personas que se sienten valoradas porque las miramos atentamente y hacemos otros gestos de escucha atenta cuando hablan, estarán más dispuestas a aceptar nuestra opinión y a colaborar con nosotros».[215]

Aunado a lo anterior, las partes deberán atender los movimientos oculares, ya que la PNL explica que dichos movimientos son indicios de actividad cerebral.

Cuando los testigos, las partes o las personas juzgadoras procesan ideas difíciles, se concentran en una reflexión, recuerdan algo o imaginan algo que no ha sucedió (incluso una mentira), tienden a desviar la mirada.

Al hacer cálculos o buscar una palabra los ojos realizan movimientos hacia arriba, hacia abajo o hacia los lados. Para la PNL si los movimientos son a la derecha, corresponden a ideas nuevas o a algo imaginado, creado en la mente (como las mentiras), mientras que, si son a la izquierda, se trata de recuerdos (esto varia en algunos casos si la persona es zurda).

La mirada se acompaña de la dilatación de las pupilas, los parpadeos y el contacto visual. La dilatación de las pupilas es inconsciente y refleja que las partes, los testigos o las personas juzgadoras vieron

---

215 *Ibidem,* p. 110.

algo que les resulta atractivo o les causa excitación positiva, también ocurre cuando hay poca luz y los ojos deben adaptarse a la oscuridad. Biológicamente el ser humano se encuentra dotado para que las pupilas reflejen aspectos relacionados con la actividad cerebral o de muy diversa índole, como la atracción, etcétera.

Daniel Kahneman hace referencia a los estudios del psicólogo Eckhard Hess, quien describía la pupila del ojo como una ventana al alma. «Hess escribía sobre la belladona, una sustancia que dilata las pupilas y que se ha utilizado como cosmético».[216] Más tarde Kahneman con sus estudios comprobó, coincidiendo que «las pupilas son indicadores muy sensibles del esfuerzo mental: se dilatan notablemente cuando multiplicamos números de dos dígitos, y si las operaciones son difíciles se dilatan más que si son fáciles… las pupilas son un indicador del consumo de energía mental».[217]

La tranquilidad o la inquietud de las partes, testigos o tribunal se advierte a través del parpadeo, cuando más rápido este sea mayor nerviosismo.

El contacto visual evidencia que las partes prestan atención (tienen disposición) a lo que ocurre durante las audiencias orales, particularmente si se dirige a quien habla (testigo o juzgador).

Comunicación no verbal durante las audiencias orales

La expresión oral durante las audiencias deberá acompañarse de movimientos que las partes (y en general todas las personas) realizan con el cuerpo, las manos, los brazos y, fundamentalmente, con la cara.

Lo anterior redunda en la credibilidad y el entendimiento que de nuestros alegatos tenga la persona juzgadora y los testigos. «Cuando interactuamos, de la comunicación no verbal participan varios sentidos, en particular el de la vista»,[218] por eso el legislador previó en la Constitución y en el CNPP el principio de inmediación, para que las

---

216 KAHNEMAN, Daniel, *Pensar rápido, pensar despacio,* Penguin Random House, México, 2020, p. 49.

217 *Ibidem,* pp. 49 y 52.

218 PALAVECCINO, *op. cit.,* p. 115.

personas juzgadoras apreciaran, precisamente, los movimientos que litigantes y la prueba producida en la sala de audiencias. Además, durante el interrogatorio las partes deberán atender a la comunicación gestual de los testigos y peritos y dentro de cada audiencia los gestos de los protagonistas de la audiencia oral, ya que las conductas gestuales proporcionan información para cada una de las partes y para las personas juzgadoras.

> Nuestra formación en la escuela, en la universidad, se ha articulado alrededor del lenguaje verbal escrito. Nadie nos ha enseñado la gramática del lenguaje corporal o los recursos vocales que podemos utilizar. En la educación primaria y secundaria se ha priorizado el análisis del lenguaje verbal y su estudio teórico en lugar de fomentar la oralidad, con la intervención correspondiente de la voz y el lenguaje corporal.[219]

Lenguaje no verbal durante las audiencias orales

El uso correcto del lenguaje no verbal es indispensable para la oralidad penal, pues sin el lenguaje verbal carecería de eficacia para demostrar las pretensiones de las partes durante las audiencias orales.

La importancia de la palabra durante la comunicación es de 7%, el tono de voz de 38% y el lenguaje corporal del 55%.

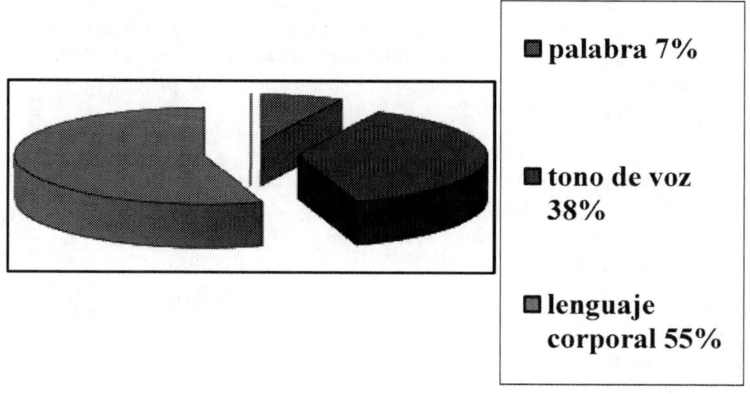

---

219 BARÓ, *op. cit.*, p. 23.

Como lo puntualizamos con la oralidad, el lenguaje corporal primario la mayoría de las personas lo desarrollamos sin mayor preparación desde que nacemos y pocas veces se da por concluido, siendo incluso capaces —sin saberlo— de entender los mensajes que los demás nos lanzan a través del lenguaje corporal. Sin embargo, para las personas juzgadoras y las partes durante las audiencias orales, conocer y manejar el lenguaje corporal, resulta indispensable, tal es así que uno de los principios de mayor importancia que prevé el CNPP es el de inmediación como lo contempla el artículo 9: «*Toda audiencia se desarrollará íntegramente en presencia del Órgano jurisdiccional,*[220] *así como de las partes que deban intervenir en la misma*»; lo que evidencia la preocupación del legislador de permitir a las personas juzgadoras y a las partes vivenciar —por medio de los sentidos— la prueba (ya sea personal o real, es decir: escrita u oral) y los alegatos o manifestaciones de las partes.

El principio de inmediación consiste en la presencia obligada del juzgador en todas las diligencias en las cuales escuchará de viva voz al imputado, al ofendido o a la víctima, a los testigos y a los peritos, además de conocer la prueba material.

> El afán de dar al Tribunal una impresión lo más fresca y directa posible acerca de las personas y de los hechos dio lugar al principio de inmediación. Se trata de dos exigencias: la inmediación debe imperar en las relaciones entre quienes participan en el proceso y el Tribunal, y además en el ámbito de la recepción de la prueba. De allí que se exige no sólo que el imputado se encuentre presente durante el desarrollo de todo el Juicio Oral sino también la presencia ininterrumpida de las autoridades judiciales, máxime si deben de apreciar la prueba que se actúa en juicio.[221]

La relevancia de este principio es evidente, por ello, el párrafo primero del artículo 20 constitucional contempla la inmediación y

---

220 La fracción X del artículo 3 del CNPP señala que ÓRGANO JURISDICCIONAL es el juez de control, el tribunal de enjuiciamiento o el tribunal de alzada, ya sea del fuero federal o común.

221 BENAVENTE CHORRES, Hesbert, PASTRANA AGUIRRE, Laura Aida, PASTRANA BERDEJO, Juan David, y VEGA GÓMEZ, Enrique V. Manuel, *Derecho procesal penal aplicado, con juicio oral, derechos y principios constitucionales*, ANFADE/Flores Editor y Distribuidor/Facultad de Derecho, UAEM, serie nuevo sistema procesal acusatorio, México, 2009, pp. 101-102.

expresamente la fracción II señala: «*Toda audiencia se desarrollará en presencia del juez, sin que pueda delegar en ninguna persona el desahogo y la valoración de las pruebas, la cual deberá realizarse de manera libre y lógica*». El artículo 10 de la Declaración Universal de los Derechos Humanos alude: «*Toda persona tiene derecho, en condiciones de plena igualdad, a ser oída públicamente y con justicia por un tribunal independiente e imparcial*».

Las personas juzgadoras tomarán conocimiento personal del material probatorio introducido en la audiencia y escucharán directamente los argumentos de las partes con la presencia de los sujetos procesales que deberán participar en ella, salvo los casos previstos en la ley. Sólo con la presencia del órgano jurisdiccional y de los sujetos que deberán intervenir se logrará que «el juzgador desarrolle su agudeza, que sus cinco sentidos sean aplicados a las reacciones psicológicas de aquellos que son interrogados en la audiencia, pudiendo así conocer a ciencia cierta la personalidad del acusado, de la víctima y de comprobar fehacientemente y coetáneamente, en un tiempo prudencialmente posterior, casi de inmediato al suceso, la pertinencia, eficacia y veracidad de los medios probatorios que se le presentan para llegar en mejor forma al conocimiento de cuál es la verdad material».[222]

> El principio de inmediación, por su parte, que constitucionalmente se encuentra también previsto en la ya citada fracción VI, presupone que todos los elementos de prueba que son vertidos en un proceso y que servirán para determinar la responsabilidad penal de una persona, sean presenciados sin mediaciones o intermediarios por el juez natural de la causa, de modo tal que éste esté en aptitud de determinar, previa una valoración libre de la prueba ofrecida, los méritos del caso.[223]

El principio de inmediación, además, coadyuva a la defensa adecuada del imputado, ya sea material o técnica, al tener la oportunidad de escuchar por sí a las personas que, de alguna manera, lo involucran, a los testigos de descargo y de viva voz tendrá la posibilidad de alegar lo que a su derecho corresponda en el momento que lo desee.

---

[222] FRANK, Jorge Leonardo, *Sistema Acusatorio Criminal y Juicio Oral*, Lerner Editores Asociados, Buenos Aires, 1986, p. 34.

[223] *Anteproyecto de Código de Procedimientos Penales para el Estado Libre y Soberano de Oaxaca*, Tribunal Superior del Estado de Oaxaca, Comisión Interinstitucional del Poder Ejecutivo y Judicial del Estado, versión 5, enero 2006, p. 9.

> la inmediación garantiza la relación entre el Juez y el inculpado, así como los testigos que declaren en la audiencia del juicio oral; significa que la actividad probatoria ha de transcurrir ante la presencia o intervención del Juez encargado de pronunciar el fallo... es primordial que el acusado se encuentre presente en la indagatoria, en la etapa intermedia y en el juicio oral, ya que podrá defenderse a sí mismo, con independencia de que el órgano de la defensa funja como instrumento de impulso y control de la prueba que se recaba en un proceso penal... el juez deberá escuchar siempre el punto de vista del procesado.[224]

La forma en que las personas juzgadoras aprecian lo actuado, para su correcta valoración, es con su presencia irrenunciable en el juicio; que sus sentidos perciban «los gestos, actitudes y su propio contexto revelan realidades que no son susceptibles de ser de otra manera captadas»,[225] es decir, el lenguaje no verbal.

Proxémica

La proxémica o proxemia es la disciplina o rama de la semiótica que estudia la relación espacial entre personas como manifestación social y significante.[226]

La proxémica es el espacio propio o de los otros durante las audiencias orales, esto es, la distancia que existe entre el cuerpo de cada una de las partes con relación al resto de los protagonistas en la sala de audiencias.

En términos generales todas las personas tendemos a exigir se respete nuestro espacio y cedemos éste cuando actuamos en sociedad, dicha cesión depende de la persona con la que se interactúa, a mayor acercamiento mayor confianza y viceversa. Por ello, la proxémica toma en cuenta dos aspectos: espacio personal y conducta territorial,

---

224 AGUILAR LÓPEZ, Miguel Ángel, *La prueba en el proceso penal acusatorio*, Bosch, México, 2014, p. 80.

225 DE LA ROSA, *op. cit.*, p. 271.

226 La semiótica es la ciencia que estudia los diferentes sistemas de signos que permiten la comunicación entre individuos, sus modos de producción, de funcionamiento y de recepción.

ambas importantes para la litigación oral y principalmente para la investigación criminal.

Las partes (como toda persona) prefieren mantener un espacio propio, por ello dentro de la sala de audiencias se encuentran perfectamente definidos los sitios donde permanecerán las personas juzgadoras, el fiscal, la víctima u ofendido/asesor jurídico, el imputado/defensa, los testigos y el público (esto es el espacio personal). Ninguno de los nombrados puede invadir el lugar que se destina al otro, eso da confianza a los protagonistas de las audiencias orales y los coloca en un estado confortable, sobre todo que en todos los casos (con algunas excepciones en los testigos o peritos), las partes cuentan con un escritorio que les permite perfectamente delimitar su espacio ante el del resto de los protagonistas (cuando no hay escritorios el cuerpo funge como «valla» para impedir que se vulnere el espacio individual).

No obstante, considerando la clasificación de Edward T. Hall (antropólogo que habló por primera vez de la proxémica), la organización de la sala de audiencias atiende a una «zona social», es decir, existe una distancia entre 1.23 y 3.60 metros entre los protagonistas, lo que facilita el trabajo de las partes durante las audiencias orales, al establecer una «coraza» que aleja a los protagonistas y evita la intimidad poco deseable, que en sus extremos vulneraría el principio de imparcialidad del juzgador.[227]

En términos generales es inexistente el contacto físico durante las audiencias orales (y es aconsejable que así sea). Ninguno de los protagonistas saluda de mano y menos de beso a otro. Lo mismo se tiene que hacer con los testigos o peritos, por más confianza que en ellos se tenga y que se les conozca por haberlos preparado, las partes deberán evitar el contacto físico (con saludos, abrazos, etcétera), aún más, deberán evitar acercarse demasiado al testigo, porque éste se sentirá invadido y restará eficacia a la información que aporte o sentirá presionado, lo cual no es deseable.

---

227 Hall señala que existen cuatro zonas, de acuerdo con el grado de afinidad que las personas mantienen: zona íntima (de 15 a 45 cm), zona personal (de 46 cm a 1.22 m), zona social (de 1.23 a 3.60 m) y zona pública (más de 3.60 m).

Conclusión

Las soluciones alternas y las formas de terminación anticipada constituyen la realidad del proceso penal mexicano; sin ellas no sólo colapsaría el sistema de justicia penal, además, se desatendería la evolución histórica de la sociedad que merece una justicia pronta y que los recursos y tiempo que se invirtieron en los juicios del pasado, se canalicen para otras necesidades. La aspiración de toda sociedad Democrática y de Derecho, es, utópicamente, que algún día la necesidad empírica del derecho penal desaparezca o, posiblemente, que se reduzca al mínimo, pues ello implicaría que el delito se ha disminuido y todas las personas vivimos tranquilas, seguras y felices, conscientes de que nuestros bienes jurídicos están a salvo.

Las disertaciones teóricas o jurídicas carecen de sentido sino se colocan al servicio de la gente, de las personas de carne y hueso que llaman a la puerta de los tribunales para pedir justicia y que esperan de las autoridades que lo hagan al menor costo y en el menor tiempo posible.

Razones por las que durante los epígrafes que finalizan se buscó transmitir primero las características teórico-empíricas de cada instituto procesal, y, desde luego, segundo, evidenciar lo imprescindible que actualmente resulta que el legislador haya flexibilizado el principio de legalidad y que dejara en manos de los particulares el diálogo para no insistir en la obligatoriedad de la persecución penal y que, en todos los casos, exista la posibilidad de que un proceso penal finalice de forma pronta y respetando los derechos humanos de todas las partes involucradas.

Es claro que son nuevos tiempos y que el Derecho no puede aguardar el sueño de los justos. La dinámica social exige al Estado formas más eficaces y eficientes de impartir justicia, basadas en la posibilidad de dilucidar la controversia a través de criterios de oportunidad que satisfagan los derechos humanos.

Las generaciones actuales no conciben el mundo sin la tecnología, del mismo modo, no podrían en adelante comprender el proceso penal con juicios duraderos y retributivos. La participación social en las democracias ha trascendido a las formas en que se imparte justicia y esperamos, la presente obra constituya un testimonio de que así es.

Sin la palabra no habría comunicación, sin comunicación careceríamos de entendimiento y sin entendimiento no prosperaría la humanidad. Es por ello que en la segunda parte del texto, nos atrevimos a romper la barrera de los «prejuicios» jurídicos y teóricos, para presentar el primer planteamiento de la *comunicación penal*, y dotar con ello, si es posible, las bases en del desarrollo de la materia y a las personas juzgadoras, a los fiscales, a las partes litigantes, a las víctimas u ofendidos, a los imputados, a los investigadores, a los docentes, a los estudiantes y a quienes se interesan en el tema, herramientas que coadyuven para que lo que ocurra dentro de la sala de audiencias sea una excelsa práctica de diálogo, tolerancia, respeto, profesionalismo, honradez y, principalmente, de legalidad y justicia.

Si se cumplió el objetivo, las generaciones que consolidarán el procedimiento penal acusatorio y oral derivado de las reformas constitucionales del 2008, cuentan con un texto que los acerque a la oralidad penal como tema empírico y no sólo como cuestión legal, que provoque competencia y lenguaje elocuente que se refleje en las audiencias, donde las personas juzgadoras aprecien y escuchen sus palabras, sus argumentos, sus motivos y razones, para que se «dejen convencer».

Si el pase de las hojas resultó un goce, gracias.

Bibliografía

- AGUILAR LÓPEZ, Miguel Ángel, *La prueba en el proceso penal acusatorio,* Bosch, México, 2014.
  - *La implementación del sistema penal acusatorio,* Bosch, México, 2018.
- *Análisis sobre la nomenclatura empleada en el nuevo sistema de justicia penal previsto en la Constitución Política de los Estados Unidos Mexicanos,* SCJN, México, 2015.
- ARENAL, Concepción, *Estudios penitenciarios,* INACIPE, México, 2010.
- BARÓ, Teresa, *La gran guía del lenguaje no verbal,* Paidós, México, 2013.
- BAYTELMAN A., Andrés y DUCE J., Mauricio, *Litigación penal, juicio oral y prueba,* FCE/INACIPE, México, 2009.
- BENAVENTE CHORRES, Hesbert, PASTRANA AGUIRRE, Laura Aida, PASTRANA BERDEJO, Juan David, y VEGA GÓMEZ, Enrique V. Manuel, *Derecho procesal penal aplicado, con juicio oral, derechos y principios constitucionales,* ANFADE/Flores Editor y Distribuidor/Facultad de Derecho, UAEM, serie nuevo sistema procesal acusatorio, México, 2009.
- BLANCO SUÁREZ, Rafael, DECAP FERNÁNDEZ, Mauricio, MORENO HOLMAN, Leonardo y ROJAS CORRAL, Hugo, *Litigación Estratégica en el nuevo proceso penal,* LexisNexis, Chile, 2005.
- DAGDUG KALIFE, Alfredo, *Manual de derecho procesal penal. Teoría y práctica,* INACIPE/IBIJUS, México, 2016.
- *Derecho procesal del siglo XXI. Visión innovadora,* Universidad de Medellín, Colombia, 2018.
- DEVIS ECHANDÍA, Hernando, *Teoría general del proceso,* TEMIS/UBIJUS, Bogotá, 2018.
- *El sistema de justicia penal en México: retos y perspectivas,* SCJN, México, 2015.
- FERRAJOLI, Luigi, *Derecho y razón,* 9a ed., Trotta, Madrid, 2019.
- FRANK, Jorge Leonardo, *Sistema Acusatorio Criminal y Juicio Oral,* Lerner Editores Asociados, Buenos Aires, 1986.
- GARCIA RAMÍREZ, Sergio, *El debido proceso, criterios de la jurisprudencia interamericana,* Porrúa, México, 2014.
- GONZÁLEZ RODRÍGUEZ, Victor Hugo, *Procedimiento penal acusatorio y oral mexicano,* Porrúa, México, 2022.
  - *Sistema de justicia para adolescentes en el Distrito Federal,* CUEDEC, México, 2012.

- GRIJELMO, Alex, *La seducción de las palabras,* Taurus, México, 2019.
- HERNÁNDEZ-ROMO, Pablo, *El procedimiento abreviado,* Tirant lo blanch, Ciudad de México, 2019.
- HORVITZ LENNON, María Inés y LÓPEZ MASLE, Julián, *Derecho procesal penal chileno,* tomo II, Editorial jurídica de Chile, Santiago, 2017.
- *Jornadas Iberoamericanas. Oralidad en el proceso y justicia penal alternativa,* INACIPE, México, 2008.
- KAHNEMAN, Daniel, *Pensar rápido, pensar despacio,* Penguin Random House, México, 2020.
- LEE BAILEY, F., *Cómo se ganan los juicios, el abogado litigante,* Limusa, México, 2014.
- LOZANO HERRERA, Francisco, *Práctica del procedimiento abreviado. Jurisprudencia y casos,* Tirant lo blanch, Ciudad de México, 2022.
- MARK L. KNAPP, *La comunicación no verbal, El cuerpo y el entorno,* Barcelona, Paidós, Barcelona, 1980.
- MEZA FONSECA, Emma, *Las soluciones alternas y formas de terminación anticipada en el proceso penal acusatorio,* Bosch, 2da edición, México, 2017.
- OLEA CONTRÓ, Francisco José Huber, «Sin justicia no habrá paz social» en *El mundo del abogado,* año 15, número 177, enero 2014, México.
- PALAVECCINO, Alba, *Técnicas para hablar en público. Sin medio a equivocarse,* Emusa, México, 2012.
- RAMOS ARTEAGA, Elena, *La individualización judicial de la pena,* Porrúa, México, 2009.
- RANGEL HINOJOSA, Mónica, *Comunicación oral,* Trillas, México, 1990.
- RODRÍGUEZ MANZANERA, Luis, *Criminalidad de menores,* Porrúa, México, 2000.
- SILVA SILVA, Jorge Alberto, *Derecho procesal penal,* Oxford, segunda edición, México, 2003.